D1877461

तितली

तितली

जयशंकर प्रसाद

वाणी प्रकाशन

vaniprakashan.com

वाणी प्रकाशन

4695, 21-ए, दरियागंज, नयी दिल्ली-110 002

फ़ोन : +91 11 23273167, 23275710

शाखाएँ

अशोक राजपथ, पटना-800 004, बिहार

कॉफ़ी हाउस कैम्पस, महात्मा गांधी मार्ग, प्रयागराज-211 001, उत्तर प्रदेश

महात्मा गांधी अन्तरराष्ट्रीय हिन्दी विश्वविद्यालय, वर्धा-442 001, महाराष्ट्र

sales@vaniprakashan.in
vaniprakashan@gmail.com

TITLI
by Jaishankar Prasad

ISBN : 978-81-8143-396-1

Novel

© सुरक्षित

मूल्य : ₹ 495

इस पुस्तक के किसी भी अंश का किसी भी माध्यम में उपयोग करने के लिए प्रकाशक से लिखित अनुमति लेना अनिवार्य है।

जी.एस. ऑफ़सेट, दिल्ली-110 095 में मुद्रित

वाणी प्रकाशन का लोगो मक़बूल फ़िदा हुसैन की कूची से

प्रथम खंड

1

क्यों बेटी! मधुवा आज कितने पैसे ले आया?

नौ आने, बापू!

कुल नौ आने! और कुछ नहीं?

पांच सेर आटा भी दे गया है। कहता था, एक रुपए का इतना ही मिला।

वाह रे समय—कहकर बुड्ढा एक बार चित होकर सांस लेने लगा।

कुतूहल से लड़की ने पूछा—कैसा समय बापू?

बुड्ढा चुप रहा।

यौवन के व्यंजन दिखाई देने से क्या हुआ, अब भी उसका मन दूध का धोया है। उसे लड़की कहना ही अधिक संगत होगा।

उसने फिर पूछा—कैसा समय बापू?

चिथड़ों से लिपटा हुआ, लंबा-चौड़ा, अस्थि-पंजर झनझना उठा खांसकर उसने कहा—जिस भयानक अकाल का स्मरण करके आज भी रोंगटे खड़े हो जाते हैं, जिस पिशाच की अग्नि-क्रीड़ा में खेलती हुई तुझको मैंने पाया था, वही संवत 55 का अकाल आज के सुकाल से भी सदय था—कोमल था। तब भी आठ सेर का अन्न बिकता था। आज पांच सेर की बिक्री में भी कहीं जूं नहीं रेंगती, जैसे—सब धीरे-धीरे दम तोड़ रहे हैं। कोई अकाल कहकर चिल्लाता नहीं। ओह! मैं भूल रहा हूं। कितने ही मनुष्य तभी से एक बार भोजन करने के अभ्यासी हो गए हैं। जाने दे, होगा कुछ बंजो! जो सामने आवे, उसे झेलना चाहिए।

बंजो, मटकी में डेढ़ पाव दूध, चार कंडों पर गरम कर रही थी। उफनाते हुए दूध को उतारकर उसने कुतूहल से पूछा—बापू! उस अकाल में तुमने मुझे पाया था! लो, दूध पीकर मुझे वह पूरी कथा सुनाओ।

बुड्ढे ने करकट बदलकर, दूध लेते हुए, बंजो की आंखों में खेलते हुए आश्चर्य को देखा। वह कुछ सोचता हुआ दूध पीने लगा।

थोड़ा-सा पीकर उसने पूछा—अरे तूने दूध अपने लिए रख लिया है?

बंजो चुप रही। बुड्ढा खड़खड़ा उठा—तू बड़ी पाजी है, रोटी किससे खाएगी रे?

सिर झुकाए हुए, बंजो ने कहा—नमक और तेल से मुझे रोटी अच्छी लगती है बापू!

बचा हुआ दूध पीकर बुड्ढा फिर कहने लगा—यही समय है, देखती है न! गाएं डेढ़ पाव दूध देती हैं! मुझे तो आश्चर्य होता है कि उन सूखी ठठरियों में से इतना दूध भी कैसे निकलता है!

मधुवा दबे पांव आकर उसी झोंपड़ी के एक कोने में खड़ा हो गया। बुड्ढे ने उसकी ओर देखकर पूछा—मधुवा, आज तू क्या-क्या ले गया था?

डेढ़ सेर घुमची, एक बोझा महुआ का पत्ता और एक खांचा कंडा बाबाजी!—मधुवा ने हाथ जोड़कर कहा।

इन सबका दाम एक रुपया नौ आना ही मिला?

चार पैसे बंधू को मजूरी में दिए थे।

अभी दो सेर घुमची और होगी बापू! बहुत-सी फलियां वनबेरी के झुरमुट में हैं, झड़ जाने पर उन्हें बटोर लूंगी।—बंजो ने कहा। बुड्ढा मुस्कराया। फिर उसने कहा—मधुवा! तू गायों को अच्छी तरह चराता नहीं बेटा! देख तो, धवली कितनी दुबली हो गई है!

कहां चरावें, कुछ ऊसर-परती कहीं चरने के लिए बची भी है?—मधुवा ने कहा।

बंजो अपनी भूरी लटों को हटाते हुए बोली—मधुवा गंगा में घंटों नहाता है बापू! गाएं अपने मन से चरा करती हैं! यह जब बुलाता है, तभी सब चली आती हैं।

बंजो की बात न सुनते हुए बाबाजी ने कहा—तू ठीक कहता है मधुवा! पशुओं को खाते-खाते मनुष्य, पशुओं के भोजन की जगह भी खाने लगे। ओह! कितना इनका पेट बढ़ गया है! वाह रे समय!!

मधुवा बीच ही में बोल उठा—बंजो, बनिया ने कहा है कि सरफोंका की पत्ती दे जाना, अब मैं जाता हूं।

कहकर वह झोंपड़ी के बाहर चला गया।

संध्या गांव की सीमा में धीरे-धीरे आने लगी। अंधकार के साथ ही ठंड बढ़ चली। गंगा की कछार की झाड़ियों में सन्नाटा भरने लगा। नालों के करारों में चरवाहों के गीत गूंज रहे थे।

बंजो दीप जलाने लगी। उस दरिद्र कुटीर के निर्मम अंधकार में दीपक की ज्योति तारा-सी चमकने लगी।

बुड्ढे ने पुकारा—बंजो!

आयी—कहती हुई वह बुड्ढे की खाट के पास आ बैठी और उसका सिर सहलाने लगी। कुछ ठहरकर बोली—बापू! उस अकाल का हाल न सुनाओगे?

तू सुनेगी बंजो! क्या करेगी सुनकर बेटी? तू मेरी बेटी है और मैं तेरा बूढ़ा बाप! तेरे लिए इतना जान लेना बहुत है।

नहीं बापू! सुना दो मुझे वह अकाल की कहानी—बंजो ने मचलते हुए कहा।

धांय—धांय—धांय...!!!

गंगा-तट बंदूक के धड़ाके से मुखरित हो गया। बंजो कुतूहल से झोंपड़ी के बाहर चली आई।

वहां एक घिरा हुआ मैदान था। कई बीघा की समतल भूमि—जिसके चारों ओर, दस लट्ठे की चौड़ी, झाड़ियों की दीवार थी—जिसमें कितने ही सिरिस, महुआ, नीम और जामुन के वृक्ष थे—जिन पर घुमची, सतावर और करंज, इत्यादि की लतरें झूल रही थीं। नीचे की भूमि में भटेस के चौड़े-चौड़े पत्तों की हरियाली थी। बीच-बीच में ावनबेर ने भी अपनी कंटीली डालों को इन्हीं सबों से उलझा लिया था।

वह एक सघन झुरमुट था—जिसे बाहर से देखकर यह अनुमान करना कठिन था कि इसके भीतर इतना लंबा-चौड़ा मैदान हो सकता है।

देहात के मुक्त आकाश में अंधकार धीरे-धीरे फैल रहा था। अभी सूर्य की अस्तकालीन लालिमा आकाश के उच्च प्रदेश में स्थित पतले बादलों में गुलाबी आभा दे रही थी।

बंजो, बंदूक का शब्द सुनकर, बाहर तो आई; परंतु वह एकटक उसी गुलाबी आकाश को देखने लगी। काली रेखाओं-सी भयभीत कराकुल पक्षियों की पंक्तियां 'कररर—कर्र' करती हुई संध्या की उस शांत चित्रपटी के अनुराग पर कालिमा फेरने लगी थीं।

हाय राम! इन कांटों में—कहां आ फंसा!

बंजो कान लगाकर सुनने लगी।

फिर किसी ने कहा—नीचे करार की ओर उतरने में तो गिर जाने का डर है, इधर ये कांटेदार झाड़ियां! अब किधर जाऊं?

बंजो सगझ गई कि शिकार खेलने वालों में से इधर आ गया है। उसके हृदय में विरक्ति हुई—उंह, शिकारी पर दया दिखाने की क्या आवश्यकता? भटकने दो।

वह घूमकर उसी मैदान में बैठी हुई एक श्यामा गौ को देखने लगी। बड़ा मधुर शब्द सुन पड़ा—चौबेजी! आप कहां हैं?

अब बंजो को बाध्य होकर उधर जाना पड़ा। पहले कांटों में फंसने वाले व्यक्ति ने चिल्लाकर कहा—खड़ी रहिए; इधर नहीं—ऊंहूं-ऊं! उसी नीम के नीचे ठहरिए, मैं आता हूं! इधर बड़ा ऊंचा-नीचा है।

चौबेजी, यहां तो मिट्टी काटकर बड़ी अच्छी सीढ़ियां बनी हैं; मैं तो उन्हीं से

ऊपर आई हूं।—रमणी के कोमल कंठ से यह सुन पड़ा।

बंजो को उसकी मिठास ने अपनी ओर आकृष्ट किया। जंगली हिरन के समान कान उठाकर वह सुनने लगी।

झाड़ियों के रौंदे जाने का शब्द हुआ फिर वही पहिला व्यक्ति बोल उठा—लीजिए, मैं तो किसी तरह आ पहुंचा, अब गिरा—तब गिरा, राम-राम! कैसी सांसत! सरकार से मैं कह रहा था कि मुझे न ले चलिए। मैं यहीं चूड़ा-मटर की खिचड़ी बनाऊंगा। पर आपने भी जब कहा, तब तो मुझे आना ही पड़ा। भला आप क्यों चली आईं?

इन्द्रदेव ने कहा कि सुर्खाब इधर बहुत हैं, मैं उनके मुलायम पैरों के लिए आई। सच चौबेजी, लालच में मैं चली आई। किंतु छर्रों से उनका मरना देखने में मुझे सुख तो न मिला। आह! कितना निधड़क वे गंगा के किनारे टहलते थे! उन पर विनचेस्टर-रिपीटर के छर्रों की चोट! बिल्कुल ठीक नहीं। मैं आज ही इन्द्रदेव को शिकार खेलने से रोकूंगी—आज ही।

अब किधर चला जाए?—उत्तर में किसी ने कहा।

चौबेजी ने डग बढ़ाकर कहा—मेरे पीछे-पीछे चली आइए।

किंतु मिट्टी बह जाने से मोटी जड़ नीम की उभड़ आई थी, उसने ऐसी करारी ठोकर लगाई कि चौबेजी मुंह के बल गिरे।

रमणी चिल्ला उठी। उस धमाके और चिल्लाहट ने बंजो को विचलित कर दिया। वह कंटीली झाड़ी को खींचकर अंधेरे में भी ठीक-ठीक उसी सीढ़ी के पास जाकर खड़ी हो गई, जिसके पास नीम का वृक्ष था।

उसने देखा कि चौबेजी बेतरह गिरे हैं। उनके घुटने में चोट आ गई है। वह स्वयं नहीं उठ सकते।

सुकुमारी सुंदरी के बूते के बाहर की यह बात थी।

बंजो ने हाथ लगा दिया। चौबेजी किसी तरह कांखते हुए उठे।

अंधकार के साथ-साथ सर्दी बढ़ने लगी थी। बंजो की सहायता से सुंदरी, चौबेजी को लिवा ले चली; पर कहां? यह तो बंजो ही जानती थी।

झोंपड़ी में बुड्ढा पुकार रहा था—बंजो! बंजो!! बड़ी पगली है। कहां घूम रही है? बंजो, चली आ!

झुरमुट में घुसते हुए चौबेजी तो कराहते थे, पर सुंदरी उस वन-विहंगिनी की ओर आंखें गड़ाकर देख रही थी और अभ्यास के अनुसार धन्यवाद भी दे रही थी।

दूर से किसी की पुकार सुन पड़ी—शैला! शैला!!

ये तीनों, झाड़ियों की दीवार पार करके, मैदान में आ गए थे।

बंजो के सहारे चौबेजी को छोड़कर शैला फिरहरी की तरह घूम पड़ी। वह नीम के नीचे खड़ी होकर कहने लगी—इसी सीढ़ी से इन्द्रदेव—बहुत ठीक सीढ़ी है। हां, संभालकर चले आओ। चौबेजी का तो घुटना ही टूट गया है! हां, ठीक है, चले

आओ! कहीं-कहीं जड़ें बुरी तरह से निकल आई हैं—उन्हें बचाकर आना।

नीचे से इन्द्रदेव ने कहा—सच कहना शैला! क्या चौबे का घुटना टूट गया? ओहो, तो कैसे वह इतनी दूर चलेगा! नहीं-नहीं, तुम हंसी करती हो।

ऊपर आकर देख लो, नहीं भी टूट सकता है!

नहीं भी टूट सकता है? वाह! यह एक ही रही। अच्छा, लो, मैं आ ही पहुंचा।

एक लंबा-सा युवक, कंधे पर बंदूक रखे, ऊपर चढ़ रहा था। शैला, नीम के नीचे खड़ी, गंगा के करारे की ओर झांक रही थी—यह इन्द्रदेव को सावधान करती थी—ठोकरों से और ठीक मार्ग से।

तब तक उस युवक ने हाथ बढ़ाया—दो हाथ मिले!

नीम के नीचे खड़े होकर, इन्द्रदेव ने शैला के कोमल हाथों को दबाकर कहा—करारे की मिट्टी काटकर देहातियों ने कामचलाऊ सीढ़ियां अच्छी बना ली हैं। शैला! कितना सुंदर दृश्य है! नीचे धीरे-धीरे गंगा बह रही हैं, अंधकार से मिली हुई उस पार के वृक्षों की श्रेणी क्षितिज की कोर में गाढ़ी कालिमा की बेल बना रही है, और ऊपर...

पहले चलकर चौबेजी को देख लो, फिर दृश्य देखना।—बीच ही में रोककर शैला ने कहा।

अरे हां, यह तो मैं भूल ही गया था? चलो किधर चलूं? यहां तो तुम्हीं पथ-प्रदर्शक हो।—कहकर इन्द्रदेव हंस पड़े।

दोनों, झोंपड़ियों के भीतर घुसे। एक अपरिचित बालिका के सहारे चौबेजी को कराहते देखकर इन्द्रदेव ने कहा—तो क्या सचमुच में यह मान लूं कि तुम्हारा घुटना टूट गया? मैं इस पर कभी विश्वास नहीं कर सकता। चौबे तुम्हारे घुटने 'टूटने वाली हड्डी' के बने ही नहीं!

सरकार, यही तो मैं भी सोचता हुआ चलने का प्रयत्न कर रहा हूं। परंतु...आह! बड़ी पीड़ा है, मोच आ गई होगी। तो भी इस छोकरी के सहारे थोड़ी दूर चल सकूंगा। चलिए—। चौबेजी ने कहा।

अभी तक बंजो से किसी ने न पूछा था कि तू कौन है, कहां रहती है, या हम लोगों को कहां लिवा जा रही है।

बंजो ने स्वयं ही कहा—पास ही झोंपडी है। आप लोग वहीं तक चलिए; फिर जैसी इच्छा।

सब बंजो के साथ मैदान के उस छोर पर जलने वाले दीपक के सम्मुख चले, जहां से "बंजो! बंजो!!" कहकर कोई पुकार रहा था। बंजो ने कहा—आती हूं!

झोंपड़ी के दूसरे भाग के पास पहुंचकर बंजो क्षण-भर के लिए रुकी। चौबेजी को छप्पर के नीचे पड़ी हुई एक खाट पर बैठने का संकेत करके वह घूमी ही थी कि बुड्ढे ने कहा—बंजो! कहां है रे? अकाल की कहानी और अपनी कथा न सुनेगी?

मुझे नींद आ रही है।

आ गई—कहती हुई बंजो भीतर चली गई। बगल के छप्पर के नीचे इन्द्रदेव और शैला खड़े रहे! चौबेजी खाट पर बैठे थे, किंतु कराहने की व्याकुलता दबाकर। एक लड़की के आश्रय में आकर इन्द्रदेव भी चकित सोच रहे थे—कहीं यह बुड्ढा हम लोगों के यहां आने से चिढ़ेगा तो नहीं।

सब चुपचाप थे।

बुड्ढे ने कहा—कहां रही तू बंजो!

एक आदमी को चोट लगी थी, उसी...।

तो—तू क्या कर रही थी?

वह चल नहीं सकता था, उसी को सहारा देकर—

मरा नहीं, बच गया। गोली चलने का—शिकार खेलने का—आनंद नहीं मिला! अच्छा, तो तू उनका उपकार करने गई थी। पगली! यह मैं मानता हूं कि मनुष्य को कभी-कभी अनिच्छा से भी कोई काम कर लेना पड़ता है; पर...नहीं...जान-बूझकर किसी उपकार-अपकार के चक्र में न पड़ना ही अच्छा है। बंजो! पल-भर की भावुकता मनुष्य के जीवन में कहां-से-कहां खींच ले जाती है, तू अभी नहीं जानती। बैठ, ऐसी ही भावुकता को लेकर मुझे जो कुछ भोगना पड़ा है, वही सुनाने के लिए तो मैं तुझे खोज रहा था।

बापू...

क्या है रे! बैठती क्यों नहीं?

वे लोग यहां आ गए हैं...

ओहो! तू बड़ी पुण्यात्मा है...तो फिर लिवा ही आई है, तो उन्हें बिठा दे छप्पर में—और दूसरी जगह ही कौन है? और बंजो! अतिथि को बिठा देने से ही नहीं काम चल जाता। दो-चार टिक्कर सेंकने की भी...समझी?

नहीं-नहीं, इसकी आवश्यकता नहीं—कहते हुए इन्द्रदेव बुड्ढे के सामने आ गए। बुड्ढे ने धुंधले प्रकाश में देखा—पूरा साहबी ठाट! उसने कहा—आप साहब यहां...

तुम घबराओ मत, हम लोगों को छावनी तक पहुंच जाने पर किसी बात की असुविधा न रहेगी। चौबेजी को चोट आ गई है, वह सवारी न मिलने पर रात-भर, यहां पड़े रहेंगे। सवेरे देखा जाएगा। छावनी की पगडंडी पा जाने पर हम लोग स्वयं चले जाएंगे। कोई...

इन्द्रदेव को रोककर बूड्ढे ने कहा—आप धामपुर की छावनी पर जाना चाहते हैं? जमींदार के मेहमान हैं न? बंजो! मधुवा को बुला दे, नहीं तू ही इन लोगों को बनजरिया के बाहर उत्तर वाली पगडंडी पर पहुंचा दे। मधुवा!! ओ रे मधुवा!—चौबेजी को रहने दीजिए, कोई चिंता नहीं।

बंजो ने कहा—रहने दो बापू। मैं ही जाती हूं।

शैला ने चौबेजी से कहा—तो आप यहीं रहिए, मैं जाकर सवारी भेजती हूं।

रात को झंझट बढ़ाने की आवश्यकता नहीं, बटुए में जलपान का सामान है। कंबल भी है। मैं इसी जगह रात-भर में इसे सेंक-सांक कर ठीक कर लूगा। आप लोग जाइए।—चौबे ने कहा।

इन्द्रदेव ने पुकारा—शैला! आओ, हम लोग चलें।

शैला उसी झोंपड़ी में आई। वहीं से बाहर निकलने का पथ। बंजो के पीछे दोनों झोंपड़ी से निकले।

लेटे हुए बुड्ढे ने देखा—इतनी गोरी, इतनी सुंदर, लक्ष्मी-सी स्त्री इस जंगल-उजाड़ में कहां! फिर सोचने लगा—चलो, दो तो गए। यदि वे भी यहीं रहते, तो खाट-कंबल और सब सामान कहां से जुटता। अच्छा चौबेजी हैं तो ब्राह्मण उनको कुछ अड़चन न होगी; पर इन साहबी ठाट के लोगों के लिए मेरी झोंपड़ी में कहां...ऊंह! गए, चलो, अच्छा हुआ। बंजो आ जाए, तो उसकी चोट तेल लगाकर सेंक दे।

बुड्ढे को फिर खांसी आने लगी। वह खांसता हुआ इधर के विचारों से छुट्टी पाने की चेष्टा करने लगा।

उधर चौबेजी गोरसी में सुलगते हुए कंडों पर हाथ गरम करके घुटना सेंक रहे थे। इतने में बंजो मधुवा के साथ लौट आई।

बापू! जो आए थे, जिन्हें मैं पहुंचाने गई थी, वही तो धामपुर के जमींदार हैं। लालटेन लेकर कई नौकर-चाकर उन्हें खोज रहे थे। पगडंडी पर ही उन लोगों से भेंट हुई। मधुवा के साथ मैं लौट आई।

एक सांस में बंजो कहने को तो कह गई, पर बुड्ढे की समझ में कुछ न आया। उसने कहा—मधुवा! उस शीशी में जो जड़ी का तेल है, उसे लगाकर ब्राह्मण का घुटना सेंक दे, उसे चोट आ गई है।

मधुवा तेल लेकर घुटना सेंकने चला।

बंजो पुआल में कंबल लेकर घुसी। कुछ पुआल और कुछ कंबल से गले तक शरीर ढंग कर वह सोने का अभिनय करने लगी। पलकों पर ठंड लगने से बीच-बीच में वह आंख खोलने-मूंदने का खिलवाड़ कर रही थी। जब आंखें बंद रहतीं, तब एक गोरा-गोरा मुंह—करुणा की मिठास से भरा हुआ गोल-मटोल नन्हा सा मुंह—उसके सामने हंसने लगता। उसमें ममता का आकर्षण था। आंख खुलने पर वही पुरानी झोंपड़ी की छाजन! अत्यंत विरोधी दृश्य!! दोनों ने उसके कुतूहल-पूर्ण हृदय के साथ छेड़छाड़ की, किंतु विजय हुई आंख बंद करने की। शैला के संगीत के समान सुंदन शब्द उसकी हृत्तंत्री में झनझना उठे! शैला के समीप होने की—उसके हृदय में स्थान पाने की—बलवती वासना बंजो के मन में जगी। वह सोते-सोते स्वप्न देखने लगी। स्वप्न देखते-देखते शैला के साथ खेलने लगी।

मधुवा से तेल मलवाते हुए चौबेजी ने पूछा—क्यों जी! तुम यहां कहां रहते हो? क्या काम करते हो? क्या तुम इस बुड्ढे के यहां नौकर हो? उसके लड़के तो नहीं मालूम पड़ते?

परंतु मधुवा चुप था।

चौबेजी ने घबराकर कहा—बस करो, अब दर्द नहीं रहा। वाह-वाह!

यह तेल है या जादू! जाओ भाई, तुम भी सो रहो। नहीं-नहीं ठहरो तो, मुझे थोड़ा पानी पिला दो।

मधुवा चुपचाप उठा और पानी के लिए चला। तब चौबेजी ने धीरे-से बटुआ खोलकर मिठाई निकाली, और खाने लगे। मधुवा इतने में न जाने कब लोटे में जल रखकर चला गया था।

और बंजो सो गई थी। आज उसने नमक और तेल से अपनी रोटी भी नहीं खाई। आज पेट के बदले उसके हृदय में भूख लगी थी। शैला से मित्रता—शैला से मधुर परिचय—के लिए न-जाने कहां की साध उमड़ पड़ी थी। सपने-पर-सपने देख रही थी। उस स्वप्न की मिठास में उसके मुख पर प्रसन्नता की रेखा उस दरिद्र-कुटीर में नाच रही थी।

2.

धामपुर एक बड़ा ताल्लुका है। उसमें चौदह गांव हैं। गंगा के किनारे-किनारे उसका विस्तार दूर तक चला गया है। इन्द्रदेव यहीं के युवक जमींदार थे। पिता को राजा की उपाधि मिली थी।

बी.ए. पास करके जब इन्द्रदेव ने बैरिस्टरी के लिए विलायत-यात्रा की, तब पिता के मन में बड़ा उत्साह था।

किंतु इन्द्रदेव धनी के लड़के थे। उन्हें पढ़ने-लिखने की उतनी आवश्यकता न थी, जितनी लंदन का सामाजिक बनने की!

लंदन नगर में भी उन्हें पूर्व और पश्चिम का प्रत्यक्ष परिचय मिला। पूर्वी भाग में पश्चिमी जनता का जो साधारण समुदाय है, उतना ही विरोध पूर्ण है, जितना कि विस्तृत पूर्व और पश्चिम का। एक ओर सुगंध जल के फौव्वारे छूटते हैं, बिजली से गरम कमरों में जाते ही कपड़े उतार देने की आवश्यकता होती है; दूसरी ओर बरफ और पाले में दूकानों के चबूतरों के नीचे अर्ध-नग्न दरिद्रों का रात्रि-निवास।

इन्द्रदेव कभी-कभी उस पूर्वी भाग में सैर के लिए चले जाते थे।

एक शिशिर रजनी थी। इन्द्रदेव मित्रों के निमंत्रण से लौटकर सड़क के किनारे, मुंह पर अत्यंत शीतल पवन का तीखा अनुभव करते हुए, बिजली के प्रकाश में धीरे-धीरे

अपने 'मेस' की ओर लौट रहे थे। पुल के नीचे पहुंचकर वह रुक गए। उन्होंने देखा–कितने ही अभागे, पुल की कमानी के नीचे अपना रात्रि-निवास बनाए हुए, आपस में लड़-झगड़ रहे हैं। एक रोटी पूरी ही खा जाएगा!–इतना बड़ा अत्याचार न सह सकने के कारण जब तक स्त्री उसके हाथ से छीन लेने के लिए अपनी शराब की खुमारी से भरी आंखों को चढ़ाती ही रहती है, तब तक लड़का उचककर छीन लेता है। चटपट तमाचों का शब्द होना तुमुल युद्ध के आरंभ होने की सूचना देता है। धौल-धप्पड़, गाली-गलौज, बीच-बीच में फूहड़ हंसी भी सुनाई पड़ जाती है।

इन्द्रदेव चुपचाप वह दृश्य देख रहे थे सोच रहे थे–इतना अकूत धन विदेशों से ले आकर भी क्या इन साहसी उद्योगियों ने अपने देश की दरिद्रता का नाश किया? अन्य देशों की प्रकृति का रक्त इन लोगों की कितनी प्यास बुझा सका है?

सहसा एक लंबी-सी पतली-दुबली लड़की पास आकर कुछ याचना की। इन्द्रदेव ने गहरी दृष्टि से उस विवर्ण मुख को देखकर पूछा–क्यों, तुम्हारे पिता-माता नहीं हैं?

पिता जेल में हैं, माता मर गई है।

और इतने अनाथालय?

उनमें जगह नहीं!

तुम्हारे कपड़े से शराब की दुर्गंध आ रही है। क्या तुम...

'जैक' बहुत ज्यादा पी गया था, उसी ने कै कर दिया है। दूसरा कपड़ा नहीं जो बदलूं; बड़ी सरदी है।–कहकर लड़की ने अपनी छाती के पास का कपड़ा मुट्ठियों में समेट लिया।

तुम नौकरी क्यों नहीं कर लेती?

रखता कौन है? हम लोगों को तो वे बदमाश, गिरह-कट, आवारे समझते हैं। पास खड़े होने तो...

आगे उस लड़की के दांत आपस में रगड़कर बजने लगे। वह स्पष्ट कुछ न कह सकी।

इन्द्रदेव ओठ काटते हुए क्षण-भर विचार करने लगे। एक छोकरे ने आकर लड़की को धक्का देकर कहा–जो पाती, सब शराब पी जाती है। इसको देना–न देना सब बराबर है।

लड़की ने क्रोध से कहा–जैक! अपनी करनी मुझ पर क्यों लादता है? तू ही मांग ले; मैं जाती हूं।

वह घूमकर जाने के लिए तैयार थी कि इन्द्रदेव ने कहा–अच्छा सुनो तो, तुम पास के भोजनालय तक चलो, तुमको खाने के लिए, और मिल सका तो कोई भी दिलवा दूंगा।

छोकरा 'हो-हो-हो!' करके हंस पड़ा। बोला–जा न शैला। आज की रात तो

गरमी से बिता ले, फिर कल देखा जाएगा।

उसका अश्लील व्यंग्य इन्द्रदेव को व्यथित कर रहा था; किंतु शैला ने कहा—चलिए।

दोनों चल पड़े। इन्द्रदेव आगे थे, पीछे शैला। लंदन का विद्युत-प्रकाश निस्तब्ध होकर उन दोनों का निर्विकार पद-विक्षेप देख रहा था। सहसा घूमकर इन्द्रदेव ने पूछा—तुम्हारा नाम 'शैला' है न?

'हां' कहकर फिर वह चुपचाप सिर नीचा किए अनुसरण करने लगी।

इन्द्रदेव ने फिर ठहरकर पूछा—कहां चलोगी? भोजनालय में या हम लोगों के मेस में?

'जहां कहिए' कहकर वह चुपचाप चल रही थी। उसकी अविचल धीरता से मन-ही-मन कुढ़ते हुए इन्द्रदेव मेस की ओर ही चले।

उस मेस में तीन भारतीय छात्र थे। मकान वाली एक बुढ़िया थी। उसके किए सब काम होता न था। इन्द्रदेव ही उन छात्रों के प्रमुख थे। उनकी सम्मत से सब लोगों ने 'शैला' को परिचारिका-रूप में स्वीकार किया। और, जब शैला से पूछा गया, तो उसने अपनी स्वाभाविक उदार दृष्टि इन्द्रदेव के मुंह पर जमा कर कहा—यदि आप कहते हैं तो मुझे स्वीकार करने में कोई आपत्ति नहीं है। भिखमंगिन होने से यह बुरा तो न होगा।

इन्द्रदेव अपने मित्रों के मुस्कुराने पर भी मन-ही-मन सिहर उठे। बालिका के विश्वास पर उन्हें भय मालूम होने लगा। तब भी उन्होंने समस्त साहस बटोरकर कहा—शैला, कोई भय नहीं, तुम यहां स्वयं सुखी रहोगी और हम लोगों की भी सहायता करोगी।

मकान वाली बुढ़िया ने जब यह सुना, तो एक बार झल्लाई। उसने शैला के पास जाकर, उसकी ठोढ़ी पकड़कर, आंखें गड़ाकर, उसके मुंह को और फिर सारे अंग को इस तीखी चितवन से देखा, जैसे कोई सौदागर किसी जानवर को खरीदने से पहले उसे देखता हो।

किंतु शैला के मुंह पर तो एक उदासीन धैर्य आसन जमाए था, जिसको कितनी ही कुटिल दृष्टि क्यों न हो, विचलित नहीं कर सकती।

बुढ़िया ने कहा—रह जा बेटी, ये लोग भी अच्छे आदमी हैं।

शैला उसी दिन से मेस में रहने लगी।

भारतीयों के साथ बैठकर वह प्रायः भारत के देहातों, पहाड़ी तथा प्राकृतिक दृश्यों के संबंध में इन्द्रदेव से कुतूहलपूर्ण प्रश्न किया करती।

बैरिस्टरी का डिप्लोमा मिलने के साथ ही इन्द्रदेव को पिता के मरने का शोक-समाचार मिला। उस समय शैला की सांत्वना और स्नेहपूर्ण व्यवहार ने इन्द्रदेव के मन को बहुत-कुछ बहलाया। मकान वाली बुढ़िया उसे बहुत प्यार करती, इन्द्रदेव के सद्व्यवहार और चारित्र्य पर वह बहुत प्रसन्न थी। इन्द्रदेव ने जब शैला को भारत

चलने के लिए उत्साहित किया, तो बुढ़िया ने समर्थन किया। इन्द्रदेव के साथ शैला भी भारत चली आई।

इन्द्रदेव ने शहर के महल में न रहकर धामपुर के बंगले में ही अभी रहने का प्रबंध किया।

अभी धामपुर आए इन्द्रदेव और शैला को दो सप्ताह से अधिक न हुए थे। इंग्लैंड से ही इन्द्रदेव ने शैला को हिंदी से खूब परिचित कराया। वह अच्छी हिंदी बोलने लगी थी। देहाती किसानों के घर जाकर उनके साथ घरेलू बातें करने का चसका लग गया था। पुरानी खाट पर बैठकर वह बड़े मजे से उनसे बातें करती, साड़ी पहनने का उसने अभ्यास कर लिया था—और उसे फबती भी अच्छी।

शैला और इन्द्रदेव दोनों इस मनोविनोद से प्रसन्न थे। वे गंगा के किनारे-किनारे धीरे-धीरे बात करते चले जा रहे थे। कृषक-बालिकाएं बरतन मांज रही थीं। मल्लाहों के लड़के अपने डोंगी पर बैठे हुए मछली फंसाने की कटिया तोल रहे थे। दो-एक बड़ी-बड़ी नावें, माल से लदी हुईं, गंगा के प्रशांत जल पर धीरे-धीरे संतरण कर रही थीं। वह प्रभात था!

शैला बड़े कुतूहल से भारतीय वातावरण में नीले आकाश, उजली धूप और सहज ग्रामीण शांति का निरीक्षण कर रही थी।—वह बातें भी करती जाती थी। गंगा की लहर से सुंदर कटे हुए—बालू के नीचे करारों में पक्षियों के एक सुंदर छोटे-से झुंड को विचरते देखकर उसने उनका नाम पूछा!

इन्द्रदेव ने कहा—ये सुर्खाब हैं, इनके परों का तो तुम लोगों के यहां भी उपयोग होता है। देखो, ये कितने कोमल हैं।

यह कहकर इन्द्रदेव ने दो-तीन गिरे हुए परों का उठाकर शैला के हाथ में दे दिया।

'फ़ाइन'!—नहीं-नहीं, माफ करो इन्द्रदेव! अच्छा, इन्हें कहूं? कोमल। सुंदर!—कहती हुई, शैला ने हंस दिया।

शैला! इनके लिए मेरे देश में एक कहावत है। यहां के कवियों ने अपनी कविता में इनका बड़ा करुण वर्णन किया है।—गंभीरता से इन्द्रदेत ने कहा।

क्या?

इन्हें चक्रवाक कहते हैं। इनके जोड़े दिन-भर तो साथ-साथ घूमते रहते हैं, किंतु संध्या जब होती है, तभी ये अलग हो जाते हैं। फिर ये रात-भर नहीं मिलने पाते।

कोई रोक देता है क्या?

प्रकृति; कहा जाता है कि इनके लिए यही विधाता का विधान है।

ओह। बड़ी कठोरता है।—कहती हुई शैला एक क्षण के लिए अन्यमनस्क हो गई।

कुछ दूर चुपचाप चलने पर इन्द्रदेव ने कहा—शैला। हम लोग नीम के पास आ गए। देखो, यही सीढ़ी है; चलो देखें, चौबे क्या कर रहा है।

पालना—नहीं-नहीं—पालकी तो पहुंच गई होगी इन्द्रदेव। यह भी कोई सवारी है? तुम्हारे यहां रईस लोग इसी पर चढ़ते हैं—आदमियों पर। क्यों? बिना किसी बीमारी के! यह तो अच्छा तमाशा है!—कहकर शैला ने हंस दिया।

अब तो बीमारों से बदले डॉक्टर ही यहां पालकी पर चढ़ते हैं शैला! लो, पहले तुम्हीं सीढ़ी पर चढ़ो।

दोनों सीढ़ी पर चढ़कर बातें करते हुए बनजरिया में पहुंचे। देखते हैं, तो चौबेजी अपने सामान से लैस खड़े हैं।

शैला ने हंसकर पूछा—चौबेजी! आप तो पालकी पर जाएंगे?

मुझे हुआ क्या है। रामदीन को आज बिना मारे मैं न छोड़ूंगा। सरकार! उसने बड़ा तंग किया। मुझे गोद में उठाकर पालकी पर बिठाता था। छावनी पर चलकर उस बदमाश छोकरे की खबर लूंगा।

बुरा क्या करता था? मेरे कहने से वह बेचारा तो तुम्हारी सेवा करना चाहता था और तुम चिढ़ते थे। अच्छा, चलो तुम पालकी में बैठो।—इन्द्रदेव ने कहा।

फिर वही—पालकी में बैठो! क्या मेरा ब्याह होगा?

ठहरो भी, तुम्हारा घुटना तो टूट गया है न। तुम चलोगे कैसे?

तेल क्या था, बिल्कुल जादू! मेम साहब ने जो दवा का बक्स मेरे बटुए में रख दिया था—वही, जिसमें सागूदाना की-सी गोलियां रहती हैं—मैं खोल डाला। एक शीशी गोली खा डाली। न गुड़ तीता न मीठा—सच मानिए मेम साहब। आपकी दवा मेरे-जैसे उजड्डों के लिए नहीं। मेरा तो विश्वास है कि उस तेल ने मुझे रातभर में चंगा कर दिया। मैं अब पालकी पर न चढ़ूंगा। गांव-भर में मेरी दिल्लगी राम-राम!!

शैला हंस रही थी। इन्द्रदेव ने कहा—चौबे! होमियोपैथी में बीमारी की दवा नहीं होती, दवा की बीमारी होती है। क्यों शैला!

इन्द्रदेव! तुमने कभी इसका अनुभव नहीं किया है। नहीं तो इसकी हंसी न उड़ाते। अच्छा, चलो उस लड़की को तो बुलावें। वह कहां है? उसे कल कुछ इनाम नहीं दिया। बड़ी अच्छी लड़की है। झोंपड़ी में से लठिया टेकते हुए बुड्ढा निकल आया। उसके पीछे बंजो थी। शैला ने दौड़कर उसका हाथ पकड़ लिया, और कहने लगी—ओह! तुम रात को चली आईं, मैं तो खोज रही थी। तुम बड़ी नेक,...!

बंजो आश्चर्य से उसका मुंह देख रही थी।

इन्द्रदेव ने कहा—बुड्ढे। तुम बहुत बीमार हो न?

हां सरकार! मुझे नहीं मालूम था, रात को आप...

उसका सोच मत करो। तुम कौन कहानी कह रहे थे—रात को बंजो को क्या सुना रहे थे? मुझको सुनाओगे, चलो छावनी पर।

सरकार; मैं बीमार हूं। बुड्ढा हूं। बीमार हूं।

शैला ने कहा—ठीक इन्द्रदेव, अच्छा सोचा। इस बुड्ढे की कहानी बड़ी अच्छी होगी। लिवा चलो इसे। बंजो! तुम्हारी कहानी हम लोग भी सुनेंगे। चलो।

इन्द्रदेव ने कहा—अच्छा तो होगा।

चौबेजी ने कहा—अच्छा तो होगा सरकार! मैं भी मधुवा को साथ लिवा चलूंगा। शायद फिर घुटना टूटे, तेल मलवाना पड़े और इन गायों को भी हांक ले चलूं, दूध भी—

सब हंस पड़े; परंतु बुड्ढा बड़े संकट में पड़ा। कुछ बोला नहीं; वह एकटक शैला का मुंह देख रहा था। एक अपरिचित! किंतु जिससे परिचय बढ़ाने के लिए मन चंचल हो उठे। माया-ममता से भरा-पूरा मुख!

बुड्ढा डरा नहीं, वह समीप होने की मानसिक चेष्टा करने लगा।

साहस बटोरकर उसने कहा—सरकार! जहां कहिए, वहीं चलूं।

3

चारों ओर ऊंचे-ऊंचे खंभों पर लंबे-चौड़े दालान, जिनसे सटे हुए सुंदर कमरों में सुखासन, उजली सेज, सुंदर लैंप, बड़े-बड़े शीशे, टेबिल पर फूलदान, अलमारियों में सुनहली जिल्दों से मढ़ी हुई पुस्तकें—सभी कुछ उस छावनी में पर्याप्त है।

आस-पास, दफ्तर के लिए, नौकरों के लिए तथा और भी कितने ही आवश्यक कामों के लिए छोटे-मोटे घर बने हैं। शहर के मकान में न जाकर, इन्द्रदेव ने विलायत से लौटकर यहीं रहना जो पसंद किया है, उसके कई कारणों में इस कोठी की सुंदर भूमिका और आस-पास का रमणीय वातावरण भी है। शैला के लिए तो दूसरी जगह कदापि उपयुक्त न होती।

छावनी के उत्तर नाले के किनारे ऊंचे चौतरे की हरी-हरी दूबों से भरी हुई भूमि पर कुर्सी का सिरा पकड़े तन्मयता से वह नाले का गंगा में मिलना देख रही थी। उसका लंबा और ढीला गाउन मधुर पवन से आंदोलित हो रहा था। कुशल शिल्पी के हाथों से बनी हुई संगमरमर की सौंदर्य-प्रतिमा-सी वह बड़ी भली मालूम हो रही थी।

दालान में चौबेजी उसके लिए चाय बना रहे थे। सायंकाल का सूर्य अब लाल बिंब-मात्र रह गया था, सो भी दूर की ऊंची हरियाली के नीचे जाना ही चाहता था। इन्द्रदेव अभी तक नहीं आए थे। चाय ले जाने में चौबेजी और सुस्ती कर रहे थे। उनकी चाय शैला को बड़ी अच्छी लगी। वह चौबेजी के मसाले पर लट्टू थी।

रामदीन ने चाय की टेबिल लाकर धर दी। शैला की तन्मयता भंग हुई। उसने

मुस्कराते हुए, इन्द्रदेव से कुछ मधुर सम्भाषण करने के लिए, मुंह फिराया; किंतु इन्द्रदेव को न देखकर वह रामदीन से बोली—क्या अभी इन्द्रदेव नहीं आते हैं?

नटखट रामदीन हंसी छिपाते हुए एक आंख का कोना दबाकर ओठ के कोने को ऊपर चढ़ा देता था। शैला उसे देखकर खूब हंसती, क्योंकि रामदीन का कोई उत्तर बिना इस कुटिल हंसी के मिलना असंभव था! उसने अभ्यास के अनुसार आधा हंसकर कहा—जी, आ रहे हैं सरकार! बड़ी सरकार के आने की...

बड़ी सरकार?

हां, बड़ी सरकार! वह भी आ रही हैं।

कौन है वह?

बड़ी सरकार—

देखो रामदीन, समझाकर कहो। हंसना पीछे।

बड़ी सरकार का अनुवाद करने में उसके सामने बड़ी बाधाएं उपस्थित हुईं; किंतु उन सबको हटाकर उसने कह दिया—सरकार की मां आई हैं। उनके लिए गंगा-किनारे वाली छोटी कोठी साफ़ कराने का प्रबंध देखने गए हैं। वहां से आते ही होंगे।

आते ही होंगे? क्या अभी देर है?

रामदीन कुछ उत्तर देना चाहता था कि बनारसी साड़ी का आंचल कंधे पर से पीठ की ओर लटकाए; हाथ में छोटा-सा बेग लिये एक सुंदरी वहां आकर खड़ी हो गई। शैला ने उसकी ओर गंभीरता से देखा। उसने भी अधिक खोजने वाली आंखों से शैला को देखा।

दृष्टि-विनियम में एक-दूसरे को पहचानने की चेष्टा होने लगी; किंतु कोई बोलता न था।

शैला बड़ी असुविधा में पड़ी। वह अपरिचित से क्या बातचीत करे? उसने पूछा—आप क्या चाहती हैं?

आने वाली ने नम्र मुस्कान से कहा—मेरा नाम मिस अनवरी है। क्या किया जाए, जब कोई परिचय कराने वाला नहीं तो ऐसा करना ही पड़ता है। मैं कुंवर साहेब की मां को देखने के लिए आया करती हूं। आपको मिस शैला समझ लूं?

जी—कहकर शैला ने कुर्सी बढ़ा दी और शीतल दृष्टि से उसे बैठने का संकेत किया।

उधर चौबेजी चाय ले आ रहे थे। शैला ने भी एक कुर्सी पर बैठते हुए कहा—आपके लिए भी...

अनवरी और शैला आमने-सामने बैठी हुई एक-दूसरे को परखने लगीं। अनवरी की सारी प्रगल्भता धीरे-धीरे लुप्त हो चली। जिस गर्मी से उसने अपना परिचय अपने-आप दे दिया था, वह चाय के गर्म प्याले के सामने ठंडी हो चली थी।

शैला ने चाय के छोटे-से पात्र से उठते हुए धुएं को देखते हुए कहा—कुंवर साहब की मां भी सुना, आ गई हैं?

मुझे तो नहीं मालूम, मैं अपनी मोटर से यहीं उतर पड़ी थी। उनके साथ ही आती; पर क्या करूं, देर हो गई। किसी को पूछ आने के लिए भेजिएगा?

मुझे तो आपसे सहायता मिलनी चाहिए मिस अनवरी—शैला ने हंसकर कहा—आपके कुंवर साहब आ जाएं, तो प्रबंध...

अरे शैला! यह कौन...

इन्द्रदेव! तुम अब तक क्या कर रहे थे—कहकर शैला ने मिस अनवरी की ओर संकेत करते हुए कहा—आप मिस अनवरी...

फिर अपने होठ को गर्म चाय में डुबो दिया, जैसे उन्हें हंसने का दंड मिला हो। इन्द्रदेव ने अभिनंदन करते हुए कहा—मां जब से आई, तभी से पूछ रही हैं, उनकी रीढ़ में दर्द हो रहा है। आपसे उनसे भेंट नहीं हुई क्या?

जी नहीं; मैंने समझा, यहीं होंगी। फिर जब यहां चाय मिलने का भरोसा था, तो थोड़ा यहीं ठहरना अच्छा हुआ—कहकर अनवरी मुस्कराने लगी।

इन्द्रदेव ने साधारण हंसी हंसते हुए कहा—अच्छी बात है, चाय पी लीजिए। चौबेजी आपको वहां पहुंचा देंगे।

तीनों चुपचाप चाय पीने लगे। इन्द्रदेव ने कहा—चौबे! आज तुम्हारी गुजराती चाय बड़ी अच्छी रही। एक प्याला ले आओ, और उसके साथ और भी कुछ...

चौबे सोहन-पापड़ी के टुकड़े और चायदानी लेकर जब आए, तो मिस अनवरी उठकर खड़ी हो गई।

इन्द्रदेव ने कहा—वाह, आप तो चली जा रही हैं। इसे भी तो चखिए।

शैला ने मुस्कराते हुए कहा—बैठिए भी, आप तो यहां पर मेरी ही मेहमान होकर रह सकेंगी।

हां, इसको तो मैं भूल गई थी—कहकर अनवरी बैठ गई।

चौबेजी ने सबको चाय दे दी, और अब वह प्रतीक्षा कर रहे थे कि कब अनवरी चलेगी। पर अनवरी तो वहां से उठने का नाम ही न लेती थी। वह कभी इन्द्रदेव और कभी शैला को देखती, फिर संध्या की आने वाली कालिमा की प्रतीक्षा करती हुई नीले आकाश में आंख लड़ाने लगती।

उधर इन्द्रदेव इस बनावटी सन्नाटे से ऊब चले थे। सहसा चौबेजी ने कहा—सरकार! वह बुड्ढा आया है, उसकी कहानी कब सुनिएगा? मैं लालटेन लेता आऊं?

फिर अनवरी की ओर देखते हुए कहने लगे—अभी आपको भी छोटी कोठी में पहुंचाना होगा।

अनवरी को जैसे धक्का लगा। वह चटपट उठकर खड़ी हो गई। चौबेजी उसे साथ लेकर चले।

इन्द्रदेव ने गहरी सांस लेकर कहा—शैला!

क्या इन्द्रदेव?

मां से भेंट करोगी?

चलूं?

अच्छा, कल सवेरे!

इन्द्रदेव की माता श्यामदुलारी पुराने अभिजात-कुल की विधवा हैं। प्रायः बीमार रहा करती हैं। किंतु मुख-मंडल पर गर्व की दीप्ति, आज्ञा देने की तत्परता और छिपी हुई सरल दया भी अंकित है? वह सरकार हैं। उनके आस-पास अनावश्यक गृहस्थी के नाम पर जुटाई गई अगणित सामग्री का बिखरा रहना आवश्यक है। आठ से कम दासियों से उनका काम चल ही नहीं सकता। दो पुजारी और ठाकुरजी का संभार अलग। इन सबके आज्ञा-पालन के लिए कहारों का पूरा दल। बहंगी पर गंगाजल और भोजन का सामान ढोते हुए कहारों का आना-जाना—श्यामदुलारी की आंखें सदैव देखना चाहती थीं।

बेटा विलायत से लौट आया है। एक दिन उनसे मिलकर उनकी चरण-रज लेकर वह छावनी में चला आया और यहीं रहने लगा।

लोग कहते हैं कि इन्द्रदेव के कानों में जब यह समाचार किसी मतलब से पहुंचा दिया गया कि चरण छूकर आपके चले आने पर माताजी ने फिर से स्नान किया, तो फिर वह मकान पर न ठहर सके।

किंतु श्यामदुलारी की प्रकृति ही ऐसी है। उसने ऐसा किया हो, तो कोई आश्चर्य नहीं। तब भी श्यामदुलारी को तो यही विश्वास दिलाया गया कि—साथ में मेम नहीं आई है!

श्यामदुलारी अपने बेटे को संभालना चाहती थीं। बेटी माधुरी से पूछकर यही निश्चित हुआ कि सब लोग छावनी पर ही कुछ दिन चलकर रहें। वहीं इन्द्रदेव को सुधार लिया जाएगा।

माधुरी घर की प्रबंधकर्त्री है। वह दक्ष, चिड़चिड़े स्वभाव की सुंदरी युवती है। माता श्यामदुलारी भी उसके अनुशासन को मानती हैं और भीतर-ही-भीतर दबती भी हैं।

माधुरी का पति उसकी खोज-खबर नहीं लेता। उसे लेने की आवश्यकता ही क्या? माधुरी धनी घर की लाड़ली बेटी है। इसलिए बाबू श्यामलाल को इस अवसर से लाभ उठाने की पूरी सुविधा है।

श्यामदुलारी, बेटी और दामाद दोनों को प्रसन्न रखने की चेष्टा में लगी रहती हैं। बहुत बुलाने पर कभी साल-भर में बाबू श्यामलाल कलकत्ता से दो-तीन दिन के लिए चले आते हैं। उनका व्यवसाय न नष्ट हो जाए, इसलिए जल्द चले जाते हैं—अर्थात् रेस की टीप, बगीचों के जुए, स्टीमरों की पार्टियां—और भी कितने ही ऐसे काम

हैं, जिनमें चूक जाने से बड़ी हानि उठाने की संभावना है।

माधुरी शासन करने की क्षमता रखती है। भाई इन्द्रदेव पढ़ते थे; इसलिए माता की रुग्णावस्था में घर-गृहस्थी का बोझ दूसरा कौन संभालता?

माधुरी की अभिभावकता में माता श्यामदुलारी सोती हैं—सपना देखती हैं। इसलिए माधुरी भी साथ ही आई हैं। चौकी पर मोटे-से गद्दे पर तकिया सहारे बैठी वह कुछ हिसाब देख रही थी। पेट्रोल-लैंप के तीव्र प्रकाश में उसकी उठी हुई नाक की छाया दीवार पर बहुत लंबी-सी दिखाई पड़ती है।

मलिया बड़ी नटखट छोकरी है। वह पान का डिब्बा लिये हुए, उस छाया को देखकर, जोर से हंसना चाहती है; पर माधुरी के डर से अपने होठों को दांत से दबाए चुपचाप खड़ी है। मिस अनवरी की छाया से वह चौंक उठी। उसने चुलबुलेपन से कहा—मेम साहब, सलाम!

माधुरी ने सिर उठाकर देखा और कहा—आइए, हम लोग बड़ी देर से आपकी प्रतीक्षा कर रहे हैं। मां का दर्द तो बहुत बढ़ गया है।

माधुरी के पास ही बैठते हुए अनवरी ने—बीबी, तुमको देखने के लिए जी ललचाया रहता है, मां को तो देखूंगी ही—कहकर उसके हाथों को दबा दिया।

माधुरी ने झेंपकर कहा—आहा! तुम तो मेम और साहब दोनों ही हो न? अच्छा, यह तो बताओ, तुम्हारे ठहरने का क्या प्रबंध करूं? आज रात को तो मोटर से शहर लौट जाने न दूंगी। अभी मां पूजा कर रही हैं, एक घंटे में खाली होंगी, फिर घंटों उनको देखने में लग जाएगा। बजेगा दो और जाना है तीस मील! आज रात को तुमको रहना ही होगा।

अनवरी ने मुस्कराते हुए कहा—सो तो बीबी, तुम्हारी भाभी ने मुझे न्योता ही दिया है—

माधुरी क्षण-भर के लिए चुप हो गई। फिर बोली—अनवरी, ऐसी दिल्लगी न करो, यह बात मुझे ही नहीं, घर भर को खटक रही है। लेकिन भाई साहब तो कहते हैं कि वह हमारी दोस्त है!

हां—बीबी, दोस्ती नहीं तो क्या दुश्मनी से कोई इतना बड़ा...

माधुरी ने भीतर के कमरे की ओर देखते हुए उसके मुंह पर हाथ रख दिया, और धीरे-धीरे कहने लगी—प्यारी अनवरी! क्या इस चुड़ैल से छुटकारा पाने का कोई उपाय नहीं? हम लोग क्या करें? कोई बस नहीं चलता।

धीरे-धीरे सब हो जाएगा। लेकिन तुम्हें बुरा न लगे, तो मैं एक बात पूछ लूं।

क्या?

कुंवर साहब इससे ब्याह कर लें, तो तुम्हारा क्या?

ऐसा न कहो अनवरी!

तुम्हारी मां तो फिर तुमको ही...

उंह तुम क्या बक रही हो!

अच्छा तो मैं कुछ दिन यहां रहूं तो...

तो रहो न मेरी रानी।

4

हाथ-मुंह धोकर मुलायम तौलिए से हाथ पोंछती हुई अनवरी बड़े-से दर्पण के सामने खड़ी थी। शैला अपने सोफा पर बैठी हुई रेशमी रूमाल पर कोई नाम कसीदे से काढ़ रही थी। अनवरी सहसा चंचलता से पास जाकर उन अक्षरों को पढ़ने लगी। शैला ने अपनी भोली आंखों को एक बार ऊपर उठाया, सामने से सूर्योदय की पीली किरणों ने उन्हें धक्का दिया, वे फिर नीचे झुक गईं। अनवरी ने कहा—मिस शैला! क्या कुंवर साहब का नाम है?

जी—नीचा सिर किए हुए शैला ने कहा।

क्या आप रोज सबेरे एक रूमाल उनको देती हैं? यह तो अच्छी बोहनी है!—कहकर अनवरी खिलखिला उठी।

शैला को उसकी यह हंसी अच्छी न लगी। रात-भर उसे अच्छी नींद भी न आई थी। इन्द्रदेव ने अपनी माता से उसे मिलाने की जो उत्सुकता नहीं दिखलाई, उल्टे एक ढिलाई का आभास दिया, वही उसे खटक रहा था। अनवरी ने हंसी करके उसको चौंकाना चाहा; किंतु उसके हृदय में जैसे हंसने की सामग्री न थी?

इन्द्रदेव ने कमरे के भीतर प्रवेश करते हुए कहा—शैला! आज तुम टहलने नहीं जा सकीं? मुझे तो आज किसानों की बातों से छुट्टी न मिलेगी। दिन भी चढ़ रहा है। क्यों न मिस अनवरी को साथ लेकर घूम आओ!

अनवरी ने ठाट से उठकर कहा—आदाबअर्ज है कुंवर साहब! बड़ी खुशी से! चलिए न! आज कुंवर साहब का काम मैं ही करूंगी!

शैला इस प्रगल्भता से ऊपर न उठ सकी। इन्द्रदेव और अनवरी को आत्म-समर्पण करते हुए उसने कहा—अच्छी बात है, चलिए। इन्द्रदेव बाहर चले गए।

खेतों में अंकुरों की हरियाली फैली पड़ी थी। चौखूंटे, तिकोने, और भी कितने आकारों के टुकड़े, मिट्टी की मेड़ों से अलगाए हुए, चारों ओर समतल में फैले थे। बीच-बीच में आम, नीम और महुए के दो-एक पेड़ जैसे उनकी रखवाली के लिए खड़े थे। मिट्टी की संकरी पगडंडी पर आगे शैला और पीछे-पीछे अनवरी चल रही थीं। दोनों चुपचाप पैर रखती हुई चली जा रही थीं। पगडंडी से थोड़ी दूर पर एक झोंपड़ी थी, जिस पर लौकी और कुंभड़े की लतर चढ़ी थी। उसमें से कुछ बात करने का शब्द सुनाई पड़ रहा था। शैला उसी ओर मुड़ी। वह झोंपड़ी के पास जाकर खड़ी

हो गई। उसने देखा, मधुवा अपनी टूटी खाट पर बैठा हुआ बंजो से कुछ कह रहा है। बंजो ने उत्तर में कहा—तब क्या करोगे मधुबन! अभी एक पानी चाहिए। तुम्हारा आलू सोराकर ऐसा ही रह जाएगा? ढाई रुपए के बिना! महंगू महतो उधार हल नहीं देंगे? मटर भी सूख जाएगी।

अरे आज मैं मधुबन कहां से बन गया रे बंजो! पीट दूंगा जो मुझे मधुवा न कहेगी। मैं तुझे तितली कहकर न पुकारूंगा। सुना न? हल उधार नहीं मिलेगा, महतो ने साफ-साफ कह दिया है। दस बिस्से मटर और दस बिस्से आलू के लिए खेत मैंने अपनी जोत में रखकर बाकी दो बीघे जौ-गेहूं बोने के लिए उसे साझे में दे दिया है। यह भी खेत नहीं मिला, इसी की उसे चिढ़ है। कहता है कि अभी मेरा हल खाली नहीं है।

तब तुमने इस एक बीघे को भी क्यों नहीं दे दिया!

मैंने सोचा कि शहर तो मैं जाया की करता हूं। नया आलू और मटर वहां अच्छे दामों पर बेचकर कुछ पैसे भी लूंगा; और बंजो! जाड़े में इस झोंपड़ी में बैठे-बैठे रात को उन्हें भूनकर खाने में कम सुख तो नहीं! अभी एक कंबल लेना जरूरी है।

तो बापू से कहते क्यों नहीं? वह तुम्हें ढाई रुपया दे देंगे।

उनसे कुछ मांगूगा, तो यही समझेंगे कि मधुवा मेरा कुछ काम कर देता है, उसी की मजूरी चाहता है। मुझे जो पढ़ाते हैं, उसकी गुरु-दक्षिणा मैं उन्हें क्या देता हूं? तितली! जो भगवान करेंगे, वही अच्छा होगा।

अच्छा तो मधुबन! जाती हूं। अभी बापू छावनी से लौटकर नहीं आए। जी घबराता है।

यह कहकर जब वह लौटने लगी, तो मधुबन ने कहा—अच्छा, फिर आज से मैं रहा मधुबन और तुम तितली। यही न?

दोनों की आंखें एक क्षण के लिए मिलीं—स्नेहपूर्ण आदान-प्रदान करने के लिए। मधुबन उठ खड़ा हुआ, तितली बाहर चली आई। उसने देखा, शैला और अनवरी चुपचाप खड़ी हैं! वह सकुचा गई। शैला ने सहज मुस्कुराहट से कहा—तब तुम्हारा नाम तितली है क्यों?

हां—कहकर तितली ने सिर झुका लिया। आज जैसे उसे अकेले में मधुबन से बातें करते हुए समग्र संसार ने देखकर व्यंग्य से हंस दिया हो। वह संकोच में गड़ी जा रही थी। शैला ने उसकी ठोढ़ी उठाकर कहा—लो, यह पांच रुपए तुम्हारे उस दिन की मजूरी के हैं।

मैं, मैं न लूंगी। बापू बिगड़ेंगे।

वह चंचल हो उठी। किंतु शैला [illegible] मानने वाली थी। उसने कहा—देखो, इसमें ढाई रुपए तो मधुबन को दे दो, वह अपना खेत सींच ले और बाकी अपने पास रख लो। फिर कभी काम देगा।

अब मधुबन भी निकल आया था। वह विचार-विमूढ़ था, क्या कहे! तब तक तितली को रुपया न लेते देखकर शैला ने मधुबन के हाथ में रुपया रख दिया, और कहा—बाकी रुपया जब तितली मांगे तो दे देना। समझा न? मैं तुम लोगों को छावनी पर बुलाऊं, तो चले आना।

दोनों चुप थे।

अनवरी अब तक चुप थी; किंतु उसके हृदय ने इस सौहार्द को अधिक सहने से अस्वीकार कर दिया। उसने कहा—हो चुका, चलिए भी। धूप निकल आई है।

शैला अनवरी के साथ घूम पड़ी। उसके हृदय में एक उल्लास था। जैसे कोई धार्मिक मनुष्य अपना प्रातः-कृत्य समाप्त कर चुका हो। दोनों धीरे-धीरे ग्राम-पथ पर चलने लगीं।

अनवरी ने धीरे-से प्रसंग छेड़ दिया—मिस शैला! आपको इन दिहाती लोगों से बातचीत करने में बड़ा सुख मिलता है।

मिस अनवरी! सुख! अरे मुझे तो इनके पास जीवन का सच्चा स्वरूप मिलता हैं, जिसमें ठोस मेहनत, अटूट विश्वास और संतोष से भरी शांति हंसती-खेलती है। लंदन की भीड़ से दबी हुई मनुष्यता में मैं ऊब उठी थी, और सबसे बड़ी बात तो यह है कि मैं दुख भी उठा चुकी हूं। दुखी के साथ दुखी की सहानुभूति होना स्वाभाविक है। आपको यदि इस जीवन में सुख-ही-सुख मिला है तो...

नहीं-नहीं, हम लोगों को सुख-दुख जीवन से अलग होकर कभी दिखाई नहीं पड़ा। रुपयों की कमी ने मुझे पढ़ाया और मैं नर्स का काम करने लगी। जब अस्पताल का काम छोड़कर अपनी डॉक्टरी का धंधा मैंने फैलाया, तो मुझे रुपयों की कमी न रही। पर मुझे तो यही समझ पड़ता है कि मेहनत-मजूरी करते हुए अपने दिन बिता लेना, किसी के गले पड़ने से अच्छा है।

अनवरी यह कहते हुए शैला की ओर गहरी दृष्टि से देखने लगी। वह उसकी बगल में आ गई थी। सीधा व्यंग्य न खुल जाए, इसलिए उसने और भी कहा—हम मुसलमानों को तो मालिक की मर्जी पर अपने को छोड़ देना पड़ता है, फिर सुख-दुख की अलग-अलग परख करने की किसको पड़ी है।

शैला ने जैसे चौंककर कहा—तो क्या स्त्रियां अपने लिए कुछ भी नहीं कर सकतीं? उन्हें अपने लिए सोचने का अधिकार भी नहीं है?

बहुत करोगी मिस शैला, तो यही कि किसी को अपने काम का बना लोगी। जैसा सब जगह हम लोगों की जाति किया करती है। पर उसमें दुख होगा कि सुख, इसका निपटारा तो वही मालिक कर सकता है।

शैला न जाने कितनी बातें सोचती हुई चुप हो गई। वह केवल इस व्यंग्य पर विचार करती हुई चलने लगी। उत्तर देने के लिए उसका मन बेचैन था; पर अनवरी को उत्तर देने में उसे बहुत-सी बातें कहनी पड़ेंगी। वह क्या सब कहने लायक हैं?

और यह प्रश्न भी उसके मन में आने लगा कि अनवरी कुछ अभिप्राय रखकर तो बात नहीं कर रही है। उसको भारतीय वायुमंडल का पूरा ज्ञान नहीं था। उसने देखा था केवल इन्द्रदेव को, जिसमें श्रद्धा और स्नेह का ही आभास मिला था। संदेह का विकृत चित्र उसके सामने उपस्थित करके अपने मन में अनवरी क्या सोच रही है, यही धीरे-धीरे विचारती हुई वह छावनी की ओर लौटने लगी।

अनवरी ने सौहार्द बढ़ाने के लिए कुछ दूसरा प्रसंग छेड़ना चाहा; किंतु वह सौजन्य के अनुरोध से संक्षिप्त उत्तर मात्र देती हुई छावनी पर पहुंची।

अभी इन्द्रदेव का दरबार लगा हुआ था। आरामकुर्सी पर लेटे हुए वह कोई कागज देख रहे थे। एक बड़ी-सी दरी बिछी थी। उस पर कुछ किसान बैठे थे। इन लोगों के जाते ही दो कुर्सियां और आ गईं। पर इन्द्रदेव ने अपने तहसीलदार से कहा—इस पोखरी का झगड़ा बिना पहले का कागज देखे समझ में नहीं आवेगा। इसे दूसरे दिन के लिए रखिए।

तहसीलदार इन्द्रदेव के बाप के साथ काम कर चुका था। वह इन्द्रदेव से काम लेना चाहता था। उसने कहा—लेकिन दो-एक कागज तो आज ही देख लीजिए, उनकी बेदखली जल्दी होनी चाहिए।

अच्छा, मैं चाय पीकर अभी आता हूं।—कहकर इन्द्रदेव शैला और अनवरी के साथ कमरे में चले गए।

बुड्ढे से अब न रहा गया। उसने कहा, तहसीलदार साहब, मैं कल से यहां बैठा हूं। मुझे क्यों तंग किया जा रहा है!

तहसीलदार ने चश्मे के भीतर से आंखें तरेरते हुए कहा—रामनाथ हो न? तंग किया जा रहा है! हूं! बैठो अभी। दस बीघे की जोत बिना लगान दिए हड़प किए बैठे हो और कहते हो, मुझे तंग किया जा रहा है।

क्या कहा? दस बीघे! अरे तहसीलदार साहब, क्या अब जंगल-परती में भी बैठने न दोगे? और वह तो न जाने कब से कृष्णार्पण लगी हुई बनजरिया है! वही तो बची है, और तो सब आप लोगों के पेट में चला गया। क्या उसे भी छीनना चाहते हो?

तहसीलदार चुपचाप उसे घूरने लगा।

इन्द्रदेव शैला के साथ बाहर चले आए। अनवरी के लिए देर रो माधुरी की भेजी हुई लौंड़ी खड़ी थी। वह उसके साथ छोटी कोठी में चली गई। इन्द्रदेव ने बुड्ढे को देखकर तहसीलदार को संकेत किया। तहसीलदार अभी बुड्ढे रामनाथ की बात नहीं छेड़ना चाहता था। किंतु इन्द्रदेव के संकेत से उसे कहना ही पड़ा—इसका नाम रामनाथ है। यह बनजरिया पर कुछ लगान नहीं देता। एकरेज जो लगा है, वह भी नहीं देना चाहता। कहता है—कृष्णार्पण माफी पर लगान कैसा?

इन्द्रदेव ने रामनाथ को देखकर पूछा—क्यों, उस दिन हम लोग तुम्हारी ही झोंपड़ी

पर गए थे?

हां सरकार!

तो एकरेज तो तुमको देना ही चाहिए। सरकारी मालगुजारी तो तुम्हारे लिए हम अपने आप से नहीं दे सकते।

तहसीलदार से न रहा गया, बीच ही में बोल उठा—अभी तो यह भी नहीं मालूम कि यह बनजरिया का होता कौन है। पुराने कागजों में वह थी देवनन्दन के नाम। उसके मर जाने पर बनजरिया पड़ी रही। फिर इसने आकर उसमें आसन जमा लिया।

बुड्ढा झनझना उठा। उसने कहा—हम कौन हैं, इसको बताने के लिए थोड़ा समय चाहिए सरकार! क्या आप सुनेंगे?

शैला ने अपने संकेत से उत्सुकता प्रकट की। किंतु इन्द्रदेव ने कहा—चलो, अभी माताजी के पास चलना है। फिर कसी दिन सुनूंगा। रामनाथ आज तुम जाओ; फिर मैं बुलाऊंगा, तब आना।

रामनाथ ने उठकर कहा—अच्छा सरकार!

चौबेजी बटुआ लिये पान मुंह में दाबे आकर खड़े हो गए। उनके मुख पर एक विचित्र कुतूहल था। वह मन-ही-मन सोच रहे थे—आज शैला बड़ी सरकार के सामने जाएगी। अनवरी भी वहीं है, और वहीं हैं बीबीरानी माधुरी! हे भगवान्!

शैला, इन्द्रदेव और चौबेजी छोटी कोठी की ओर चले।

मधुबन के हाथ में था रुपया और पैरों में फुरती, वह महंगू महतो के खेत पर जा रहा था। बीच में छावनी पर से लौटते हुए रामनाथ से भेंट हो गई। मधुबन के प्रणाम करने पर रामनाथ ने आशीर्वाद देकर पूछा—कहां जा रहे हो मधुबन?

आज पहला दिन है, बाबाजी ने उसे मधुवा न कहकर मधुबन नाम से पुकारा। वह भीतर-ही-भीतर जैसे प्रसन्न हो उठा। अभी-अभी तितली से उसके हृदय की बातें हो चुकी थीं। उसकी तरी छाती में भरी थी। उसने कहा—बाबाजी, रुपया देने जा रहा हूं। महंगू से पुरवट के लिए कहा था—आलू और मटर सींचने के लिए। वह बहाना करता था, और हल भी उधार देने से मुकर गया। मेरा खेत भी जोतता है और मुझी से बढ़-बढ़कर बातें करता है।

रामनाथ ने कहा—भला रे, तू पुरवट के लिए तो रुपया देने जाता है—सिंचाई होगी; पर हल क्या करेगा? आज-कल कौन-सा नया खेत जोतेगा?

मधुबन ने क्षण-भर सोचकर कहा—बाबाजी, तितली ने मुझसे चार पहर के लिए कहीं से हल उधार मांगा था। सिरिस के पेड़ के पास बनजरिया में बहुत दिनों से थोड़ा खेत बनाने का वह विचार कर रही है, जहां बरसात में बहुत-सी खाद भी हम लोगों ने डाल रखी थी। पिछाड़ होगी तो क्या, गोभी बोने का...

दुत पागल! तो इसके लिए इतने दिनों तक कानाफूसी करने की कौन-सी बात थी? मुझसे कहती! अच्छा, तो रुपया तुझे मिला?

हां बाबाजी, मेम साहब ने तितली को पांच रुपया दिया था, वही तो मेरे पास है।

मेम साहब ने रुपया दिया था! बंजो को? तू कहता क्या है?

हां, मेरे ही हाथ में तो दिया। वह तो लेती न थी। कहती थी, बापू बिगड़ेंगे! किसी दिन मेम साहब का उसने कोई काम कर दिया था, उसी की मजूरी बाबाजी! मेम साहब बड़ी अच्छी हैं।

रामनाथ चुप होकर सोचने लगा। उधर मधुबन चाहता था, बुड्ढा उसे छुट्टी दे। वह खड़ा-खड़ा ऊबने लगा। उत्साह उसे उकसाता था कि महंगू के पास पहुंचकर उसके आगे रुपए फेंक दे और अभी हल लाकर बंजो का छोटा-सा गोभी का खेत बना दे। बुड्ढा न जाने कहां से छींक की तरह उसके मार्ग में बांधा-सा आ पहुंचा।

रामनाथ सोच रहा था छावनी की बात! अभी-अभी तहसीलदार ने जो रूप दिखलाया था, वही उसके सामने नाचने लगा था। उसे जैसे बनजरिया की काया-पलट होने के साथ ही अपना भविष्य उत्पातपूर्ण दिखाई देने लगा। तितली उसमें नया खेत बनाने जा रही है। तब भी न जाने क्या सोचकर उसने कहा—जाओ मधुबन, हल ले जाओ।

मधुबन तो उछलता हुआ चला जा रहा था। किंतु रामनाथ धीरे-धीरे बनजरिया की ओर चला।

तितली गायों को चराकर लौटा ले जा रही थी। मधुबन तो हल ले जाने गया था। वह उनको अकेली कैसे छोड़ देती। धूप कड़ी हो चली थी। रामनाथ ने उसे दूर से देखा। तितली अब दूर से पूरी स्त्री-सी दिखाई पड़ती थी।

रामनाथ एक दूसरी बात सोचने लगा। बनजरिया के पास पहुंचकर उसने पुकारा—तितली!

उसने लौटकर प्रफुल्ल बदन से उत्तर दिया—'बापू!'

5

श्यामदुलारी आज न जाने कितनी बातें सोचकर बैठी थीं—लड़का ही तो है, उसे दो बात खरी-खोटी सुनाकर डांट-डपटकर न रखने से काम नहीं चलेगा—पर विलायत हो आया है। बारिस्टरी पास कर चुका है। कहीं जवाब दे बैठा तो! अच्छा...आज वह मेम की छोकरी भी साथ आवेगी। इस निर्लज्जता का कोई ठिकाना है! कहीं ऐसा न हो कि साहब की वह कोई निकल आवे! तब उसे कुछ कहना तो ठीक न होगा। अभी दो महीने पहले कलेक्टर साहब जब मिलने आए थे, तो उन्होंने कहा था—'रानी साहब, आपके ताल्लुके में नमूने के गांव बसाने का बंदोबस्त किया जाएगा।

इसमें बड़ी-बड़ी खेतियां, किसानों के बंक और सहकार की संस्थाएं खुलेंगी। सरकार भी मदद देगी।' तब उसको कुछ कहना ठीक न होगा। माधुरी की क्या राय है? वह तो कहती है—'मां, जाने दो, भाई साहब को कुछ मत कहो?' तो क्या वह अपने मन से बिगड़ता चला जाएगा। सो नहीं हो सकता। अच्छा, जाने दो।

माधुरी के मन में अनवरी की बात रह-रहकर मरोर उठती थी। इन्द्रदेव क्या यह घर सम्हाल सकेंगे? यदि नहीं, तो मैं क्यों बनाने की चेष्टा करूं।

उसके मन में तेरह बरस के कृष्णमोहन का ध्यान आ गया। थियासोफिकल स्कूल में वह पढ़ता है। पिता बाबू श्यामलाल उसकी ओर से निश्चिंत थे। हां, उसके भविष्य की चिंता तो उसकी माता माधुरी को ही थी। तब भी वह जैसे अपने को धोखे में डालने के लिए कह बैठती—जैसा जिसके भाग्य में होगा, वही होकर रहेगा।

अनवरी इस कुटुंब की मानसिक हलचल में दत्तचित्त होकर उसका अध्ययन कर रही थी। न जाने क्यों, तीनों चुप होकर मन-ही-मन सोच रही थीं। पलंग पर श्यामदुलारी मोटी-सी तकिया के सहारे बैठी थीं। चौकी पर चांदनी बिछी थी। माधुरी और अनवरी वहीं बैठी हुई एक-दूसरे का मुंह देख रही थीं। तीन-चार कुर्सियां पड़ी थीं। छोटी कोठी का यह बाहरी कमरा था।

श्यामदुलारी यहीं पर सबसे बात करती, मिलती-जुलती थीं; क्योंकि उनका निज का प्रकोष्ठ तो देव-मंदिर के समान पवित्र, अस्पृश्य और दुर्गम्य था? बिना स्नान किए—कपड़ा बदले, वहां कौन जा सकता था!

बाहर पैरों का शब्द सुनाई पड़ा। तीनों स्त्रियां सजग हो गईं, माधुरी अपनी साड़ी का किनारा संवारने लगी। अनवरी एक उंगली से कान के पास के बालों को ऊपर उठाने लगी। और, श्यामदुलारी थोड़ा खांसने लगीं।

इन्द्रदेव शैला और चौबेजी के साथ, भीतर आए। माता को प्रणाम किया। श्यामदुलारी ने 'सुखी रहो' कहते हुए देखा कि वह गोरी मेम भी दोनों हाथों की पतली उंगलियों में बनारसी साड़ी का सुनहला अंचल दबाए नमस्कार कर रही है।

अनवरी उठकर खड़ी हो गई। माधुरी चौकी पर ही थोड़ा खिसक गई। माता ने बैठने का संकेत किया। पर वह भीतर से शैला से बोलने के लिए उत्सुक थी।

इन्द्रदेव ने कहा—मिस अनवरी! मां का दर्द अभी अच्छा नहीं हुआ। इसके लिए आप क्या कर रही हैं। क्यों मां, अभी दर्द में कमी तो नहीं है?

है क्यों नहीं बेटा! तुमको देखकर दर्द दूर भाग जाता है।—श्यामदुलारी ने मधुरता से कहा।

तब तो भाई साहब, आप यहीं मां के पास रहिए। दर्द पास न आवेगा।—माधुरी ने कहा।

लेकिन बीबीरानी! और लोग क्या करेंगे? कुंवर साहब यहीं घर में बैठे रहेंगे, तो जो लोग मिलने-जुलने वाले हैं, वे कहां जाएंगे!

—अनवरी ने व्यंग्य से कहा।

यह बात श्यामदुलारी को अच्छी न लगी। उन्होंने कहा—मैं तो चाहती हूं कि इन्द्र मेरी आंखों से ओझल न हो। वह करता ही क्या है मिस अनवरी! शिकार खेलने में ज्यादा मन लगाता है। क्यों, विलायत में इसकी बड़ी चाल है न! अच्छा बेटा! यह मेम साहब कौन हैं? इनका तो तुमने परिचय ही नहीं दिया।

मां, इंग्लैंड में यही मेरा सब प्रबंध करती थीं। मेरे खाने-पीने का, पढ़ने-लिखने का, कभी जब अस्वस्थ हो जाता तो डॉक्टरों का, और रात-रात-भर जागकर नियमपूर्वक दवा देने का काम यही करती थीं। इनका मैं चिर-ऋणी हूं। इनकी इच्छा हुई कि मैं भारतवर्ष देखूंगी।

इसी से चली आई हैं न! अच्छा बेटा! इनको कोई कष्ट तो नहीं? हम लोग इनके शिष्टाचार से अपरिचित हैं। चौबेजी! आप ही न मेम साहब के लिए...ओ! इनका नाम क्या है, यह पूछना तो मैं भूल ही गई।

मेरा नाम 'शैला' है मां जी!—शैला की बोली घंटी की तरह गूंज उठी! श्यामदुलारी के मन में ममता उमड़ आई। उन्होंने कहा—चौबेजी! देखिए, इनको कोई कष्ट न होने पावे। इन्द्रदेव तो लड़का है, वह कभी काहे को इनकी सुविधा की खोज-खबर लेता होगा।

जी सरकार! मेम साहब बड़ी चतुर हैं। वह तो कुंवर साहब का प्रबंध स्वयं आदेश देकर कराती रहती हैं। हम लोग तो अभी सीख रहे हैं। बड़े सरकार के समय में जो व्यवस्था थी, उसी से तो अब काम नहीं चल सकता!

इन्द्रदेव घबरा गए थे। उन्हें कभी चौबे, कभी अनवरी पर क्रोध आता; पर वह बहाली देते रहे।

माधुरी ने कहा—अच्छा तो भाई साहब! अभी शहर चलने की इच्छा नहीं है क्या? अब तो यहां कड़ी दिहाती सर्दी पड़ेगी।

नहीं, अभी तो यहीं रहूंगा। क्यों मां, यहां कोई कष्ट तो नहीं है?—इन्द्रदेव ने पूछा।

अनवरी ने कहा—इस छोटी कोठी में साफ हवा कम आती है। और तो कोई...हां, बीबीरानी, मैं यह तो कहना भूल ही गई थी कि मुझे आज शहर चले जाना चाहिए। कई रोगियों को आज ही तक के लिए दवा दे आई हूं। मोटर तो मिल जाएगी न?

ठहरिए, आप तो न जाने क्यों घबराई हैं। अभी तो मां की दवा...माधुरी की बात पूरी न होने पाई कि अनवरी ने कहा—दवा खाएंगी तो नहीं, यही लगाने की दवा है। लगाते रहिए, मुझे रोक कर क्या कीजिएगा। हां, यहां साफ हवा मिलनी चाहिए, इसके लिए आप सोचिए।

चौबेजी बीच में बोल उठे—तो बड़ी सरकार उस कोठी में रहें, खुले हुए कमरे और दालान उसमें तो हैं ही।

बोलने के लिए तो बोल गए; पर चौबेजी कई बातें सोचकर दांत से अपनी जीभ दबाने लगे। उनकी इच्छा तो हुई कि अपने कान भी पकड़ लें; पर साहस न हुआ।

इन्द्रदेव चुप रहे। शैला ने कहा—मां जी! बड़ी कोठी में चलिए। यहां न रहिए।—वह बेचारी भूल गई कि श्यामदुलारी उसके साथ कैसे रहेंगी!

श्यामदुलारी ने इन्द्रदेव का चेहरा देखा। वह उतरा हुआ तो नहीं था; किंतु उस पर उत्साह भी न था। माधुरी ने शैला को स्वयं कहते हुए जब सुना, तो वह बोली—अच्छा तो है मां! मेम साहब और अनवरी बीबी इसमें आ जाएंगी। हम लोग वहीं चलकर रहें।

अनवरी ने कहा—मुझे एक दिन में लौट आने दीजिए।

श्यामदुलारी ने देखा कि काम तो हो चला है, अब इस बात को यहीं रोक देना चाहिए। वह बोली—बेटा! कलेक्टर साहब ने नमूने का गांव बसाने का जो नक्शा भेजा था, उसे तुमने देखा?

नहीं मां, अभी तो नहीं—शैला के पास वह है। इन्हें गांवों से बड़ा प्रेम है। मैंने इन्हीं के ऊपर यह भार छोड़ दिया है। इसके लिए यही एक योजना तैयार करने में लगी हैं।

श्यामदुलारी सावधान हो गईं। शैला ने कहा—मां जी, अभी तो मैं गांवों में जाकर यहां की बातें समझने लगी हूं। फिर भी बहुत-सी बातें अभी नहीं समझ सकी हूं। किसी दिन आपको अवकाश रहे, तो मैं नक्शा ले आऊं?

चौबे जी ने एक बार माधुरी की ओर देखा और माधुरी ने अनवरी को। तीनों का भीतर-ही-भीतर एक दल-सा बंध गया। इधर मां, बेटे की ओर होने लगी—और शैला, जो व्यवधान था, उसकी खाई में पुल बनाने लगी।

श्यामदुलारी का हृदय, बेटे का काम की बातों में मन लगाते देखकर, मिठास से भरने लगा। उन्होंने कहा—अच्छा; तो मैं अब पूजा करने जाती हूं। बीबी! मिस अनवरी को जाने दो, कल आ जाएंगी। हां, एक बात तो मैं भूल ही गई थी—मिस अनवरी, आप आने लगिए, तो कृष्णमोहन को छुट्टी दिलाकर साथ लिवाते आइएगा।

श्यामदुलारी ने माधुरी को भी प्रसन्न करने का उपाय निकाल ही लिया! अनवरी ने कहा—बहुत अच्छा।

शैला ने कहा—मैं आपके पास आकर कभी-कभी बैठा करूं, इसके लिए क्या आप मुझे आज्ञा देंगी मां जी!

क्यों नहीं; आपका घर है, चाहे जब चली आया करें। मुझे तो अपने देश की कहानी आपने सुनाई ही नहीं!

नहीं; मैं इसलिए आज्ञा मांगती थी कि मेरे आने से आपको कष्ट न हो। मुझे अलग कुर्सी पर बैठाया कीजिए। मैं आपको छुऊंगी नहीं!—शैला ने बड़ी सरलता

से कहा।

श्यामदुलारी ने हंसकर कहा—वाह! यह तो मेरे सिर पर अच्छा कलंक है। क्या मैं किसी को छूती नहीं? आप आइए, मुझे आपकी बातें बड़ी मीठी लगती हैं।

इन्द्रदेव ने देखा कि उनके हृदय का बोझ टल गया—शैला ने मां के समीप पहुंचने का अपना पथ बना लिया। उन्होंने इसे अपनी विजय समझी। वह मन-ही-मन प्रसन्न हो रहे थे कि शैला ने उठते हुए नमस्कार करके कहा—मां जी, मुझसे भूल हो सकती है, अपराध नहीं। तब भी, आप लोगों की स्नेह-छाया में मुझे सुख की अधिक आशा है।

श्यामदुलारी का स्नेह-सिक्त हृदय भर उठा। एक दूर देश की बालिका कितना मधुर हृदय लिये उनके द्वार पर खड़ी है।

श्यामदुलारी स्नान करने चली गईं।

इन्द्रदेव के साथ शैला धीरे-धीरे बड़ी कोठी की ओर चली जा रही थी। मोटर के लिए चौबेजी गए थे, तब तक दालान में अनवरी से माधुरी कहने लगी—तुमने ठीक कहा था मिस अनवरी!

उसने माधुरी को अधिक खुलने का अवसर देते हुए कहा—मैंने क्या ठीक कहा था?

यही, शैला के संबंध में...

अनवरी गंभीर बन गई। उसने कहा—बीबी रानी! तुम लोगों को इनसे कभी काम नहीं पड़ा है। ये सब जादूगर हैं। देखा न मांजी को कैसा अपनी ओर ढुलका लिया—मोम बन गईं। क्या यों ही सात समुद्र तेरह नदी पार करके यह आई है! और...

पर तुमने भी मिस अनवरी! शैला को अच्छा एक उखाड़ दिया! थोड़ा-सा तो वह सोचेगी, बंगले से हटना उसे अखरेगा। क्यों?—बीच ही में माधुरी ने कहा।

वह भी घुटी हुई है, कैसा पी गई! बीबी को कसक तो होगी ही! बीबी रानी, मैं तुमसे फिर कहती हूं, तुम अपनी देखो। आपके भाई साहब तो नदी की बाढ़ में बह रहे हैं। मैं कल तो न आ सकूंगी। हां, जल्दी आने की...

नहीं-नहीं अनवरी! कल, कल तुमको अवश्य आना होगा। इस समय तुम्हारी सहायता की बड़ी आवश्यकता है। उस चुड़ैल को, जिस तरह हो, नीचा...

माधुरी आगे कुछ न कह सकी, उसका क्रोध कपोलों पर लाल हो रहा था।

मानव-स्वभाव है; वह अपने सुख को विस्तृत करना चाहता है। और भी, केवल अपने सुख से ही सुखी नहीं होता, कभी-कभी दूसरों को दुखी करके, अपमानित करके, अपने मान को, सुख को प्रतिष्ठित करता है।

माधुरी के मन में अनवरी के द्वारा जो आग जलाई गई है, वह कई रूप बदलकर उसके कोने-कोने में झुलसाने लगी है। उसके मन में लोभ तो जाग ही उठा था।

अधिकारच्युत होने की आशंका ने उसे और भी संदिग्ध और प्रयत्नशील बना दिया। उसके गौरव की चांदनी शैला की उषा में फीकी पड़ेगी ही, इसकी दृढ़ संभावना थी, और अब वह युद्ध के लिए तत्पर थी। चौबेजी को खींचने के लिए उसने मन-ही-मन सोच लिया! एक सम्मिलित कुटुंब में राष्ट्रनीति ने अधिकार जमा लिया। स्व-पक्ष और पर-पक्ष का सृजन होने लगा।

चौबेजी कम चतुर न थे। माधुरी को उन्होंने अधिक समीप समझा। ढुले भी उसी ओर। मोटर लेकर जब वह आए, तो उन्होंने कहा—बीबी रानी। हम लोगों ने बड़े सरकार का समय और दरबार देखा है। अब यह सब नहीं देखा जाता। तुम्हीं बचाओगी तो यह राज बचेगा, नहीं तो गया। मैं अब उसके लिए चाय बनाना नहीं चाहता! मुझे जवाब मिल जाए, यही अच्छा है।

मोटर पर बैठते हुए अनवरी ने कहा—घबराइए मत, चौबेजी, बीबी रानी आपके लिए कोई बात उठा न रखेंगी।

6

गंगा की लहरियों पर मध्याह्न के सूर्य की किरणें नाच रही थीं। उन्हें अपने चंचल हाथों से अस्त-व्यस्त करती हुई, कमर-भर जल में खड़ी, मलिया छींटे उड़ा रही थी। करारे के ऊपर मल्लाहों की छोटी-सी बस्ती थी। सात घर मल्लाहों और तीन घर कहारों के थे। मलिया और रामदीन का घर भी वहीं था। दोपहर को छावनी से छुट्टी लेकर, दोनों ही अपने घर आए थे। रामदीन करारे से उतरता हुआ कहने लगा—मलिया, मैं भी आया।

मलिया हंसकर बोली—मैं तो जाती हूं।

जाओगी क्यों? वाह?—कहते हुए रामदीन 'धम' से गंगा में कूद पड़ा।

थोड़ी दूर पर एक बुड्ढा मल्लाह बंसी डाले बैठा था, उसने क्रोध से कहा—देखो रामदीन, तुम छावनी के नौकर हो, इससे मैं डर न जाऊंगा। मछली न फंसी, तो तुम्हारी बुरी गत कर दूंगा।

तैरते हुए रामदीन ने कहा—अरे क्यों बिगड़ रहे हो दादा! आज कितने दिनों पर छुट्टी मिली है। ऊधम मचाने अब कहां आता हूं।

तैरते हुए तीर की ओर लौटकर उसने मलिया के पास पहुंचने का ज्यों ही उपक्रम किया, वह गंगा से निकलने लगी। रामदीन ने कहा—अरे क्या मैं काट लूंगा? मलिया, ठहर न!

वह रुक गई।

रामदीन ने धीरे से पास आकर पूछा—"क्यों रे, तेरी सगाई पक्की हो गई?"

उसने कहा—"धत!"

रामदीन ने कहा—तो आज मैं तेरे चाचा से कहूं कि...

मलिया ने बीच ही में बात काटकर कहा—देखो, मुझे गाली दोगे तो...हां, कहे देती हूं।

क्या कहे देती है? क्या मुझे डराती है? अब तो मुझे तेरी बीबी रानी का डर नहीं। मलिया, तू जानती है छोटी कोठी में मेम साहब जब से आई हैं, तब से मैं ही उनका खाना बनाता हूं, चौबेजी का काम भी मैं ही करता हूं? अब तो...

मेम साहब के भरोसे कूद रहे हो न! देखो तो तुम्हारी मेम साहब की दुर्दशा चार दिन में होती है। बीबी रानी...

क्या...बकती है! चल, अपना काम देख! वह तो कहती थीं कि रामदीन, तुझको मैं सरकार से कहकर खेत दिलवा दूंगी। वहीं...

चल, अपना मुंह देख, मुझसे चला है सगाई करने! तीन ही दिन में छोटी कोठी से भी तेरी मेम साहब भागती हैं। तब लेना खेत!

अरे तो क्या...

आगे रामदीन कुछ न बोल सका; क्योंकि एक गौर वर्ण की प्रौढ़ा स्त्री धोती लिये हुए उत्तर की ओर से धीरे-धीरे गंगा में उतर रही थी।

उसे देखते ही दोनों की सिट्टी भूल गई। दोनों ही गंगा जल में से निकलकर उसे अभिवादन करके भलेमानसों की तरह अपनी-अपनी धोती पहनने लगे।

उस स्त्री के अंग पर कोई आभूषण न था, और न तो कोई सधवा का चिह्न! था केवल उज्ज्वलता का पवित्र तेज, जो उसकी मोटी-सी धोती के बाहर भी प्रकट था।

एक पत्थर पर अपनी धोती रखते हुए उसने घूमकर पूछा—क्यों रे रामदीन, तुझे कभी घंटे भर की भी छुट्टी नहीं मिलती? आज अठवारों हो गया, कोई सौदा ले आना है। तेरी नानी कहती थी, आज रामदीन आने वाला है। सो तू आज आने पर भी यहीं धमाचौकड़ी मचा रहा है?

मालकिन! मैं नहाकर कोट में आ ही रहा था। यही मलिया बड़ी पाजी है, इसने धोती पर पानी के छींटे...सरकार...

रामदीन अपनी बनावटी बात को आगे न बढ़ा सका। बीच ही में मलिया अपनी सफाई देती हुई बोल उठी—इसकी छाती फट जाए, झूठा कहीं का! मालकिन, यह मुझको गाली दे रहा है। इसका घमंड बढ़ गया है। मेम साहब का खानसामा बन गया है, तो चला है मुझसे सगाई करने!

मालकिन अपनी आती हुई हंसी को रोककर बोलीं—वह देख, इसकी नानी आ रही है, उसी से कह दे। मलिया, सचमुच रामदीन पाजी हो गया है।

दोनों ने देखा, बुढ़िया—रामदीन की नानी—तांबे का एक घड़ा लिये धीरे-धीरे आ रही है।

मालकिन स्नान करने लगीं। कभी-कभी स्नान करने के लिए वह इधर आ जातीं, तो कई काम करती हुई जातीं। भाई मधुबन के लिए मछली लेना और मल्लाही-टोली की किसी प्रजा को सहेजकर गृहस्थी का और कोई काम करा लेना भी उनके नहाने का उद्देश्य होता।

उनको देखते ही बूढ़े मल्लाह ने अपनी बंसी खींची। मछली फंस चुकी थी।

वह स्नान करके सूर्य को प्रणाम करती हुई जब ऊपर आकर खड़ी हुईं तो मल्लाह ने मछली सामने लाकर रख दी। उन्होंने रामदीन से कहा—इसे लेता चल।

मलिया ने बुढ़िया के स्नान कर लेने पर उसके लाए हुए घड़े को भर लिया। मालकिन की गीली धोती लेकर बुढ़िया उनके साथ हो गई।

मल्लाह ने कहा—मालकिन, आज इस पाजी रामदीन को बिना मारे मैं न छोड़ता। आज कई दिन पर मैं मधुबन बाबू के लिए मछली फंसाने बैठा था, यह आकर ऊधम मचाने लगा। इसी की चाल से बड़ा-सा रोहू आकर निकल गया। आज लगा है छावनी की नौकरी करने, तो घमंड का ठिकाना ही नहीं। हम लोग आपकी प्रजा हैं मालकिन! यह बूढ़ा इस बात को नहीं भूल सकता। अभी कल का लड़का—यह क्या जाने कि धामपुर के असली मालिक—चार आने के पुराने हिस्सेदार—कौन हैं। मालकिन, बेईमानी से वह सब चला गया, तो क्या हुआ? हम लोग अपने मालिक को न पहचानेंगे?

मालकिन को उसका यह व्याख्यान अच्छा न लगा। उनके अच्छे दिनों का स्मरण करा देने की उस समय कोई आवश्यकता न थी। किंतु सीधा और बूढ़ा मल्लाह उस बिगड़े घर की बड़ाई में और कहता ही क्या?

शेरकोट के कुलीन जमींदार मधुबन के पास अब तीन बीघे खेत और वही खंडहर-सा शेरकोट है, इसके अतिरिक्त और कुछ चाहे न बचा हो; किंतु पुरानी गौरव-गाथाएं तो आज भी सजीव हैं। किसी समय शेरकोट के नाम से लोग सम्मान से सिर झुकाते थे।

मधुबन के लिए वंश-गौरव का अभिमान छोड़कर, मुकदमे में सब कुछ हारकर, जब उसके पिता मर गए, तो उसकी बड़ी विधवा बहन ने आकर भाई को सम्हाला था। उसकी ससुराल संपन्न थी; किंतु विधवा राजकुमारी के दरिद्र भाई को कौन देखता! उसी ने शेरकोट के खंडहर में दीपक जलाने का काम अपने हाथों में लिया!

शेरकोट मल्लाही-टोले के समीप उत्तर की ओर बड़े-से ऊंचे टीले पर था। मल्लाही-टोला और शेरकोट के बीच एक बड़ा-सा वट-वृक्ष था। वहीं दो-चार बड़े-बड़े

पत्थर थे। उसी के नीचे स्नान करने का घाट था। मल्लाही-टोले में अब तो केवल दस घरों की बस्ती है। परंतु जब शेरकोट के अच्छे दिन थे, तो उसकी प्रजा से—काम करने वालों से—यह गांव भरा था।

शेरकोट के विभव के साथ वहां की प्रजा धीरे-धीरे इधर-उधर जीविका की खोज में खिसकने लगी। मल्लाहों की जीविका तो गंगातट से ही थी; वे कहां जाते? उन्हीं के साथ दो-तीन कहारों के भी घर बच रहे—उस छोटी-सी बस्ती में।

कहीं-कहीं पुराने घरों की गिरी हुई भीतों के ढूह अपने दारिद्र्य-मंडित सिर को ऊंचा करने की चेष्टा में संलग्न थे, जिसके किसी सिरे पर टूटी हुई धरनें, उन घरों का सिर फोड़ने वाली लाठी की तरह, अड़ी पड़ी थीं!

उधर शेरकोट का छोटा-सा मिट्टी का ध्वस्त दुर्ग था! अब उसका नाममात्र है, और है उसके दो ओर नाले की खाई—एक ओर गंगा। एक पथ गांवों में जाने के लिए था। घर सब गिर चुके थे। दो-तीन कोठरियों के साथ एक आंगन बच रहा था।

भारत का वह मध्यकाल था, जब प्रतिदिन आक्रमणों के भय से एक छोटे-से भूमिपति को भी दुर्ग की आवश्यकता होती थी। ऊंची-नीची होने के कारण, शेरकोट में अधिक भूमि होने पर भी, खेती के काम में नहीं आ सकती थी। तो भी राजकुमारी ने उसमें फल-फूल और साग-भाजी का आयोजन कर लिया था।

शेरकोट के खंडहर में घुसते हुए राजकुमारी ने बूढ़े मल्लाह को बिदा किया। वह बूढ़ा मनुष्य कोट का कोई भी काम करने के लिए प्रस्तुत रहता। उसने जाते जाते कहा—मालकिन, जब कोई काम हो, कहला देना, हम लोग आपकी पुरानी प्रजा हैं, नमक खाया है।

उसकी इस सहानुभूति से राजकुमारी को रोमांच हो गया। उसने कहा—तुमसे न कहलाऊंगी, तो काम कैसे चलेगा; और कब नहीं कहलाया है?

बूढ़ा दोनों हाथों को अपने सिर से लगाकर लौट गया।

रामदीन ने एक बार जैसे सांस ली। उसने कहा—तो मालकिन, कहिए, नौकरी छोड़ दूं?

जो प्रेरणा उसे बूढ़े मल्लाह से मिली थी, वही उत्तेजित हो रही थी। राजकुमारी ने कहा—पागल! नौकरी छोड़ देगा, तो खेत छिन जाएगा। गांव में रहने पावेगा फिर? अब हम लोगों के वह दिन नहीं रहे कि तुमको नौकर रख लूंगा। मैंने तो इसलिए कहा था कि मधुबन ने कहीं पर खेत बनाया है; वही बाबाजी की बनजरिया में। कहता था कि 'बहिन, एक भी मजूर नहीं मिला!' फिर बाबाजी और उसने मिलकर हल चलाया! सुनता है रे रामदीन, अब बड़े घर के लोग हल चलाने लगे, मजूर नहीं मिलते, बाबाजी तो यह सब बात मानते ही नहीं। उन्होंने मधुबन से भी हल चलवाया।

वह कहते हैं कि 'हल चलाने से बड़े लोगों की जात नहीं चली जाती। अपना काम हम नहीं करेंगे, तो दूसरा कौन करेगा।' आज-कल इस देश में जो न हो जाए। कहां मधुबन का वंश, कहां हल चलाना! बाबाजी ने उसको पढ़ाया-लिखाया और भी न जाने क्या-क्या सिखाया। वह जाता है शहर यहां से बोझ लिवाकर सौदा बेचने! जब मैं कुछ कहती हूं; तो कहता है—'बहन! वह सब रामकहानी के दिन बीत गए। काम करके खाने में लाज कैसी। किसी की चोरी करता हूं या भीख मांगता हूं?' धीरे-धीरे मजूर होता जा रहा है। मधुबन हल चलावे, यह कैसे सह सकती हूं। इसी से तो कहती हूं कि क्या दो घंटे जाकर तू उसका काम नहीं कर सकता था!

दोपहर को खाने-नहाने की छुट्टी तो किसी तरह मिलती है। कैसे क्या कहूं, अभी न जाऊं तो रोटी भी रसोईदार इधर-उधर फेंक देगा। फिर दिन भर टापता रह जाऊंगा। मालकिन, पहले से कह दिया जाए, तो कोई उपाय भी निकाल लूं।

अच्छा, जा; कल आना तो मुझसे भेंट करके जाना; भूलना मत! समझा न? मधुबन मिले तो भेज दो।

रामदीन ने मछली रखते हुए सिर झुकाकर अभिवादन किया। फिर मलिया की ओर देखता हुआ वह चला गया।

रामदीन की नानी धूप में धोती फैलाकर रसोई-घर की ओर मछली लेकर गई। वह चौके में आग-पानी जुटाने लगी।

मलिया मालकिन के पास बैइ गई थी। राजकुमारी ने उनसे पूछा—मलिया! तेरी ससुराल के लोग कभी पूछते हैं?

उसने कहा—नहीं मालकिन, अब क्यों पूछने लगे।

राजकुमारी ने कहा—तो रामदीन से तेरी सगाई कर दूं न?

आओ मालकिन, इसीलिए मुझको...

राजकुमारी उसकी इस लज्जित मूर्ति को देखकर रुक गईं। उन्होंने बात बदलने के लिए कहा—तो आज-कल तू वहां रात-दिन रहती है?

क्यों न रहूंगी। बीबीरानी माधुरी की तरेर-भरी आंखें देखकर ही छठी का दूध याद आता है। अरे बाप रे! मालकिन, वहां से जब घर आती हूं, तो जैसे बाघ के मुंह से निकल आती हूं। इधर तो उनकी आंखें और भी चढ़ी रहती हैं। चौबे, जो पहले कुंवर साहब की रसोई बनाता था, आकर न मालूम क्या धीरे-धीरे फुसफुसा जाता है। बस फिर क्या पूछना! जिसकी दुर्दशा होनी हो वही सामने पड़ जाए।

क्यों रे, चौबे तो पहले तेरे कुंवर साहब के बड़े पक्षपाती थे। अब क्या हुआ जो...

छावनी की बातें अच्छी तरह सुनने के लिए राजकुमारी ने पूछा। कोई भी स्वार्थ न हो; किंतु अन्य लोगों के कलह से थोड़ी देर मनोविनोद कर लेने की मात्रा मनुष्य

की साधारण मनोवृत्तियों में प्रायः मिलती है। राजकुमारी के कुतूहल की तृप्ति भी उससे क्यों न होती?

मलिया कहने लगी–मालकिन! यह सब मैं क्या जानूं, पहले तो चौबेजी बड़े हंसमुख बने रहते थे। पर जब से बड़ी सरकार आई हैं; तब से चौबेजी इसी दरबार की ओर झुके रहते हैं। कुंवर साहब से तो नहीं पर मेम साहब से वह चिढ़ते हैं। कहते हैं, उसकी रसोई बनाना हमारा काम नहीं है। बीबीरानी से और भी न जाने क्या-क्या उसकी निंदा करते हैं। सुना था, एक दिन वह रसोई बना रहे थे, भूल से मेम साहब जूते पहने रसोई-घर में चली आईं, तभी से वह चिढ़ गए, पर कुछ कह नहीं सकते थे। जब बड़ी सरकार आ गईं, तो उन्होंने इधर ही अपना डेरा जमाया। अब तो वह छोटी कोठी जाकर, वहां क्या-क्या चाहिए–यही देख आते हैं–

क्यों रे! क्या तेरे कुंवर साहब इस मेम से ब्याह करेंगे?

मैं क्या जानूं मालकिन! अब छुट्टी मिले। जाऊं, नहीं तो रसोईदार महाराज ही दो-चार बात सुनावेंगे।

अच्छा, जा, अभी तो चाचा के पास जाएगी न?

हां, इधर से होती हुई चली जाऊंगी–कहकर मलिया अपने घर चली।

राजकुमारी से आकर रामदीन की नानी ने कहा–चलिए, अपनी रसोई देखिए। अभी मधुबन बाबू तो नहीं आए।

राजकुमारी ने एक बार शेरकोट के उजड़े खंडहर की ओर देखा और धीरे-धीरे रसोईघर की ओर चलीं।

रोटी सेंकते हुए राजकुमारी ने पूछा–बुढ़िया, तू ने मलिया के चाचा से कभी कहा था।

क्या मालकिन?

रामदीन से मलिया की सगाई के लिए। अब कब तक तू अकेली रहेगी?

अपने पेट के लिए तो वह पाजी जुटा ले; सगाई करके क्या करेगा मालकिन! ब्याह होता मधुबन बाबू का; हम लोगों को वह दिन आंखों से देखने को मिलता...

किसका रे बुढ़िया!–कहते हुए मधुबन ने आते ही उसकी पीठ थपथपा दी।

राजकुमारी ने कहा–रोटी खाने का अब समय हुआ है न? मधु! तुम कितना जलाते हो।

बहन! मैं अपने आलू और मटर का पानी बस रहा था, आज मेरा खेत सिंच गया।–कहकर वह हंस पड़ा। वह प्रसन्न था; किंतु राजकुमारी अपने पिता के वंश का वह विगत वैभव सोच रही थी; उनको हंसी न आई।

7

इन्द्रदेव की कचहरी में आज कुछ असाधारण उत्तेजना थी। चिकों के भीतर स्त्रियों का समूह, बाहर पास-पड़ोस के देहातियों का जमाव था। शैला भी अपनी कुर्सी पर अलग बैठी थीं।

बनजरिया वाले बाबाजी अपनी कहानी सुनाने वाले थे, क्योंकि गोभी के लिए उसमें खेत बन गया था। उसी को लेकर तहसीलदार ने इन्द्रदेव को समझाया कि बनजरिया में बोने-जोतने का खेत है। उस पर एकरेज—या और भी जो कुछ कानून के वैध उपायों से देन लगाया जा सकता हो—लगाना ही चाहिए। और, इस बाबा को तो यहां से हटाना ही होगा; क्योंकि गांव के लोग इससे तंग आ गए हैं। यह समाजी है, लड़कों को न जाने क्या-क्या सिखाता है—ऊंची जाति के लड़के हल चलाने लगे हैं। नीचों को बराबर कलकत्ता-बंबई कमाने जाने के लिए उकसाया करता है। इसके कारण लोगों को हलवाहों और मजूरों का मिलना असंभव हो गया है। तिस पर भी यह बनजरिया देवनन्दन के नाम की है। वह मर गया, अब लावारिस कानून के अनुसार यह जमींदार की है।—इत्यादि

इन्द्रदेव ने सब सुनकर कहा कि बुड्ढे की बात भी सुन लेनी चाहिए। उससे कह भी दिया गया है। उसको बुलवाया जाए।

आज इसीलिए रामनाथ आए हैं, और साथ में लिवाते आए हैं तितली को। तितली इस जन-समूह में संकुचित-सी एक खंभे की आड़ में आधी छिपी हुई बैठी है।

इन्द्रदेव का संकेत पाकर रामनाथ ने कहना आरंभ किया—

बार्टली साहब की नील-कोठी टूट चुकी थी। नील का काम बंद हो चला था। जैसा आज भी दिखाई देता है, तब भी उस गुदाम के हौज और पक्की नालियां अपना खाली मुंह खोले पड़ी रहती थीं, जिससे नीम की छाया में गाएं बैठकर विश्राम लेती थीं। पर बार्टली साहब को वह ऊंचे टीले का बंगला, जिसके नीचे बड़ा-सा ताल था, बहुत ही पसंद था। नील गुदाम बंद हो जाने पर भी उनका बहुत-सा रुपया दादनी में फंसा था।

किसानों को नील बोना तो बंद कर देना पड़ा, पर रुपया देना ही पड़ता। अन्न की खेती से उतना रुपया कहां निकलता, इसलिए आस-पास के किसानों में बड़ी हलचल मची थी। बार्टली के किसान-आसामियों में एक देवनन्दन भी थे। मैं उनका आश्रित ब्राह्मण था। मुझे अन्न मिलता था और मैं काशी में जाकर पढ़ता था। काशी की उन दिनों की पंडित-मंडली में स्वामी दयानन्द के आ जाने से हलचल मची हुई थी। दुर्गाकुंड के उस शास्त्रार्थ में मैं भी अपने गुरुजी के साथ दर्शक-रूप

से था; जिसमें स्वामीजी के साथ बनारसी चाल चली गई थी। ताली तो मैंने भी पीट दी थी। मैं क्वीन्स कॉलेज के एंग्लो-संस्कृत-विभाग में पढ़ता था। मुझे वह नाटक अच्छा न लगा। उस निर्भीक संन्यासी की ओर मेरा मन आकर्षित हो गया। वहां से लौटकर गुरुजी से मुझसे कहा-सुनी हो गई, और जब मैं स्वामीजी का पक्ष समर्थन करने लगा, तो गुरुजी ने मुझे नास्तिक कहकर फटकारा।

देवनन्दन का पत्र भी मुझे मिल चुका था कि कई कारणों से अन्न देना वह बंद करते हैं। मैं अपने गठरी पीठ पर लादे हुए झुंझलाहट से भरा नील-गुदाम के नीचे से अपने गांव में लौटा जा रहा था। देखा कि देवनन्दन को नील कोठी का पियादा काले खां पकड़े हुए ले जा रहा है। देवनन्दन सिंहपुर के प्रमुख किसान और आप ही लोगों के जाति-बांधव थे। उनकी यह दशा! रोम-रोम उनके अन्न से पला था। मैं भी उनके साथ बार्टली के सामने जा पहुंचा।

उस समय कुर्सियों पर बैठे हुए बार्टली और उनकी बहन जेन आपस में कुछ बातें कर रहे थे।

जेन ने कहा—भाई! इधर जब से वह चले गए हैं, मेरी चिंता बढ़ रही है। न जाने क्यों, मुझे उन पर संदेह होने लगा है। मैं भी घर जाना चाहती हूं।

तुम जानती हो कि मैंने स्मिथ का कभी अपमान नहीं किया, और सच तो यह है कि मैं उसको प्यार करता हूं। किंतु क्या करूं, उसका जैसा उग्र स्वभाव है, वह तो तुम जानती हो। मैं भला अभी काम छोड़कर कैसे चलूंगा!—बार्टली ने कहा।

जब यह काम ही बंद हो गया, तब यहां रहने का क्या काम है। देखती हूं कि जो रुपया तुम्हारा निकल भी आता है, उसे यहां जमींदारी में फंसाते जा रहे हो। क्या तुम यहीं बसना चाहते हो?—जेन ने कहा।

तब तुम क्या चाहती हो।—बार्टली ने अन्यमनस्क भाव से पूर्व की धीरे-धीरे सूखने वाली झील को देखते हुए कहा।

नील का काम बंद हो गया, पर अब हम लोगों को रुपए की कमी नहीं। जो कुछ हो, यहां से बेचकर इंग्लैंड लौट चलें। मेरा प्रसव-काल समीप है। मैं गांव के घर में ही जाकर रहना चाहती हूं। समझा न?—जेन ने सरलता से कहा।

इतनी जल्दी! असंभव, अभी बहुत रुपया बाकी पड़ा है। ठहरो, मैं पहले इन लोगों से बात कर लूं।—बार्टली ने रूखे स्वर से कहा।

देवनन्दन ने सलाम करते हुए कुछ कहना चाहा कि बीच ही में बात काटकर काले खां ने कहा—सरकार, बहुत कहने पर यह आया है।

देवनन्दन ने रोष-भरे नेत्रों से काले को देखा।

बार्टली ने कहा—रुपया देते हो कि तुम्हारा दूसरा...

जेन उठकर जाने लगी थी। बीच ही में देवनन्दन ने उसे हाथ जोड़ते हुए कहा—

मेरी स्त्री को लड़का होने वाला है, और लड़की...

जेन आगे न सुन सकी। उसने कहा—बार्टली, जाने दो उसे, उसकी स्त्री का...

तुम चलो चाय के कमरे में, मैं अभी आता हूं।—कहते हुए बार्टली ने जेन को तीखी आंखों से देखा। दुखी होकर जेन चली गई।

देवनन्दन की कोई बिनती नहीं सुनी गई! बार्टली ने कहा—काले खां, इसको यहीं कोठरी में बंद करो और तीन घंटे में रुपए न मिलें, तो बीस हंटर लगाकर तब मुझसे कहना।

बार्टली की ठोकर से जब देवनन्दन पृथ्वी चूमने लगा, तब वह चाय पीने चला गया।

मेरे हृदय में वह देवनन्दन का अपमान घाव कर गया।

मैं अब तक तो केवल वह दृश्य देख रहा था। किंतु क्षण-भर में मैंने अपना कर्तव्य निर्धारित कर लिया। मैंने कहा—काले खां, भूलना मत, मेरा नाम है रामनाथ। आज तुमने यदि देवनन्दन को मारा-पीटा, तो मैं तुम्हें जीता न छोडूंगा। मैं रुपए ले आता हूं।

क्रोध और आवेश में कहने को तो मैं यह कहकर गांव में चला आया; पर रुपए कहां से आते! मैं उन्हीं के पट्टीदार के पास पहुंचा; पर सूद का मोल-भाव होने लगा। उनकी स्थावर संपत्ति पर्याप्त न थी। हिंदुओं में परस्पर तनिक भी सहानुभूति नहीं! मैं जल उठा। मनुष्य, मनुष्य के दुख-सुख से सौदा करने लगता है और उसका मापदंड बन जाता है रुपया। मैंने कहा—अच्छा, अच्छा, धामपुर में मेरी कृष्णार्पण माफी है, उसे भी मैं रेहन कर दूंगा।

तहसीलदार साहब ने कहा कि इस बनजरिया के नंबर पर पहले देवनन्दन का नाम था, सो ठीक है। मैंने ही उसकी संबंध में रेहन करके फिर इसी माफी को देवनन्दन के नाम बेच दिया। अब मेरे मन में गांव से घोर घृणा हो गई थी। मैं भ्रमण के लिए निकला। गांव पर मेरे लिए कोई बंधन नहीं रह गया। तीर्थों, नगरों और पहाड़ों में मैं घूमता था और गली, चौमुहानी, कुओं पर, तालाबों और घाटों के किनारे, मैं व्याख्यान देने लगा। मेरा विषय था हिंदू-जाति का उद्‌बोधन। मैं प्रायः उनकी धनलिप्सा; गृह-प्रेम और छोटे-से-छोटे हिंदू गृहस्थ की राजमनोवृत्ति की निंदा किया करता! आप देखते नहीं कि हिंदू की छोटी-सी गृहस्थी में कूड़ा-करकट तक जुटा रखने की चाल है, और उन पर प्राण से बढ़कर मोह! दस-पांच गहने, दो-चार बर्तन, उनको बीसों बार बंधक करना और घर में कलह करना, यही हिंदू-घरों में आए दिन के दृश्य हैं। जीवन का जैसे कोई लक्ष्य नहीं! पद-दलित रहते-रहते उनकी सामूहिक चेतना जैसे नष्ट हो गई है। अन्य जाति के लोग मिट्टी या चीनी के बरतन में उत्तम स्निग्ध भोजन करते हैं। हिंदू चांदी की थाली में भी सत्तू घोलकर पीता है। मेरी कटुता उत्तेजित

हो जाती, तो और भी इसी तरह की बातें बकता। कभी तो पैसे मिलते और कहीं-कहीं धक्के भी। पर मेरे लिए दूसरा काम नहीं। इसी धुन में मैं कितने बरसों तक घूमता रहा। नर्मदा के तट से घूमकर मैं उज्जैन जा रहा था। अकस्मात् बिना किसी स्टेशन के गाड़ी खड़ी हो गई।

मैंने पूछा—क्या है?

साथ के यात्री लोग भी चकित थे।

इतने में रेल के गार्ड ने कहा—भुखमरों की भीड़ रेलवे-लाइन पर खड़ी है।

मैं गाड़ी से उतरकर वह भीषण दृश्य देखने लगा।

संसार का नग्न चित्र, जिसमें पीड़ा का, दुःख का, तांडव नृत्य था। बिना वस्त्र के सैकड़ों नर-कंकाल, इंजिन के सामने लाइन पर खड़े-खड़े और गिरे हुए, मृत्यु की आशा में टक लगाए थे। मैं रो उठा। मेरे हृदय में अभाव की भीषणता, जो चिनगारी के रूप में थी, अब ज्वाला-सी धधकने लगी।

चतुर गार्ड ने झोली में चंदा के पैसे एकत्र करके कंगलों में बांट दिया और वे समीप के बाजार की ओर दौड़ पड़े। हां, दौड़े। उन अभागों को अन्न की आशा ने बल दिया। वे गिरते-पड़ते चले। मैं भी चला। उनके पीछे-पीछे यह देखते जाता था कि पेड़ों में पत्तियां नहीं बची हैं। टिड्डियां भी इस तरह उन्हें नहीं खा सकतीं; वे तो नस छोड़ देती हैं।

मैंने देखा कि वे मरभुखे बाजार में घुसे; किंतु मैं नहीं जा सका। बाजार के बाहर ही एक वृक्ष के बिना पत्तों वाली डालों के नीचे एक व्यक्ति पड़ा हुआ अपना हाथ मुंह तक ले जाता है और उसे चाटकर हटा लेता है। पास ही एक छोटा-सा जीव और भी निस्तब्ध पड़ा है। मैं दौड़कर अपने लोटे में दूध मोल ले आया। उसके गले में धीरे-धीरे टपकाने लगा। वह आंख खोलकर पास ही पड़े हुए शिशु को देखने लगा। शिशु की ओर मेरा ध्यान नहीं गया था। मैं उसे दूध पिलाने लगा।

कहकर बुड्ढा रामनाथ एक बार ठहर गया। उसने चारों ओर देखकर अपनी आंखों को उस खंभे की आड़ में ठहरा दिया, जहां तितली बैठी थी।

शैला रूमाल से अपनी आंखें पोंछ रही थी, और सुनने वाली जनता चुपचाप स्तब्ध थी।

बुड्ढे ने फिर कहना आरंभ किया—आप लोगों को कष्ट होता है। दुख और दर्द की कहानी सुनाकर मैंने अवश्य आप लोगों का समय नष्ट किया। किंतु करता क्या! अच्छा, जाने दीजिए, मैं अब बहुत संक्षेप में कहता हूं—

हां, तो वह व्यक्ति थे देवनन्दन , जिनकी समस्त भू-संपत्ति नीलाम हो गई। धूर-धूर बिक गई। दो संतानों का शरीरांत हो गया। तब उस बची हुई कन्या को लेकर स्त्री के साथ वह परदेश में भीख मांगने चले थे।

उस अभागे को नहीं मालूम था कि वह किधर जा रहा था। उस समय अकाल था। कौन भीख देता? जिनके पास रुपया था, उन्हें अपनी चिंता थी।

अस्तु, कुलीन वंश की सुकुमारी कुलवधू अधिक कष्ट न सह सकी, वह मर गई। तब देवनन्दन इस शिशु को लेकर घूमने लगे। वह भी मुमूर्ष हो रहा था।

उन्होंने बड़े कष्ट से मुझे पहचानकर केवल इतना कहा—रामनाथ, मैंने सब कुछ बेच दिया; पर तुम्हारा धामपुर का खेत नहीं बेचा है, और यह तितली तुम्हारी शरण में है। मैं तो चला।

हां, वह चल बसे। मैंने तितली को गोद में उठा लिया।

आगे बुड्ढा कुछ न कह सका; क्योंकि तितली सचमुच चीत्कार करती हुई मुर्च्छित हो गई थी और शैला उसके पास पहुंचकर उसे प्रफुल्लित करने में लग गई थी।

इन्द्रदेव आराम कुर्सी पर लेट गए थे, और सुनने वाले धीरे-धीरे खिसकने लगे।

द्वितीय खंड

1

पूस की चांदनी गांव के निर्जन प्रांत में हल्के कुहासे के रूप में साकार हो रही थी। शीतल पवन जब घनी अमराइयों में हरहराहट उत्पन्न करता, तब स्पर्श न होने पर भी गाढ़े के कुरते पहनने वाले किसान अलावों की ओर खिसकने लगते। शैला खड़ी होकर एक ऐसे ही अलाव का दृश्य देख रही थी, जिसके चारों ओर छः-सात किसान बैठे हुए तमाखू पी रहे थे। गाढ़े की दोहर और कंबल उनमें से दो ही के पास थे। और सब कुरते और इकहरी चद्दरों में 'हू-हा' कर रहे थे।

शैला जब महुए की छाया से हटकर उन लोगों के सामने आई तो, वे लोग अपनी बात-चीत बंद कर असमंजस में पड़े कि मेम साहब से क्या कहें। शैला को सभी पहचानते थे। उसने पूछा—यह अलाव किसका है?

महंगू महतो का सरकार—एक सोलह बरस के लड़के ने कहा।

दूर से आते हुए मधुबन ने पूछा—क्या है रामजस?

मधु भइया, यही मेम साहब पूछ रही थीं।—रामजस ने कहा।

मधुबन ने शैला को नमस्कार करते हुए कहा—क्या कोई काम है? कहीं जाना हो तो मैं पहुंचा दूं।

नहीं-नहीं मधुबन! मैं भी आग के पास बैठना चाहती हूं।

मधुबन पुआल का छोटा-सा बंडल ले आया। शैला बैठ गई। मधुबन को वहां पाकर उसके मन में जो हिचक थी, वह निकल गई।

महंगू के घर के सामने ही एक अलाव लगा था, महंगू वहां पर तमाखू-चिलम का प्रबंध रखता। दो-चार किसान, लड़के-बच्चे उस जगह प्रायः एकत्र रहते। महंगू की चिलम कभी ठंडी न होती। बुड्ढा पुराना किसान था। उस गांव के सब अच्छे टुकड़े उसकी जोत में थे। लड़के और पोते गृहस्थी करते थे, वह बैठा तमाखू पिया करता। उसने भी मेम साहब का नाम सुना था; शैला की दयालुता से परिचित था। उसकी सेवा और सत्कार के लिए मन-ही-मन कोई बात सोच रहा था।

सहसा शैला ने मधुबन से पूछा—मधुबन! तुम जानते हो, बार्टली साहब की नील-कोठी यहां से कितनी दूर है?

वह कल के लड़के हैं मेम साहब! उन्हें क्या मालूम कि बार्टली साहब कौन थे; मुझसे पूछिए। मेरा रोआं-रोआं उन्हीं लोगों के अन्न का पला हुआ है—महंगू ने कहा।

अहा! तब तुम उन्हें जानते हो?

बार्टली को जानता हूं। बड़े कठोर थे। दया तो उनके पास फटकती न थी—कहते-कहते अलाव के प्रकाश में बुड्ढे के मुख पर घृणा की दो-तीन रेखाएं गहरी हो गईं। फिर वह संभल कर कहने लगा—पर उनकी बहन जेन माया-ममता की मूर्ति थी। कितने ही बार्टली के सताए हुए लोग उन्हीं के रुपए से छुटकारा पाते, जिसे वह छिपाकर देती थीं। और, मुझ पर तो उनकी बड़ी दया रहती थी। मैं उनकी नौकरी कर चुका हूं। मैं लड़कपन से ही उन्हीं की सेवा में रहता था। यह सब खेती-बारी गृहस्थी उन्हीं की दी हुई है। उनके जाने के समय मैं कितना रोया था!—कहते-कहते बुड्ढे की आंखों से पुराने आंसू बहनें लगे।

शैला ने बात सुनने के लिए फिर कहा—तो तुम उनके पास नौकरी कर चुके हो? अच्छा तो वही नील-कोठी—

अरे मेम साहब, वह नील-कोठी अब काहे को है, वह तो है भुतही कोठी! अब उधर कोई जाता भी नहीं, गिर रही है। जेन के कई बच्चे वहीं मर गए हैं। वह अपने भाई से बार-बार कहती कि मैं देश जाऊंगी; पर बार्टली ने जाने न दिया। जब वह मरे, तभी जेन को यहां से जाने का अवसर मिला। मुझसे कहा था कि—महंगू, जब बाबा होगा, तो तुमको बुलाऊंगी उसे खेलाने के लिए, आ जाना; मैं दूसरे पर भरोसा नहीं करूंगी।—मुझे ऐसा ही मानती थीं। चली गईं, तब से उनका कोई पक्का समाचार नहीं मिला। पीछे एक साहब से,—जब वह यहां का बंदोबस्त करने आया था, सुना—कि जेन का पति स्मिथ साहब बड़ा पाजी है, उसने जेन का सब रुपया उड़ा डाला। वह बेचारी बड़ी दुःखी हैं। मैं यहां से क्या करता मेम साहब!

शैला चुपचाप सुन रही थी। उसके मन में आंधी उठ रही थी; किंतु मुख पर धैर्य की शीतलता थी। उसने कहा—महंगू, मैं तुम्हारी मालकिन को जानती हूं।

क्या अभी जीती हैं मेम साहब?—बुड्ढे ने बड़े उल्लास से पूछा। उसके हाथ का हुक्का छूटते-छूटते बचा।

नहीं, वह तो मर गईं। उनकी एक लड़की है।

अहा! कितनी बड़ी होगी वह! मैं एक बार देख तो पाता?

अच्छा, जब समय आवेगा तो तुम देख लोगे। पहले यह तो बताओ कि मैं नील-कोठी देखना चाहती हूं; इस समय कोई वहां मेरे साथ चल सकता है?

सब किसान एक-दूसरे का मुंह देखने लगे। भुतही कोठी में इस रात को कौन

जाएगा। महंगू ने कहा—मैं बूढ़ा हूं, रात को सूझता कम है।

मधुबन ने कहा—मेम साहब, मैं चल सकता हूं।

साहस पाकर लड़के रामजस ने कहा—मैं भी चलूंगा भइया।

मधुबन ने कहा—तुम्हारी इच्छा!

कंधे पर अपनी लाठी रखे, मधुबन आगे, उसके पीछे शैला तब रामजस; तीनों उस चांदनी में पगडंडी से चलने लगे। चुपचाप कुछ दूर निकल जाने पर शैला ने पूछा—मधुबन, खेती से तुम्हारा काम चल जाता है? तुम्हारे घर पर और कौन है?

मेम साहब! काम तो किसी तरह चलता ही है। दो-तीन बीघे की खेती ही क्या? बहन है बेचारी; न जाने कैसे सब जुटा लेती है। आज-कल तो नहीं, हां जब मटर हो जाएगी, गांवों में कोल्हू चलने ही लगे हैं, तब फिर कोई चिंता नहीं।

तुम शिकार नहीं करते?

कभी-कभी मछली पर बंसी डाल देता हूं। और कौन शिकार करूं?

बहन तुम्हारी यहीं रहती हैं?

हां मेम साहब, उसी ने मुझे पाला है—कहते हुए मधुबन ने कहा—देखिए, यह गड्ढा है। संभलकर आइए। अब हम लोग कच्ची सड़क पर आ गए हैं।

अच्छा मधुबन। तुमने यह तो कहा ही नहीं कि तितली कहां है, दिखाई नहीं पड़ी। उस दिन जब रामनाथ उसको लिवा ले गया, तब से तो उसका पता न लगा। उसका क्या हाल है?

सब कठोर हैं, निर्दय हैं—मन-ही-मन कहते हुए अन्यमनस्क भाव से मधुबन ने अपना कंधा हिला दिया?

क्या मधुबन! कहते क्यों नहीं।

उसी दिन से वह बेचारी पड़ी है। उधर सुना है कि तहसीलदार ने बेदखली कराने का पूरा प्रबंध कर लिया है! मेम साहब, गरीब की कोई सुनता है? आप ही कहिए न! किसी ब्याह में रमुआ ने दस रुपए लिये। वह हल चलाता मर गया। जिसका ब्याह हुआ उस दस रुपए से, वह भी उन्हीं रुपयों में हल चलाने लगा। उसके भी लड़के यदि हल चलाने के डर से घबराकर कलकत्ता भाग जाएं, तो इसमें बाबाजी का क्या। दोष है?

कुछ नहीं—शैला ने कहा।

फिर आप तो जानती नहीं। यह तहसीलदार पहले मेरे यहां काम करता था। गुदाम वाले साहब से, एक बात पर उभाड़ कर, मेरे पिताजी को लड़ा दिया। मुकदमे में जब मेरा सब साफ हो गया, तो जाकर यह धामपुर की छावनी में नौकरी करने लगा। इसको दानव की तरह लड़ने का चसका है, सो भी अदालत का ही। नहीं तो किसी एक दिन इसकी लड़ने की साध मिटा देता। मैं किसी दिन इसकी नस तोड़ दूं, तो मुझे चैन मिले। इसके कलेजे में कतरनी-से कीड़े दिन-रात कलबलाया

करते हैं।

यह तहसीलदार तुम्हारे यहां...

अरे यह बात मैं क्रोध में कह गया मेम साहब; जो समय बीत गया, उसे सोच कर क्या करूंगा। अब तो मैं एक साधारण किसान हूं। शेरकोट का...

चलते-चलते शैला ने कहा—क्या कहा, शेरकोट न! हां—तहसीलदार ने कहा था कि शेरकोट ही बैंक बनाने के लिए अच्छा स्थान है! कहां है वह?

मधुबन गुर्रा उठा भूखे भेड़िए की तरह। उस ठंडी रात में उसे अपना क्रोध दमन करने से पसीना हो आया। बोला नहीं।

शैला भी सामने एक ऊंचा-सा टीला देखकर अन्यमनस्क हो गई जो चांदनी रात में रहस्य के स्तूप-सा उदास बैठा था।

रामजस सहसा पीछे से चिल्ला उठा—अब तो पहुंच गए मधुबन भइया!

मधुबन ने गंभीरता से कहा—हूं।

शैला चुपचाप टूटी हुई सीढ़ियों से चढ़ने लगी। उस नीरस रजनी में पुरानी कोठी, बहुत दिनों के बाद तीन नए आगंतुकों को देखकर, जैसे व्यंग्य की हंसी हंसने लगी। अभी ये लोग दालान में पहुंचने भी न पाए थे कि एक सियार उसमें से निकल कर भागा। हां, भयभीत मनुष्य पहले ही आक्रमण करता है। रामजस ने डरकर उस पर डंडा चलाया। किंतु वह निकल गया।

शैला ने कहा—मैं भीतर चलूंगी।

चलिए, पर अंधेरे में कोई जानवर...

मधुबन चुप रहा। आगे उसके मन में शेरकोट में बैंक बनाने की बात आ गई। वह चुपचाप एक पत्थर पर बैठ गया। शैला भी भीतर न जाकर झील की ओर चली गई। पत्थरों की पुरानी चौकियां अभी वहां पड़ीं थीं। उन्हीं में से एक पर बैठकर वह सूखती हुई झील को देखने लगी। देखते-देखते उसके मन में विषाद और करुणा का भाव जागृत होकर उसे उदास बनाने लगा। शैला को दृढ़ विश्वास हो गया कि जिस पत्थर पर वह बैठी है, उसी पर उसकी माता जेन आकर बैठती थी। अज्ञात अतीत को जानने की भावना उसे अंधकार में पूर्व-परिचितों के समीप ले जाने का प्रयत्न करने लगी। जीवन में यह विचित्र शृंखला है। जिस दिन से उसे बार्टली और जेन का संबंध इस भूमि से विदित हुआ, उसी दिन से उसकी मानस-लहरियों में हलचल हुई। पहले उसके हृदय ने तर्क-वितर्क किया। फिर बाल्यकाल की सुनी हुई बातों ने उसे विश्वास दिलाया कि उसकी माता जेन ने अपने जीवन के सुखी दिनों को यहीं बिताया है। अवश्य उसकी माता भारत के एक नील-व्यवसायी की कन्या थी। फिर जब उसके संबंध में यहां प्रमाण भी मिलता है, तब उसे संदेह करने का कोई कारण नहीं। अज्ञात नियति की प्रेरणा उसे किस सूत्र से यहां खींच लाई है, यही उसके हृदय का प्रश्न था। वह सोचने लगी, यहां पर उसकी माता की कितनी सुखद

स्मृतियां शून्य में विलीन हो गईं। आह! उसके दुःख से भरे वे अंतिम दिन कितने प्यार से इन स्थलों को स्मरण करते रहे होंगे। इसी झील में छोटी-सी नाव पर उस अतीतकाल में वह कितनी बार घूमकर इसी कोठी में लौटकर चली आई होगी। उसे कल्पना की एकाग्रता ने माता के पैरों की चाप तक सुनवा दी। उसे मालूम हुआ कि उस खंडहर की सीढ़ियों पर सचमुच कोई चढ़ रहा है। वह घूमकर खड़ी हो गई; किंतु रामजस और मधुबन के अतिरिक्त कोई नहीं दिखाई दिया। वह फिर बैठ गई और दोनों हाथों से अपना मुंह ढंककर सिसकने लगी।

माता का प्यार उसकी स्मृति मात्र से ही उसे सहलाने लगा। उस भयावने खंडहर में माता का स्नेह जैसे बिखर रहा था। वह जीवन में पहिली बार इस अनुभूति से परिचित हुई। उसे विश्वास हो गया कि यही उसका जन्म-जन्म का आवास है, आज तक वह जो कुछ देख सकी थी, वह सब विदेश की यात्रा थी। आंखों के सामने दो घड़ी के मनोरंजन करने वाले दृश्य, सो भी उसमें कटुता की मात्रा ही अधिक थी, जो कष्ट झेलने वाली सहनशील मनोवृत्ति के निदर्शन थे। आज उसे वास्तविक विश्राम मिला। वह और भी बैठती; किंतु मधुबन ने कहा—रामजस, तुमको जाड़ा लग रहा है क्या?

नहीं भाइया, यही सोचता हूं कि कहीं एक चिलम...

पागल, यहां से गांव में जाकर लौटने में घंटों लग जाएंगे।

तो न सही—कहकर वह अपनी कमली मुट्ठियों में दबाने लगा। शैला की एकग्रता भंग हो गई। उसने पूछा—मधुबन, क्या हम लोगों को चलना चाहिए?

रात बहुत हो चली, वह देखिए, सातों तारे इतने ऊपर चढ़ आए हैं। छावनी पहुंचते-पहुंचते हम लोगों को आधी रात हो जाएगी।

तब चलो—कहकर शैला निस्तब्ध टीले से नीचे उतरने लगी। मधुबन और रामजस उसके आगे और पीछे थे। वह यंत्र-चालित पुतली की तरह पथ अतिक्रम कर रही थी, और मन में सोच रही थी, अपने अतीत जीवन की घटनाएं। दुर्वृत्त पिता की अत्याचार-लीलाएं फिर माता जेन का छटपटाते हुए कष्टमय जीवन से छुट्टी पाना, उस प्रभाव की भीषणता में अनाथिनी होकर भिखमंगों और आवारों के दल में जाकर पेट भरने की आरंभिक शिक्षा, धीरे-धीरे उसका अभ्यास; फिर सहसा इन्द्रदेव से भेंट—संध्या के क्रमशः प्रकाशित होने वाले नक्षत्रों की तरह उसके शून्य, मलिन और उदास अंतस्तल के आकाश में प्रज्वलित होने लगे। वह सोचने लगी—

नियति दुस्तर समुद्र को पार कराती है, चिरकाल के अतीत को वर्तमान से क्षण-भर में जोड़ देती है, और अपरिचित मानवता-सिंधु में से उसी एक से परिचय करा देती है, जिससे जीवन की अग्रगामिनी धारा अपना पथ निर्दिष्ट करती है। कहां भारत, कहां मैं और कहां इन्द्रदेव! और फिर तितली!—जिसके कारण मुझे अपनी माता की उदारता के स्वर्गीय संगीत सुनने को मिले, यह पावन प्रदेश देखने को मिला!

उसके मन में अनेक दुराशाएं जाग उठीं। आज तक वह संतुष्ट थी। अभावपूर्ण जीवन इन्द्रदेव की कृतज्ञता में आबद्ध और संतुष्ट था। किंतु इस दृश्य ने उसे कर्मक्षेत्र में उतरते के लिए एक स्पर्द्धामय आमंत्रण दिया। उसका सरल जीवन जैसे चतुर और सजग होने के लिए व्यस्त हो उठा।

वह कच्ची सड़क से धीरे-धीरे चली जा रही थी। पीछे से मोटर की आवाज सुन पड़ी। वह हटकर चलने लगी। किंतु मोटर उसके पास आकर रुक गई। भीतर से अनवरी ने पुकारा—मिस शैला हैं क्या?

हां।

छावनी पर ही चल रही हैं न? आइए न।

धन्यवाद। आप चलिए, मैं आती हूं।—अन्यमनस्क भाव से शैला ने कह दिया। पर अनवरी सहज में छोड़ने वाली नहीं। उसने अपने पास बैठे हुए कृष्णमोहन से धीरे-से कहा—यह तुम्हारी मामी हैं; उन्हें जाकर बुला लो।

शैला उस फुसफुसाहट को सुनने के लिए वहां ठहरी न थी। आगे बढ़कर कृष्णमोहन ने नमस्कार करके कहा—आइए न।

शैला कृष्णमोहन का अनुरोध न टाल सकी। मोटर के प्रकाश में उसका प्यारा मुख अधिक आग्रहपूर्ण और विनीत दिखाई पड़ा।

शैला ने मधुबन से कहा—मधुबन, कल छावनी पर अवश्य आना। कृष्णमोहन के साथ शैला मोटर पर बैठ गई।

2

तहसीलदार ने कागजों पर बड़ी सरकार से हस्ताक्षर करा ही लिया; क्योंकि शैला की योजना के अनुसार किसानों का एक बैंक और एक होमियोपैथी का निःशुल्क औषधालय सबसे पहले खुलना चाहिए। गांव का जो स्कूल है, उसे ही अधिक उन्नत बनाया जा सकता है। तीसरे दिन जहां बाजार लगता है, वहीं एक अच्छा-सा देहाती बाजार बसाना होगा, जिसमें करघे के कपड़े, अन्न, बिसाती-खाना और आवश्यक चीजें बिक सकें। गृहशिल्प को प्रोत्साहन देने के लिए वहीं से प्रयत्न किया जा सकता है। किसानों में खेतों के छोटे-छोटे टुकड़े बदलकर उनका एक जगह चक बनाना होगा, जिसमें खेती की सुविधा हो। इसके लिए जमींदार को अनेक तरह की सुविधाएं देनी होंगी।

यह सबसे पीछे होगा। बैंक पहले खुलना चाहिए। कलेक्टर ने इसके लिए विशेष आग्रह किया है।

तहसीलदार के सुझाने पर शैला ने शेरकोट को ही बैंक के लिए अधिक उपयुक्त

लिख दिया था; किंतु मधुबन के पिता की जमींदारी नीलाम खरीद हुई थी श्यामदुलारी के नाम। वह हिस्सा अभी तक उन्हीं के नाम से खेवट में था। इसलिए श्यामदुलारी ने थोड़ी-सी गर्व की हंसी हंसते हुए हस्ताक्षर करने पर कहा तहसीलदार! अब तो मुझे इससे छुट्टी दो। इन्द्र से ही जो कुछ हो, लिखाया-पढ़ाया करो।

तहसीलदार ने चश्मे में से माधुरी की ओर देखकर कहा—सरकार, यह मैं कैसे कह सकता हूं कि आप अपना अधिकार छोड़ दें। न मालूम क्या समझकर आपके नाम से बड़े सरकार ने यह हिस्सा खरीदा था। आप इसे जो चाहें कर सकती हैं। यदि आप किसी के नाम इसकी स्पष्ट लिखा-पढ़ी न करें, तो यह कानून के अनुसार बीबीरानी का हो सकता है। छोटे सरकार से तो इसका कोई संबंध...

श्यामदुलारी ने कड़ी निगाह से तहसीलदार को देखा। उसमें संकेत था उसे चुप करने के लिए; किंतु कूटनीति-चतुर व्यक्ति ने थोड़ी-सी संधि पाते ही, जो कुछ कहना था, कह डाला!

माधुरी इस आकस्मिक उद्घाटन से घबराकर दूसरी ओर देखने लगी थी? वह मन में सोच रही थी, मुझे क्या करना चाहिए?

माधुरी के जीवन में प्रेम नहीं, सरलता नहीं, स्निग्धता भी उतनी न थी। स्त्री के लिए जिस कोमल स्पर्श की अत्यंत आवश्यकता होती है, वह श्यामलाल से कभी मिला नहीं। तो भी मन को किसी तरह संतोष चाहिए। पिता के घर का अधिकार ही उसके लिए मन बहलाने का खिलौना था। वह भी जानती थी कि यह वास्तविक नहीं, तो भी जब कुछ नहीं मिलता तो मानव-हृदय कृत्रिम को ही वास्तविक बनाने की चेष्टा करता है। माधुरी भी अब तक यही कर रही थी।

चौबेजी कब चूकने वाले थे! उन्होंने खांसकर कहना आरंभ किया—बड़े सरकार सब समझते थे। विलायत भेजकर जो कुछ होने वाला था, वह सब अपनी दूर-दृष्टि से देख रहे थे। इसी से उन्होंने यह प्रबंध कर दिया था, तहसीलदार साहब ने इस समय उसको प्रकट कर दिया। यह अच्छा ही किया। आगे आपकी इच्छा।

श्यामदुलारी ऊब रही थीं; क्योंकि सब कुछ जानते हुए भी वह नहीं चाहती थीं कि उनकी दोनों संतानों में भेद का बीजारोपण हो। इन स्वांगसेवक सम्मतिदाताओं से वह घबरा गईं।

माधुरी ने इस क्षोभ को ताड़ लिया। उसने कहा—इस समय तो आपका काम हो ही गया, अब आप लोग जाइए।

तहसीलदार ने सिर झुकाकर विनयपूर्वक बिदा ली। चौबेजी भी बाहर चले गए।

श्यामदुलारी के मौन हो जाने से वहां का वातावरण कुंठित-सा हो गया। माधुरी जैसे कुछ कहने में संकुचित थी। कुछ देर तक यही अवस्था बनी रही।

फिर सहसा माधुरी ने कहा—क्यों मां! क्या सोच रही हो? यह भला कौन-सी बात है इतनी सोचने-विचारने की! ये लोग तो ऐसी व्यर्थ की बातें निकालने में बड़े

चतुर हैं ही। तुमको तो यह काम पहले ही कर डालना चाहिए।

किंतु क्या कर डालना चाहिए, उसे माफ-माफ माधुरी ने भी अभी नहीं सोचा था। वह केवल मन बहलाने वाली कुछ बातें करना चाहती थी। किंतु श्यामदुलारी के सामने यह एक विचारणीय प्रश्न था। उन्होंने सिर उठाकर गहरी दृष्टि से देखते हुए पूछा—क्या?

माधुरी क्षण-भर चुप रही, तो भी उसने साहस बटोरकर कहा—भाई साहब का नाम उस पर भी चढ़वा दो, झगड़ा मिटे।

श्यामदुलारी ने सिर झुका लिया। वह सोचने लगीं। उनके सामने एक समस्या खड़ी हो गई थी।

समस्याएं तो जीवन में बहुत-सी रहती हैं, किंतु वे दूसरों के स्वार्थों और रुचि तथा कुरुचि के द्वारा कभी-कभी जैसे सजीव होकर जीवन के साथ लड़ने के लिए कमर कसे हुए दिखाई पड़ती हैं।

श्यामदुलारी के सामने उनका जीवन इन चतुर लोगों की कुशल कल्पना के द्वारा निस्सहाय वैधव्य के रूप में खड़ा हो गया।

दूसरी ओर थी वास्तविकता से वंचित माधुरी के कृत्रिम भावी जीवन की दीर्घकालव्यापिनी दुःख रेखा। एक क्षण में ही नारी-हृदय ने अपनी जाति की सहानुभूति से अपने को आपाद-मस्तक ढंक लिया।

माधुरी की ओर देखते हुए श्यामदुलारी की आंखें छलछला उठीं। उन्हें मालूम हुआ कि माधुरी उस संपत्ति को इन्द्रदेव के नाम करने का घोर विरोध कर रही है। उसकी निस्सहाय अवस्था, उसके पति की हृदय-हीनता और कृष्णमोहन का भविष्य—सब उसकी ओर से श्यामदुलारी की वृद्धि को सहायता देने लगे।

माधुरी ने कहने को तो कह दिया! परंतु फिर उसने आंख नहीं उठाई। सिर झुकाकर नीचे की ओर देखने लगी।

श्यामदुलारी ने कहा—माधुरी, अभी इसकी आवश्यकता नहीं है। तू सब बातों में टांग मत अड़ाया कर। मैं जैसा समझूंगी, करूंगी।

माधुरी इस मीठी झिड़की से मन-ही-मन प्रसन्न हुई। वह नहाने चली गई, सो भी रूठने का-सा अभिनय करते हुए। श्यामदुलारी मन-ही-मन हंसीं।

3

सहसा एक दिन इन्द्रदेव को यह चेतना हुई कि वह जो कुछ पहले थे, अब नहीं रहे! उन्हें पहले भी कुछ-कुछ ऐसा भान होता था कि परदे पर एक दूसरा चित्र तैयारी से आने वाला है; पर उसके इतना शीघ्र आने की संभावना न थी। शैला के लिए

वह बार-बार सोचने लगे थे। उसकी क्या स्थिति होगी, यही वह अभी नहीं समझ पाते थे। कभी-कभी वह शैला के संसर्ग से अपने को मुक्त करने की भी चेष्टा करने लगते—यह भी विरक्ति के कारण नहीं, केवल उसका गौरव बनाने के लिए। उनके कुटुंब वालों के मन में शैला को वेश्या से अधिक समझने की कल्पना भी नहीं हो सकती थी। यह प्रच्छन्न व्यंग्य उन्हें व्यथित कर देता था।

उधर शैला भी इससे अपरिचित थी—ऐसी बात नहीं। तब भी इन्द्रदेव से अलग होने की कल्पना उसके मन में नहीं उठती थी। इसी बीच में उसने शहर में जाकर मिशनरी सोसाइटी से भी बातचीत की थी। उन लोगों ने स्कूल खोलकर शिक्षा देने के लिए उसे उकसाया।

किंतु उसने मिशनरी होना स्वीकार नहीं किया। इधर वह बाबा रामनाथ के यहां हितोपदेश पढ़ने भी जाती थी अर्थात् इन्द्रदेव और शैला दोनों ही अपने को बहलाने की चिंता में थे। वे इस उलझन को स्पष्ट करने के लिए क्या-क्या करने की बातें सोचते थे, पर एक-दूसरे से कहने में संकुचित ही नहीं, किंतु भयभीत भी थे; क्योंकि इन्द्रदेव के परिवार में घटनाएं बड़े वेग से विकसित हो रही थीं। किसी भी क्षण में विस्फोट होकर कलह प्रकट हो सकता था।

इमली के पेड़ के नीचे आरामकुर्सियों पर शैला और इन्द्रदेव बैठकर एक-दूसरे को चुपचाप देख रहे थे। प्रभात की उजली धूप टेबुल पर बिछे हुए रेशमी कपड़ों पर, रह-रहकर तड़प उठती थी, जिस पर धरे हुए फूलदान के गुलाबों में से एक भीनी महक उठकर उनके वातावरण को सुगंधपूर्ण कर रही थी।

इन्द्रदेव ने जैसे घबराकर कहा—शैला!

क्या!

तुम कुछ देख रही हो?

सब कुछ। किंतु इतने विचारमूढ़ क्यों हो रहे हो? यही समझ में नहीं आता।

तुम्हारी वह कल्पना सफल होती नहीं दिखाई देती। इसी का मुझे दुःख है।

किंतु अभी हम लोगों ने उसके लिए कुछ किया भी तो नहीं।

कर नहीं सकते।

यह मैं नहीं मानती।

तुमको कुछ मालूम है कि तुम्हारे संबंध में यहां कैसी बातें फैलाई जा रही हैं?

हां! मैं रात-रात को घूमा करती हूं, जो भारतीय स्त्रियों के लिए ठीक नहीं। मैं रामनाथ के यहां संस्कृत पढ़ने जाती हूं। यह भी बुरा करती हूं। और, तुमको भी बिगाड़ रही हूं। यही बात न? अच्छा, इन बातों के किसी-किसी अंश पर देखती हूं कि तुम भी अधिक ध्यान देने लगे हो। नहीं तो इतना सोचने-विचारने की क्या आवश्यकता थी? मैं—

इतना ही नहीं। मैं अब इसलिए चिंतित हूं कि अपना और तुम्हारा संबंध स्पष्ट कर दूं। यह ओछा अपवाद अधिक सहन नहीं किया जा सकता।

किंतु में अभी उस प्रश्न पर विचारने की आवश्यकता ही नहीं समझती!—शैला ने ईषत् हंसी से कहा।

क्यों?

तुम्हारे संसर्ग से जो मैंने सीखा है, उसका पहला पाठ यही है कि दूसरे मुझको क्या कहते हैं, इस पर इतना ध्यान देने की आवश्यकता नहीं। पहले मुझे ही अपने विषय में सच्ची जानकारी होनी चाहिए। मैं चाहती हूं कि तुम्हारी जमींदारी के दातव्य विभाग से जो खर्च स्वीकृत हुआ है, उसी में मैं अपना और औषधालय का काम चलाऊं। बैंक में भी कुछ काम कर सकूं, तो उससे भी कुछ मिल जाया करेगा। और मेरी स्वतंत्रत स्थिति इन प्रवादों को स्वयं ही स्पष्ट कर देगी।

बात तो ठीक है—इन्द्रदेव ने कुछ सोचकर धीरे-से कहा।

पर इसके लिए तुमको एक प्रबंध कर देना पड़ेगा। पहले मैंने सोचा था कि गांव में कई जगह कर्म-केंद्र की सृष्टि हो सकती है। भिन्न-भिन्न शक्ति वाले अपने-अपने काम में जुट जाएंगे। किंतु अब मैं देखती हूं कि इसमें बड़ी बाधा है, और मैं उन पर इस तरह नियंत्रण न कर सकूंगी। इसलिए बैंक और औषधालय, ग्रामसुधार और प्रचार-विभाग, सब एक ही स्थान पर हों।

तो ठीक है! शेरकोट में ही सब विभागों के लिए कमरे बनवाने की व्यवस्था कर दो न!

किंतु इसमें मैं एक भूल कर गई हूं। क्या उसके सुधारने का कोई उपाय नहीं है?

भूल कैसी?

कुछ लोग ऐसे होते हैं, जो जान-बूझकर एक रहस्यपूर्ण घटना को जन्म देते हैं। स्वयं उसमें पड़ते हैं और दूसरों को भी फंसाते हैं। मैं भी शेरकोट को बैंक के लिए चुनने में कुछ इस तरह मूर्ख बनाई गई हूं।

इन्द्रदेव ने हंसते हुए कहा—मैं देख रहा हूं कि तुम अधिक भावनामयी होती जा रही हो। यह संदेह अच्छा नहीं। शेरकोट के लिए तो मां ने सब प्रबंध कर भी दिया है। अब फिर क्या हुआ?

शेरकोट एक पुराने वंश की स्मृति है। उसे मिटा देना ठीक नहीं। अभी मधुबन नाम का एक युवक उसका मालिक है। तहसीलदार से उसकी कुछ अनबन है, इसलिए यह...

मधुबन! अच्छा तो मैं क्या कर सकता हूं। तुम बैंक न भी बनवाओ, तो होता क्या है। अब तो वह बेचारा उस शेरकोट से निकाला ही जाएगा।

तुम एक बार मां से कहो न! और नीलवाली कोठी की मरम्मत करा दो, इसमें

रुपए भी कम लगेंगे, और...

नीलवाली कोठी!—आश्चर्य से इन्द्रदेव ने उसकी ओर देखा।

हां, क्यों?

अरे वह तो भुतही कोठी कही जाती है।

जहां मनुष्य नहीं रहते वहीं तो भूत रह सकेंगे? इन्द्रदेव! मैं उस कोठी को बहुत प्यार करती हूं।

कब से शैला?—हंसते हुए इन्द्र ने उसका हाथ पकड़ लिया।

इन्द्र। तुम नहीं जानते। मेरी मां यहीं कुछ दिनों तक रह चुकी है।

इन्द्रदेव की आंखें जैसी बड़ी हो गईं। उन्होंने कुर्सी से उठ खड़े होकर कहा—तुम क्या कह रही हो?

बैठो और सुनो। मैं वही कह रही हूं, जिसके मुझे सच होने का विश्वास हो रहा है। तुम इसके लिए कुछ करो। मुझे तुमसे दान लेने में तो कोई संकोच नहीं। आज तक तुम्हारे ही दान पर मैं जी रही हूं; किंतु वहां रहने देकर मुझे सबसे बड़ी प्रसन्नता तुम दे सकते हो। और, मेरी जीविका का उपाय भी कर सकते हो।

शैला की इस दीनता से घबराकर इन्द्रदेव ने कुर्सी खींचकर बैठते हुए कहा—

शैला! तुम काम-काज की इतनी बातें करने लगी हो कि मुझे आश्चर्य हो रहा है। जीवन में यह परिवर्तन सहसा होता है; किंतु यह क्या! तुम मुझको एक बार ही कोई अन्य व्यक्ति क्यों समझ बैठी हो? मैं तुमको दान दूंगा? कितने आश्चर्य की बात है!

यह सत्य है इन्द्रदेव! इसे छिपाने से कोई लाभ नहीं। अवस्था ऐसी है कि अब मैं तुमसे अलग होने की कल्पना करके दुखी होती हूं, किंतु थोड़ी दूर हटे बिना काम भी नहीं चलता। तुमको और अपने को समान अंतर पर रखकर, कुछ दिन परीक्षा लेकर, तब मन से पूछूंगी।

क्या पूछोगी शैला!

कि वह क्या चाहता है। तब तक के लिए यही प्रबंध रहना ठीक होगा। मुझे काम करना पड़ेगा, और काम किए बिना यहां रहना मेरे लिए असंभव है। अपनी रियासत में मुझे एक नौकरी और रहने की जगह देकर मेरे बोझ से तुम इस समय के लिए छुट्टी पा जाओ, और स्वतंत्र होकर कुछ अपने विषय में भी सोच लो।

शैला बड़ी गंभीरता से उनकी ओर देखते हुए फिर कहने लगी—हम लोगों के पश्चिमी जीवन का यह संस्कार है कि व्यक्ति को स्वावलंब पर खड़े होना चाहिए। तुम्हारे भारतीय हृदय में, जो कौटुम्बिक कोमलता में पला है, परस्पर सहानुभूति की—सहायता की बड़ी आशाएं, परंपरागत संस्कृति के कारण, बलवती रहती हैं। किंतु मेरा जीवन कैसा रहा है, उसे तुमसे अधिक कौन जान सकता है! मुझसे काम लो और बदले में कुछ दो।

अच्छा, यह सब मैं कर लूंगा; पर मधुबन के शेरकोट का क्या होगा? मैं नहीं कहना चाहता। मां न जाने क्या मन में सोचेंगी। जबकि उन्होंने एक बार कह दिया, तब उसके प्रतिकूल जाना उनकी प्रकृति के विरुद्ध है। तो भी तुम स्वयं कहकर देख लो।

यह मैं नहीं पसंद करती इन्द्रदेव! मैं चाहती हूं कि जो कुछ कहना हो, अपनी माताजी से तुम्हीं कहो। दूसरों से वही बात सुनने, पर जिसे कि अपनों से सुनने की आशा रहती है—मनुष्य के मन में एक ठेस लगती है। यह बात अपने घर में तुम आरंभ न करो।

देखो शैला। वह आरंभ हो चुकी है, अब उसे रोकने में असमर्थ हूं। तब भी तुम कहती हो, तो मैं ही कहकर देखूंगा कि क्या होता है। अच्छा तो जाओ, तुम्हारे हितोपदेश के पाठ का यही समय है न! वाह! क्या अच्छा तुमने यह स्वांग बनाया है।

शैला ने स्निग्ध दृष्टि से इन्द्रदेव को देखकर कहा—यह स्वांग नहीं है, मैं तुम्हारे समीप आने का प्रयत्न कर रही हूं—तुम्हारी संस्कृति का अध्ययन करके।

अनवरी को आते देखकर उल्लास से इन्द्रदेव ने कहा—शैला! शेरकोट वाली बात अनवरी से ही मां तक पहुंचाई जा सकती है।

शैला प्रतिवाद करना ही चाहती थी कि अनवरी सामने आकर खड़ी हो गई। उसने कहा—आज कई दिन से आप उधर नहीं आई हैं। सरकार पूछ रही थीं कि...

अरे पहले बैठ तो जाइए।—कुर्सी खिसकाते हुए शैला ने कहा, मैं तो स्वयं अभी चलने के लिए तैयार हो रही थी।

अच्छा—

हां, शेरकोट के बारे में रानी साहबा से मुझे कुछ कहना था। मेरे भ्रम से एक बड़ी बुरी बात हो रही है, उसे रोकने के लिए...

क्या?

मधुबन बेचारा अपनी झोंपड़ी से भी निकाल दिया जाएगा। उसके बाप-दादों की डीह है। मैंने बिना समझे-बूझे बैंक के लिए वही जगह पसंद की। उस भूल को सुधारने के लिए मैं अभी ही आने वाली थी।

मधुबन! हां, वही न, जो उस दिन रात को आपके साथ था, जब आप नील-कोठी से आ रही थीं? उस पर तो आपको दया करनी ही चाहिए—कहकर अनवरी ने भेद-भरी दृष्टि से इन्द्रदेव की ओर देखा।

इन्द्रदेव कुर्सी छोड़ उठ खड़े हुए।

शैला ने निराश दृष्टि से उनकी ओर देखते हुए कहा—तो इस मेरी दया में आपकी सहायता की भी आवश्यकता हो सकती है। चलिए।

4

क्यों बेटी! तुमने सोच-विचार लिया?—कोठरी के बाहर बैठे हुए रामनाथ ने पूछा।

भीतर से राजकुमारी ने कहा—बाबाजी, हम लोग इस समय ब्याह करने के लिए रुपए कहां से लावें?

रुपयों से ब्याह नहीं होगा बेटी! ब्याह होगा मधुबन से तितली का। तुम इसे स्वीकार कर लो; और जो कुछ होगा मैं देख लूंगा। मैं अब बूढ़ा हुआ, तितली को तुम लोगों की स्नेह-छाया में दिए बिना मैं कैसे सुख से मरूंगा?

अच्छा, पर एक बात और भी आपने समझ ली है? क्या मधुबन, तितली के साथ गृहस्थी चलाने के लिए, दुःख-सुख भोगने के लिए तैयार है? वह अपनी सुध-बुध तो रखता ही नहीं। भला उसके गले एक बछिया बांधकर क्या आप ठीक करेंगे?

सुनो बेटी, दस बीघा तितली के, और तुम लोगों के जो खेत हैं—सब मिलाकर एक छोटी-सी गृहस्थी अच्छी तरह चल सकेगी। फिर तुमको तो यही सब देखना है, करना है, सब सम्हाल लोगी। मधुबन भी पढ़ा-लिखा परिश्रमी लड़का है। लग-लपटकर अपना घर चला ही लेगा।

मधुबन से भी आप पूछ लीजिए। वह मेरी बात सुनता कब है। कई बार मैंने कहा कि अपना घर देख, वह हंस देता है, जैसे उसे इसकी चिंता ही नहीं। हम लोग न जाने कैसे अपना पेट भर लेते हैं। फिर पराई लड़की घर में ले आकर तो उसी तरह नहीं चल सकता?

तुम भूलती हो बेटी! पराई लड़की समझता तो मैं उसके ब्याह की यहां चर्चा न चलाता। मधुबन और तितली दोनों एक-दूसरे को अच्छी तरह पहचान गए हैं। और तितली पर तुमको दया ही नहीं करनी होगी, तुम उसे प्यार भी करोगी। उसे तुमने इधर देखा है?

नहीं, अब तो वह बहुत दिन से इधर आती ही नहीं।

आज मेम साहब के साथ वह भी नहाने गई है। शैला का नाम तो तुमने सुना होगा? वही जो यहां के जमींदार इन्द्रदेव के साथ विलायत से आई है। बड़ी अच्छी सुशील लड़की है। वह भी मेरे यहां संस्कृत पढ़ती है। तुम चलकर उन दोनों से बात भी कर लो और देख भी लो।

अच्छा, मैं अभी आती हूं।

मैं भी चलता हूं बेटी! मधुबन उनके संग नहीं है। मल्लाह को तो सहेज दिया है। तो चलूं!

रामनाथ नहाने के घाट की ओर चले। राजकुमारी भी रामदीन की नानी के साथ गंगा की ओर चली।

अभी वह शेरकोट से बाहर निकलकर पथ पर आई थी कि सामने से चौबेजी

दिखाई पड़े। राजकुमारी ने एक बार घूंघट खींचकर मुड़ते हुए निकल जाना चाहा। किंतु चौबे ने सामने आकर टोक ही दिया—भाभी हैं क्या? अरे मैं तो पहचान ही न सका!

दुख में सब लोग पहचान लें, ऐसा तो नहीं होता।—राजकुमारी ने अनखाते हुए कहा।

अरे नहीं-नहीं! मैं भला भूल जाऊंगा? नौकरी ठहरी। बराबर सोचता हूं कि एक दिन शेरकोट चलूं, पर छुट्टी मिले तब तो। आज मैंने भी निश्चय कर लिया था कि भेंट करूंगा ही।

चौबेजी के मुंह पर एक स्निग्धता छा गई थी; वह मुस्कराने की चेष्टा करने लगे।

किंतु मैं नहाने जा रही हूं।

अच्छी बात है, मैं थोड़ी देर में आऊंगा।—कहकर चौबेजी दूसरी ओर चले गए, और राजकुमारी को पथ चलना दूभर हो गया!

कितने बरस पहले की बात है! जब वह ससुराल में थी, विधवा होने पर भी बहुत-सा दुख, मान-अपमान भरा समय वह बिता चुकी थी। वह ससुराल की गृहस्थी में बोझ-सी हो उठी थी। चचेरी सास के व्यंग्य से नित्य ही घड़ी-दो-घड़ी कोने में मुंह डालकर रोना पड़ता। सब कुछ सहकर भी वहीं खटना पड़ता।

ससुराल के पुरोहितों में चौबेजी का घराना था। चौबे प्रायः आते-जाते—वैसे ही, जैसे घर के प्राणी; और गांव के सहज नाते से राजकुमारी के वह देवर होते—हंसने-बोलने की बाधा नहीं थी।

राजकुमारी के पति के सामने से ही यह व्यवहार था। विधवा होने पर भी वह छूटा नहीं। उस निराशा और कष्ट के जीवन में भी कभी-कभी चौबे आकर हंसी की रेखा खींच देते। दोनों के हृदय में एह सहज स्निग्धता और सहानुभूति थी। दिन-दिन वहीं बढ़ने लगी। स्त्री का हृदय था; एक दुलार का प्रत्याशी; उसमें कोई मलिनता न थी।

चौबे भी अज्ञात भाव से उसी का अनुकरण कर रहे थे। पर वह कुछ जैसे अंधकार में चल रहे थे। राजकुमारी फिर भी सावधान थी!

एक दिन सहसा नियमित गालियां सुनने के समय जब चौबे का नाम भी उसमें मिलकर भीषण अट्टहास कर उठा, तब राजकुमारी अपने मन में न जाने क्यों वास्तविकता को खोजने लगी। वह जैसे अपमान की ठोकर से अभिभूत होकर उसी ओर पूर्ण वेग से दौड़ने के लिए प्रस्तुत हुई, बदला लेने के लिए और अपनी असहाय अवस्था का अवलम्ब खोजने के लिए। किंतु वह पागलपन क्षणिक हो रहा। उसकी खीझ फल नहीं पा सकी। सहसा मधुबन को सम्हालने के लिए उसे शेरकोट चले आना पड़ा। वह भयानक आंधी क्षितिज में ही दिखलाई देकर रुक गई। चौबे नौकरी

करने लगे राजा साहब के यहां, और राजकुमारी शेरकोट के झाड़ू और दीए में लगी—यह घटना वह संभवतः भूल गई थी; किंतु आज सहसा विस्मृत चित्र सामने आ गया।

राजकुमारी का मन अस्थिर हो गया। वह गंगाजी के नहाने के घाट तक बड़ी देर से पहुंची।

शैला और तितली नहाकर ऊपर खड़ी थीं। बाबा रामनाथ अभी संध्या कर रहे थे। राजकुमारी को देखते ही तितली ने नमस्कार किया और शैला से कहा—आप ही हैं, जिनकी बात बाबाजी कर रहे थे?

शैला ने कहा—अच्छा! आप ही मधुबन की बहिन हैं? जी।

मैं मधुबन के साथ पढ़ती हूं। आप मेरी भी बहन हुई न!—शैला ने सरल प्रसन्नता से कहा।

राजकुमारी ने मेम के इस व्यवहार से चकित होकर कहा—मैं आपकी बहन होने योग्य हूं? यह आपकी बड़ाई है।

क्यों नहीं बहन! तुम ऐसा क्यों सोचती हो? आओ, इस जगह बैठ जाएं।

अच्छा होगा कि तुम भी स्नान कर लो, तब हम लोग साथ ही चलें।

नहीं, आपको विलंब होगा।—कहकर राजकुमारी विशाल वृक्ष के नीचे पड़े हुए पत्थर की ओर बढ़ी।

शैला और तितली भी उसी पर जाकर बैठीं।

राजकुमारी का हृदय स्निग्ध हो रहा था। उसने देखा, तितली अब वह चंचल लड़की न रही, जो पहले मधुबन के साथ खेलने आया करती थी। उसकी काली रजनी-सी उनींदी आंखें जैसे सदैव कोई गंभीर स्वप्न देखती रहती हैं। लंबा छरहरा अंग, गोरी-पतली उंगलियां, सहज उन्नत ललाट, कुछ खिंची हुई भौंहे और छोटा-सा पतले-पतले अधरोंवाला मुख—साधारण कृषक-बालिका से कुछ अलग अपनी सत्ता बता रहे थे। कानों के ऊपर से ही घूंघट था, जिससे लटें निकली पड़ती थीं। उसकी चौड़ी किनारे की धोती का चंपई रंग उसके शरीर में घुला जा रहा था। वह संध्या के निरभ्र गगन में विकसित होने वाली—अपने ही मधुर आलोक से तुष्ट—एक छोटी-सी तारिका थी।

राजकुमारी, स्त्री की दृष्टि से, उसे परखने लगी; और रामनाथ का प्रस्ताव मन-ही-मन दुहराने लगी।

शैला ने कहा—अच्छा, तुम कहीं आती-जाती नहीं हो बहन!

कहां जाऊं?

तो मैं ही तुम्हारे यहां कभी-कभी आया करूंगा। अकेले घर में बैठे-बैठे कैसे तुम्हारा मन लगता है?

बैठना ही तो नहीं है! घर का काम कौन करता है? इसी में दिन बीतता जा रहा है। देखिए, यह तितली पहले मधुबन के साथ कभी-कभी आ जाती थी, खेलती

थी। अब तो सयानी हो गई है। क्यों री, अभी तो ब्याह भी नहीं हुआ, तू इतनी लजाती क्यों है?—घूमकर जब उसने तितली की ओर देखकर यह बात कही, तो उसके मुख पर एक सहज गंभीर मुस्कान—लज्जा के बादल में बिजली-सी—चमक उठी।

शैला ने उसकी ठोढ़ी पकड़कर कहा—यह तो अब यहीं आकर रहना चाहती है न, तुम इसको बुलाती नहीं हो, इसीलिए रूठी हुई है।

तितली को अपनी लज्जा प्रकट करने के लिए उठ जाना पड़ा। उसने कहा—क्यों नहीं आऊंगी।

बाबा रामनाथ ऊपर आ गए थे। उन्होंने कहा—अच्छा, तो अब चलना चाहिए।

फिर राजकुमारी की ओर देखकर कहा—तो बेटी, फिर किसी दिन आऊंगा।

राजकुमारी ने नमस्कार किया। वह नहाने के लिए नीचे उतरने लगी, और शैला तितली के साथ रामनाथ का अनुसरण करने लगी।

गंगा के शीतल जल में राजकुमारी देर तक नहाती रही, और सोचती थी अपने जीवन की अतीत घटनाएं। तितली के ब्याह के प्रसंग से और चौबे के आने-जाने से नई होकर वे उसकी आंखों के सामने अपना चित्र उन लहरों में खींच रही थीं। मधुबन की गृहस्थी का नशा उसे अब तक विस्मृति के अंधकार में डाले हुए था। वह सोच रही थी—क्या वही सत्य था? इतना दिन जो मैंने किया, वह भ्रम था! मधुबन जब ब्याह कर लेगा, तब यहां मेरा क्या काम रह जाएगा? गृहस्थी! उसे चलाने के लिए तो तितली आ ही जाएगी। अहा! तितली कितनी सुंदर है! मधुबन प्रसन्न होगा। और मैं...? अच्छा, तब तीर्थ करने चली जाऊंगी। उंह! रुपया चाहिए उसके लिए—कहां से आवेगा? अरे जब घूमना ही है, तो क्या रुपए की कमी रह जाएगी? रुपया लेकर करूंगी ही क्या? भीख मांग कर या परदेश में मजूरी करके पेट पालूंगी। परंतु आज इतने दिनों पर चौबे!

उसके हृदय में एक अनुभूति हुई, जिसे स्वयं स्पष्ट न समझ सकी। एक विकट हलचल होने लगी। वह जैसे उन चपल लहरों में झूमने लगी।

रामदीन की नानी ने कहा—चलो मालकिन, अभी रसोई का सारा काम पड़ा है, मधुबन बाबू आते होंगे।

राजकुमारी जल के बाहर खीझ से भरी निकली। आज उसके प्रौढ़ वय में भी व्यय-विहीन पवित्र यौवन चंचल हो उठा था। चौबे ने उससे फिर मिलने के लिए कहा था। वह आकर लौट न जाए।

वह जल से निकलते ही घर पहुंचने के लिए व्यग्र हो उठी।

5

शेरकोट में पहुंचकर उसने अपनी चंचल मनोवृत्ति को भरपूर दबाने की चेष्टा की, और कुछ अंश तक वह सफल भी हुई; पर अब भी चौबे की राह देख रही थी। बहुत दिनों तक राजकुमारी के मन में यह कुतूहल उत्पन्न हुआ था कि चौबे के मन में वह बात अभी बनी हुई है या भूल गई। उसे जान लेने पर वह संतुष्ट हो जाएगी। बस; और कुछ नहीं। मधुबन! नहीं, आज वह संध्या को घर लौटने के लिए कह गया है। तो फिर, रसोई बनाने की भी आवश्यकता नहीं। वह स्थिर होकर प्रतीक्षा करने लगी।

किंतु...बहुत दिनों पर चौबेजी आवेंगे, उनके लिए जलपान का कुछ प्रबंध होना चाहिए। राजकुमारी ने अपनी गृहस्थी के भंडार-घर में जितनी हांड़ियां टटोलीं, सब सूनी मिलीं। उसकी खीझ बढ़ गई। फिर इस खोखली गृहस्थी का तो उसे अभी अनुभव भी न हुआ था।

आज मानो वह शेरकोट अपनी अंतिम परीक्षा में असफल हुआ।

राजकुमारी का क्रोध उबल पड़ा। अपनी अग्निमयी आंखों को घुमाकर वह जिधर ही ले जाती थी, अभाव का खोखला मुंह विकृत रूप से परिचय देकर जैसे उसकी हंसी उड़ाने के लिए मौन हो जाता। वह पागल होकर बोली—यह भी कोई जीवन है।

क्या है भाभी! मैं आ गया!—कहते हुए चौबे ने घर में प्रवेश किया। राजकुमारी अपना घूंघट खींचते हुए काठ की चौकी दिखाकर बोली—बैठिए।

क्या कहूं, तहसीलदार के यहां ठहर जाना पड़ा। उन्होंने बिना कुछ खिलाए आने ही नहीं दिया। सो भाभी! आज तो क्षमा करो, फिर किसी दिन आकर खा जाऊंगा। कुछ मेरे लिए बनाया तो नहीं?

राजकुमारी रुद्ध कंठ से बोली—नहीं तो, आए बिना मैं कैसे क्या करती! तो फिर कुछ तो...

नहीं आज कुछ नहीं! हां, और क्या समाचार है। कुछ सुनाओ।—कहकर चौबे ने एक बार सतृष्ण नेत्रों से उस दरिद्र विधवा की ओर देखा।

सुखदेव! कितने दिनों पर मेरा समाचार पूछ रहे हो, मुझे भी स्मरण नहीं; सब भूल गई हूं। कहने की कोई बात हो भी। क्या कहूं।

भाभी! मैं बड़ा अभागा हूं। मैं तो घर से निकाला जाकर कष्टमय जीवन ही बीता रहा हूं। तुम्हारे चले आने के बाद मैं कुछ ही दिनों तक घर पर रह सका। जो थोड़ा खेत बचा था उसे बंधक रखकर बड़े भाई के लिए एक स्त्री खरीदकर जब आई, तो मेरे लिए रोटी का प्रश्न सामने खड़ा होकर हंसने लगा। मैं नौकरी के बहाने परदेश चला। मेरा मन भी वहां लगता न था। गांव काटने दौड़ता था।

कलकत्ता में किसी तरह एक थेटर की दरबानी मिली। मैं उसके साथ बराबर परदेश घूमने लगा। रसोई भी बनाता रहा। हां, बीच में उसके साथ बराबर परदेश घूमने लगा। रसोई भी बनाता रहा। हां, बीच में मैं संग होने से हारमोनियम सीखता रहा। फिर एक दिन बनारस में जब हमारी कंपनी खेल कर रही थी, राजा साहब से भेंट हो गई। जब उन्हें सब हाल मालूम हुआ, तो उन्होंने कहा—तुम चलो, मेरे यहां सुख से रहो। क्यों परदेश में मारे-मारे फिर रह हो? तब मैं राजा साहब का दरबारी बना। उन्हें कभी कोई अच्छी चीज बनाकर खिताला, ठंडाई बनाता और कभी-कभी बाजा भी सुनाता। मेरे जीवन का कोई लक्ष्य न था। रुपया कमाने की इच्छा नहीं। दिन बीतने लगे। कभी-कभी, न जाने क्यों, तुमको स्मरण कर लेता। जैसे इस संसार में...

राजकुमारी के नस-नस में बिजली दौड़ने लगी थी। एक अभागे युवक का—जो सब ओर से ठुकराए जाने पर भी उसको स्मरण करता था।—रूप उसकी आंखों के सामने विराट होकर ममता के आलोक में झलक उठा। वह तन्मय होकर सुना रही थी, जैसे उसकी चेतना सहसा लौट आई। अपनी प्यास बढ़ाकर उसने पूछा—क्यों सुखदेव! मुझे क्यों?

न पूछो भाभी! अपने दुख से जब ऊबकर मैं परदेस की किसी की कोठरी में गांव की बातें सोचकर आह कर बैठता था, तब मुझे तुम्हारा ध्यान बराबर हो आता। तुम्हारा दुख क्या मुझसे कम है? और वाह रे निष्ठुर संसार! मैं कुछ कर नहीं सकता था? वह क्यों?

सुखदेव! बस करो। वह भूख समय पर कुछ न पाकर मर मिटी है। उसे जानने से कुछ लाभ नहीं। मुझे भी संसार में कोई पूछने वाला है, यह मैं नहीं जानती थी; और न जानना मेरे लिए अच्छा था। तुम सुखी हो। भगवान सबका भला करें।

भाभी? ऐसा न कहो। दो दिन के जीवन में मनुष्य मनुष्य को यदि नहीं पूछता—स्नेह नहीं करता, तो फिर वह किसलिए उत्पन्न हुआ है। यह सत्य है कि सब ऐसे भाग्यशाली नहीं होते कि उन्हें कोई प्यार करे, पर यह तो हो सकता है कि वह स्वयं किसी को प्यार करे, किसी के दुख-दुख में हाथ बंटाकर अपना जन्म सार्थक कर ले।

सुखदेव नाटक में जैसे अभिनय कर रहा था।

राजकुमारी ने एक दीर्घ निःश्वास लिया। वह निःश्वास उस प्राचीन खंडहर में निराश होकर घूम आया था। वह सिर झुकाकर बैठी रही। सुखदेव की आंखों में आंसू झलकने लगे थे। वह दरबारी था, आया था कुछ काम साधने; परंतु प्रसंग ऐसा चल पड़ा कि उसे कुछ साफ-साफ होकर सामने आना पड़ा।

उसकी चतुरता का भाव परास्त हो गया था। अपने को सम्हालकर कहने लगा—तो फिर मैं अपनी बात न कहूं? अच्छा, जैसी तुम्हारी आज्ञा। एक विशेष काम से तुम्हारे पास आया हूं। उसे तो सुन लोगी?

तुम जो कहोगे, सब सुनूंगी, सुखदेव!

तितली को तो जानती हो न!

जानती हूं क्यों नही; अभी आज ही तो उससे भेंट हुई थी।

और हमारे मालिक कुंवर इंद्रदेव को भी?

क्यों नहीं।

यह भी जानती हो कि तुम लोगों के शेरकोट को छीनने का प्रबंध तहसीलदार ने कर लिया है?

राजकुमारी अब अपना धैर्य न सम्हाल सकी, उसने चिढ़कर कहा—सब सुनती हूं, जानती हूं, तुम साफ-साफ अपनी बात कहो।

मैंने तहसीलदार को रोक दिया है। वहां रहकर अपनी आंखों के सामने तुम्हारा अनिष्ट होते मैं नहीं देख सकता था। किंतु एक काम तुम कर सकोगी?

अपने को बहुत रोकते हुए राजकुमारी ने कहा—क्या?

किसी तरह तितली से इंद्रदेव का ब्याह करा दो और यह तुम्हारे किये होगा! और तुम लोगों से जो जमींदार के घर से बुराई है, वह भलाई में परिणत हो जाएगी। सब तरह का रीति-व्यवहार हो जाएगा। भाभी! हम सब सुख से जीवन बिता सकेंगे।

राजकुमारी निश्चेष्ट होकर सुखदेव का मुंह देखने लगी; और वह बहुत-सी बात सोच रही थी। थोड़ी देर पर वह बोली—क्यों, मेम साहब क्या करेंगी?

उसी को हटाने के लिए तो। तितली को छोड़कर और कोई ऐसी बालिका जाति की नहीं दिखाई पड़ती, जो इंद्रदेव से ब्याही जाए; क्योंकि विलायत से मेम ले आने का प्रवाद सब जगह फैल गया है।

कुछ देर तक राजकुमारी सिर नीचा कर सोचती रही। फिर उसने कहा—अच्छा, किसी दूसरे दिन इसका उत्तर दूंगी।

उस दिन चौबे विदा हुए। किंतु राजकुमारी के मन में भयानक हलचल हुई। संयम के प्रौढ़ भाव की प्राचीर के भीतर जिस चारित्र्य की रक्षा हुई थी, आज वह संधि खोजने लगा था। मानव-हृदय की वह दुर्बलता कही जाती है। किंतु जिस प्रकार चिररोगी स्वास्थ्य की संभावना से प्रेरित होकर पलंग के नीचे गैर रखकर अपनी शक्ति की परीक्षा लेता है, ठीक उसी तरह तो राजकुमारी के मन में कुतूहल हुआ था—अपनी शक्ति को जांचने का। तह किसी अंश तक सफल भी हुई, और उसी सफलता ने और भी चाट बढ़ा दी। राजकुमारी परखने लगी थी अपना—स्त्री का अवलम्ब, जिसके सबसे बड़े उपकरण हैं यौवन और सौंदर्य। आत्मगौरव, चारित्र्य और पवित्रता तक सबकी दृष्टि तो नहीं पहुंचती। अपनी सांसारिक विभूति और संपत्ति को सम्हालने की आवश्यकता रखने वाले किस प्राणी को, चिंता नहीं होती?

शस्त्र कुंठित हो जाते हैं, तब उन पर शान चढ़ाना पड़ता है। किंतु राजकुमारी के सब अस्त्र निकम्मे नहीं थे। उनकी और परीक्षा लेने की लालसा उसके मन में

बढ़ी।

उधर हृदय में एक संतोष भी उत्पन्न हो गया था। वह सोचने लगी थी कि मधुबन की गृहस्थी का बोझ उसी पर है। उसे मधुबन की कल्याण-कामना के साथ उसकी व्यावहारिकता भी देखनी चाहिए। शेरकोट कैसे बचेगा, और तितली से ब्याह करके दरिद्र मधुबन कैसे सुखी हो सकेगा? यदि तितली इंद्रदेव की रानी हो जाती और राजकुमारी के प्रयत्न से, तो वह कितना...

वह भविष्य की कल्पना से क्षण-भर के लिए पागल हो उठी। सब बातों में सुखदेव की सुखद स्मृति उसकी कल्पनाओं को और भी सुंदर बनाने लगी।

बुढ़िया ने बहुत देर तक प्रतीक्षा की; पर जब राजकुमारी के उठने के, या रसोई-घर में आने के, उसके कोई लक्षण नहीं देखे तो उसे भी लाचार होकर वहां से टल जाना पड़ा। राजकुमारी ने अनुभूति भरी आंखों से अपनी अभाव की गृहस्थी को देखा और विरक्ति से वहीं चटाई बिछाकर लेट गई।

धीरे-धीरे दिन ढलने लगा। पश्चिम में लाली दौड़ी, किंतु राजकुमारी आलस भरी भावना में डुबकी ले रही थी। उसने एक बार अंगड़ाई लेकर करारों में गंगा की अधखुली धारा को देखा। वह धीरे-धीरे बह रही थी। स्वप्न देखने की इच्छा से उसने आंखें बंद की।

मधुबन आया। उसने आज राजकुमारी को इस नई अवस्था में देखा। वह कई बरसों से बराबर, बिना किसी दिन की बीमारी के, सदा प्रस्तुत रहने के रूप में ही राजकुमारी को देखता आता था। किंतु आज? वह चौंक उठा। उसने पूछा—

राजो! पड़ी क्यों हो?

वह बोली नहीं। सुनकर भी जैसे न सुन सकी। मन-ही-मन सोच रही थी। ओह, इतने दिन बीत गये! इतने बरस! कभी दो घड़ी की भी छुट्टी नहीं। मैं क्यों जगाई जा रही हूं। इसीलिए न कि रसोई नहीं बनी है। तो मैं क्या रसोई-दारिन हूं। आज नहीं बनी—न सही।

मधुबन दौड़कर बाहर आया। बुढ़िया को खोजने लगा। वह भी नहीं दिखाई पड़ी। उसने फिर भीतर जाकर रसोई-घर देखा। कहीं धुएं या चूल्हा जलने का चिह्न नहीं। बरतनों को उलट-पलट कर देखा। भूख लग रही थी। उसे थोड़ा-सा चबेना मिला। उसे बैठकर मनोयोग से खाने लगा। मन-ही-मन सोचता था—आज बात क्या है? डरता भी था कि राजकुमारी चिढ़ न जाय! उसने भी मन में स्थिर किया—आज यहां रहूंगा नहीं।

मधुबन का रूठने का मन हुआ। वह चुपचाप जल पीकर चला गया।

राजकुमारी ने सब जान-बूझकर—कहा—हूं। अभी यह हाल है तो तितली से ब्याह हो जाने पर तो धरती पर पैर ही न पड़ेंगे।

विरोध कभी-कभी बड़े मनोरंजक रूप में मनुष्य के पास धीरे से आता है और

अपनी काल्पनिक सृष्टि में मनुष्य को अपना समर्थन करने के लिए बाध्य करता है—अवसर देता है—प्रमाण ढूंढ़ लाता है। और फिर; आंखों में लाली, मन में घृणा, लड़ने का उन्माद और उसका सुख—सब अपने-अपने कोनों से निकलकर उसके हां-में-हां मिलाने लगते हैं।

गोधूली आई। अंधकार आया। दूर-दूर झोंपड़ियों में दीये जल उठे। शेरकोट का खंडहर भी सांय-सांय क़रने लगा। किंतु राजकुमारी आज उठती ही नहीं। वह अपने चारों ओर और भी अंधकार चाहती थी!

6

उजली धूप बनजरिया के चारों ओर, उसके छोटे-पौधों पर, फिसल रही थी। अभी सवेरा था, शरीर में उस कोमल धूप की तीव्र अनुभूति करती हुई तितली, अपने गोभी के छोटे-से खेत के पास, सिरिस के नीचे बैठी थी। झाड़ियों पर से ओस की बूंदें गिरने-गिरने को हो रही थीं। समीर में शीतलता थी।

उसकी आंखों में विश्वास कुतूहल बना हुआ संसार का सुंदर चित्र देख रहा था। किसी ने पुकारा—तितली! उसने घूमकर देखा; शैला अपनी रेशमी साड़ी का अंचल हाथ में लिये खड़ी है।

तितली की प्रसन्नता चंचल हो उठी। वहीं खड़ी होकर उसने कहा—आओ बहन! देखो न! मेरी गोभी में फूल बैठने लगे हैं।

शैला हंसती हुई पास आकर देखने लगी। श्याम-हरित पत्रों में नन्हें-नन्हें उजले-उजले फूल! उसने कहा—वाह! लो, तुम भी इसी तरह फूलो-फलो।

आशीर्वाद की कृतज्ञता में सिर झुकाकर तितली ने कहा—कितना प्यार करती हो मुझे!

तुमको जो देखेगा, वही प्यार करेगा।

अच्छा!—उसने अप्रतिभ होकर कहा।

चलो, आज पाठ कब होगा? अभी तो मधुबन भी नहीं दिखाई पड़ा।

मैं आज न पढ़ूंगी।

क्यों?

यों ही। और भी कई काम करना है।

शैला ने कहा—अच्छा, मैं भी आज न पढ़ूंगी—बाबाजी से मिलकर चली जाऊंगी।

रामनाथ अभी उपासना करके अपने आसन पर बैठे थे। शैला उनके पास चटाई पर जाकर बैठ गई। रामनाथ ने पूछा—आज पाठ न होगा क्या? मधुबन भी नहीं दिखाई पड़ रहा है, तितली भी नहीं!

आज यों ही मुझे कुछ बताइए।

पूछो।

हम लोगों के यहां जीवन को युद्ध मानते हैं, इसमें कितनी सचाई है। इसके विरुद्ध भारत में उदासीनता और त्याग का महत्त्व है?

यह ठीक है कि तुम्हारे देश के लोगों ने जीवन को नहीं, किंतु स्थल और आकाश को भी लड़ने का क्षेत्र बना दिया है। जीवन को युद्ध मान लेने का यह अनिवार्य फल है। जहां स्वार्थ के अस्तित्व के लिए युद्ध होगा वहां तो यह होना ही चाहिए।

किंतु युद्ध का जीवन में कुछ भाग तो अवश्य ही है। भारतीय जनता में भी उसका अभाव नहीं।

पर यह दूसरे प्रकार का है। उसमें अपनी आत्मा के शत्रु आसुर भावों से युद्ध की शिक्षा है। प्राचीन ऋषियों ने बतलाया है कि भीतर जो काम का और जीवन का युद्ध चलता है, उसमें जीवन को विजयी बनाओ।

किंतु, मैं तो ऐसा समझती हूं कि आपके वेदांत में जो जगत् को मिथ्या और भ्रम मान लेने का सिद्धांत है, वही यहां के मनुष्यों को उदासीन बनाता है? संसार को असत समझने वाला मनुष्य कैसे किसी काम को विश्वासपूर्वक कर सकता है।

मैं कहता हूं कि वह वेदांत पिछले काल का साम्प्रदायिक वेदांत है, जो तर्कों के आधार पर अन्य दार्शनिक को परास्त करने के लिए बना। सच्चा वेदांत व्यावहारिक है। वह जीवन-समुद्र आत्मा को उसकी सम्पूर्ण विभूतियों के साथ समझता है। भारतीय आत्मवाद के मूल में व्यक्तिवाद है; किंतु उसका रहस्य है समाजवाद की रूढ़ियों से व्यक्ति की स्वतंत्रता की रक्षा करना। और, व्यक्ति की स्वतंत्रता का अर्थ है व्यक्ति समता की प्रतिष्ठा, जिसमें समझौता अनिवार्य है। युद्ध का परिणाम मृत्यु है। जीवन से युद्ध का क्या सम्बंध, युद्ध तो विच्छेद है और जीवन में शुद्ध सहयोग है।

अच्छा, तो मैं मान लेती हूं; परंतु...

सुनो, तुम्हारे ईसा के जीवन में और उनकी मृत्यु में इसी भारतीय संदेश की क्षीण प्रतिध्वनि है।

आपने ईसा की जीवनी भी पढ़ी है?

क्यों नहीं! किंतु तुम लोगों के इतिहास में तो उसका कोई सूक्ष्म निदर्शन नहीं मिलता, जिसके लिए ईसा ने प्राण दिये थे। आज सब लोग यही कहते हैं कि ईसाई-धर्म सेमिटिक है, किंतु तुम जानती हो कि यह सेमेटिक धर्म क्यों सेमेटिक जाति के द्वारा अस्वीकृत हुआ? नहीं। वास्तव में यह विदेशी था, उनके लिए, वह आर्य-संदेश था। और कभी इस पर भी विचार किया है तुमने कि वह क्यों आर्य-जाति की शाखा में फूला-फला? वह धर्म उसी जाति के आर्य-संस्कारों के साथ विकसित हुआ; क्योंकि तुम लोगों के जीवन में ग्रीस और रोम की आर्य-संस्कृति का प्रभाव सोलहो आने

था ही, उसी का यह परिवर्तित रूप संसार की आंखों में चकाचौंध उत्पन्न कर रहा है। किंतु व्यक्तिगत पवित्रता को अधिक महत्त्व देने वाला वेदांत, आत्मशुद्धि का प्रचारक है। इसीलिए इसमें संघबद्ध प्रार्थनाओं की प्रधानता नहीं।

तो जीवन की अतृप्ति पर विजय पाना ही भारतीय जीवन का उद्देश्य है न? फिर अपने लिए...

अपने लिए? अपने लिए क्यों नहीं। सब कुछ आत्मलाभ के लिए ही तो धर्म का आचरण है। उदास होकर इस भाव को ग्रहण करने से तो सारा जीवन भार हो जाएगा। इसके साथ प्रसन्नता और आनन्दपूर्ण उत्साह चाहिए। और तब जीवन युद्ध न होकर समझौता, संधि या मेल बन जाता है। जहां परस्पर सहायता और सेवा की कल्पना होती है—झगड़ा-लड़ाई नोच-खसोट नहीं।

शैला ने मन-ही-मन कहा—यही तो। उसका मुंह प्रसन्नता से चमकने लगा। फिर उसने कहा—आज मैं बहुत ही कृतज्ञ हुई; मेरी इच्छा है कि आप मुझे अपने धर्म के अनुसार दीक्षा दीजिए।

क्षण-भर सोच लेने के बाद रामनाथ ने पूछा—क्या अभी और विचार करने के लिए तुमको अवसर नहीं चाहिए? दीक्षा तो मैं...

नहीं, अब मुझे कुछ सोचना-विचारना नहीं। मकर-संक्रांति किस दिन है। उसी दिन से मेरा अस्पताल खुलेगा। मैं समझती हूं कि उसके पहले ही मुझे...

अब कितने दिन हैं? यही कोई एक सप्ताह तो और होगा। अच्छा उसी दिन प्रभात में तुम्हारी दीक्षा होगी। तब तक और इस पर विचार कर लो।

बाबा रामनाथ धार्मिक जनता के उस विभाग के प्रतिनिधि थे जो संसार के महत्त्वपूर्ण कर्मों पर अपनी ही सत्ता, अपना ही दायित्वपूर्ण अधिकार मानती है; और संसार को अपना आभारी समझती है। उनका दृढ़ विश्वास था कि विश्व के अंधकार में आर्यों ने अपनी ज्ञान-ज्वाला प्रज्वलित की थी। वह अपनी सफलता पर मन-ही-मन बहुत प्रसन्न थे।

मेरा निश्चय हो चुका। अच्छा तो आज मुझे छुट्टी दीजिए। अभी नीलवाली कोठी पर जाना होगा। मधुबन तो कई दिन से रात को भी वहीं रहता है। वह घर क्यों नहीं जाता। आप पूछिएगा।—शैला ने कहा।

आज पूछ लूंगा—कहकर आसन से उठते हुए रामनाथ ने पुकारा—तितली!

आई...

तितली ने आकर देखा कि रामनाथ आसन से उठ गए हैं और शैला बनजरिया से बाहर जाने के लिए हरियाली की पगडंडी पर चली आई है। उसने कहा—बहन तुम जाती हो क्या?

हां, तुमसे तो कहा ही नहीं। शेरकोट को बेदखल कराने का विचार माताजी ने मेरे कहने से छोड़ दिया है। मेरा सामान आ गया, मैं नील कोठी में रहने लगी

हूं। वहीं मेरा अस्पताल खुल जाएगा।...क्यों, इधर मधुबन से तुमसे भेंट नहीं हुई क्या?

तितली लज्जित-सी सिर नीचा किए बोली—नहीं, आज कई दिनों से भेंट नहीं हुई।—उसके हृदय में धड़कन होने लगी।

ठीक है, कोठी में काम की बड़ी जल्दी है। इसी से आजकल छुट्टी न मिलती होगी—अच्छा तो तितली, आज मैं मधुबन को तुम्हारे पास भेज दूंगी।—कहकर शैला मुस्कुराई।

नहीं-नहीं, आप क्या कर रही हैं। मैंने सुना है कि वह घर भी नहीं जाते। उन्हें...

क्यों? यह तो मैं भी जानती हूं।—फिर चिंतित होकर शैला ने कहा—क्या राजकुमारी का कोई संदेश आया था?

नहीं।—अभी तितली और कुछ कहना ही चाहती थी कि सामने से मधुबन आता दिखाई पड़ा। उसकी भवें तनी थीं। मुंह रूखा हो रहा था। शैला ने पूछा—क्यों मधुबन, आज-कल तुम घर क्यों नहीं जाते?

जाऊंगा!—विरक्त होकर उसने कहा।

कब?

कई दिन का पाठ पिछड़ गया है। रोटी खाने के समय से जाऊंगा।

अच्छी बात है! देखो, भूलना मत!—कहती हुई शैला चली गई; और अब सामने खड़ी रही तितली। उसके मन में कितनी बातें उठ रही थीं, किंतु जब से उसके ब्याह की बात चल पड़ी थी, वह लज्जा का अधिक अनुभव करने लगी थी। पहले तो वह मधुबन को झिड़क देती थी, रामनाथ से मधुबन के संबंध में कुछ उलटी-सीधी भी कहती पर न जाने अब वैसा साहस उसमें क्यों नहीं आता। वह जोर करके बिगड़ना चाहती थी, पर जैसे अधरों के कोनों में हंसी फूट उठती! बड़े धैर्य से उसने कहा—आजकल तुमको रूठना कब से आ गया है।

मधुबन की इच्छा हुई कि वह हंसकर कह दे कि—जब से तुमसे ब्याह होने की बात चल पड़ी है;—पर वैसा न कहकर उसने कहा—हम लोग भला रूठना क्या जानें, यह तो तुम्हीं लोगों की विद्या है।

तो क्या मैं तुमसे रूठ रही हूं?—चिढ़े हुए स्वर में तितली ने कहा।

आज न सही, दो दिन में रूठोगी। उस दिन रक्षा पाने के लिए आज से ही परिश्रम कर रहा हूं! नहीं तो सुख की रोटी किसे नहीं अच्छी लगती?

तितली इस सहज हंसी से भी झल्ला उठी। उसने कहा—नहीं-नहीं, मेरे लिए किसी को कुछ करने की आवश्यकता नहीं।

तब तो प्राण बचे। अच्छा, पहले बताओ कि शेरकोट से कोई आया था? रामदीन की नानी; वही आकर कह गई होगी। उसकी टांगें तोड़नी ही पड़ेंगी।

अरे राम! उस बेचारी ने क्या किया है!

मधुबन और कुछ कहने जा रहा था कि रामनाथ ने उसे दूर से ही पुकारा—मधुबन!

दोनों ने घूमकर देखा कि बनजरिया के भीतर इंद्रदेव अपने घोड़े को पकड़े हुए धीरे-धीरे आ रहे हैं! तितली संकुचित होती हुई झोंपड़ी की ओर जाने लगी और मधुबन ने नमस्कार किया।

किंतु एक दृष्टि में इंद्रदेव ने उस सरल ग्रामीण सौंदर्य को देखा। उन्हें कुतूहल हुआ। उस दिन बनजरिया के साथ तितली का नाम उनकी कचहरी में प्रतिध्वनित हो गया था। वही यह है? उन्होंने मधुबन के नमस्कार का उत्तर देते हुए तितली से पूछा—मिस शैला अभी-अभी यहां आई थीं?

हां, अभी ही नील-कोठी की ओर गई हैं!—तितली ने घूमकर मधुर स्वर से कहा। वह खड़ी हो गई।

इंद्रदेव ने समीप आते हुए रामनाथ को देखकर नमस्कार किया। रामनाथ इसके पहले से ही आशीर्वाद देने के लिए हाथ उठा चुके थे? इंद्रदेव ने हंसकर पूछा—आपकी पाठशाला तो चल रही है?

श्रीमानों की कृपा पर उसका जीवन है। मैं दरिद्र ब्राह्मण भला क्या कर सकता हूं। छोटे-छोटे लड़के संध्या में पढ़ने आते हैं।

अच्छा, मैं इस पर फिर कभी विचार करूंगा। अभी तो नील-कोठी जा रहा हूं। प्रणाम!

इंद्रदेव अपने घोड़े पर सवार होकर चले गए।

रामनाथ, मधुबन और तितली वहीं खड़े रहे।

रामनाथ ने पूछा—मधुबन, तुम आजकल कैसे हो रहे हो?

मधुबन ने सिर झुका लिया।

रामनाथ ने कहा—मधुबन! कुछ ही दिनों में एक नई घटना होने वाली है। वह अच्छी होगी या बुरी, नहीं कह सकता। किंतु उसके लिए हम सबको प्रस्तुत रहना चाहिए।

क्या?—मधुबन ने सशंक होकर पूछा।

शैला को मैं हिंदू-धर्म की दीक्षा दूंगा।—स्थिर भाव से रामनाथ ने कहा। मधुबन ने उद्विग्न होकर कहा—तो इसमें क्या कुछ अनिष्ट की संभावना है?

विधाता का जैसा विधान होगा, वही होगा। किंतु ब्राह्मण का जो कर्तव्य है, वह करूंगा।

तो मेरे लिए क्या आज्ञा है? मैं तो सब तरह प्रस्तुत हूं।

हूं, और उसी दिन तुम्हारा ब्याह भी होगा!

उसी दिन!—वह लज्जित होकर कह उठा। तितली चली गई।

क्यों, इसमें तुम्हें आश्चर्य किस बात का है? राजकुमारी की स्वीकृति मुझे मिल

ही जाएगी, इसकी मुझे पक्की आशा है।

जैसा आप कहिए।—उसने विनम्र होकर उत्तर दिया। किंतु मन-ही-मन बहुत-सी बातें सोचने लगा—तितली को लेकर घर-बार करना होगा। और भी क्या-क्या...

रामनाथ ने बाधा देकर कहा—आज पाठ न होगा। तुम कई दिन से घर नहीं गए हो, जाओ!

वह भी छुट्टी चाहता ही था। मन में नई-नई आशाएं, उमंग और लड़कपन के-से प्रसन्न विचार खेलने लगे। वह शेरकोट की ओर चल पड़ा।

रामनाथ स्थिर दृष्टि से आकाश की ओर देखने लगा। उसके मुंह पर स्फूर्ति थी; पर साथ में चिंता भी थी उपने शुभ संकल्पों की—और उसमें बाधा पड़ने की संभावना थी। फिर वह क्षण-भर के लिए अपनी विजय निश्चित समझते हुए मुस्कुरा उठे। बनजरिया की हरियाली में वह टहलने लगे।

उनके मन में इस समय हलचल हो रही थी कि ब्याह किसी रीति से किया जाय। बारात तो आवेगी नहीं। मधुबन यह चाहेगा तो? पर मैं व्यर्थ का उपद्रव बढ़ाना नहीं चाहता। तो भी उसके और तितली के लिए कपड़े तो चाहिए ही; और मंगल-सूचक कोई आभरण तितली के लिए! अरे, मैंने अभी तक किया क्या?

वह अपनी असावधानी पर झल्लाते हुए झोंपड़ी के भीतर कुछ ढूंढ़ने चले। किंतु पीछे फिर कर देखते हैं, तो राजकुमारी रामदीन की नानी के साथ खड़ी है। उन्होंने कहा—आओ, तुम्हारी प्रतीक्षा में था। बैठो।

राजकुमारी ने बैठते हुए कहा—मैं आज एक काम से आई हूं।

मैं अभी-अभी तुम्हारे आने की बात सोच रहा था; क्योंकि अब कितने दिन रही गए हैं?

नहीं बाबाजी! ब्याह तो नहीं होगा।—उसने साहस से कह दिया।

क्यों? नहीं क्यों होगा?—रामनाथ ने आश्चर्य से पूछा।

ऐसे निठल्ले से तितली का ब्याह करके उस लड़की को क्या भाड़ में झोंकना है। आज कई दिनों से वह घर भी नहीं आता। मैं मर-कुट कर गृहस्थी का काम चलाती हूं। बाबाजी, इतने दिनों से आपने भी मुझे इसी गांव में देखा-सुना है। मैं अपने दुःख के दिन किस तरह काट रही हूं।—कहते-कहते राजकुमारी की आंखों में आंसू भर आए।

रामनाथ हतबुद्धि-से उस स्त्री का अभिनय देखने लगे, जो आज तक अपनी चरित्र-दृढ़ता की यश-पताका गांव-भर में ऊंची किए हुए थी!

राजकुमारी का, दारिद्र्य में रहते हुए भी, कुलीनता का अनुशासन सब लोग जानते थे। किंतु सहसा आज यह कैसा परिवर्तन!

रामनाथ ने पूरे, बल से इस लीला का प्रत्याख्यान करने का मन में संकल्प कर लिया। बोले—सुनो राजो, ब्याह तो होगा ही। जब बात चल चुकी है, तो उसे

करना ही होगा। इसमें मैं किसी की बात नहीं सुनूंगा, तुम्हारी भी नहीं। क्या तुम्हारे ऊपर मेरा कुछ अधिकार नहीं है? बेटी, आज ऐसी बात! ना, सो नहीं, ब्याह तो होगा ही।

राजकुमारी तिलमिला उठी थी। उसने क्रोध से जलकर कहा—कैसा होगा? आप नहीं जानते हैं कि जमींदार के घर के लोगों की आंख उस पर है।

इसका क्या अर्थ है राजकुमारी? समझाकर कहो; यह पहेली कैसी?

पहेली नहीं बाबाजी, कुंवर इंद्रदेव से तितली का ब्याह होगा। और मैं कहती हूं कि मैं करा दूंगी।

रामनाथ के सिर के बाल खड़े हो गए। यह क्या कह रही हो तुम? तितली से इंद्रदेव का ब्याह? असंभव है!

असंभव नहीं, मैं कहती हूं न! आप ही सोच लीजिए। तितली कितनी सुखी होगी!

पल-भर के लिए रामनाथ ने भूल की थी। वह एक सुख-स्वप्न था। उन्होंने सम्हलकर कहा—मैं तो मधुबन से ही उसका ब्याह निश्चित कर चुका हूं।

तब दोनों को ही गांव छोड़ना पड़ेगा। और आप तो दो दिन के लिए अपने बल पर जो चाहे कर लेंगे; फिर तो आप जानते हैं कि बनजारिया और शेरकोट दोनों ही निकल जाएंगे और...

रामनाथ चुप होकर विचारने लगे। फिर सहसा उत्तेजित-से बड़बड़ा उठे—तुम भूल करती हो राजो! तितली को मधुबन के साथ परदेश जाना पड़े, यह भी मैं सह लूंगा; पर उसका ब्याह दूसरे से होने पर वह बचेगी नहीं।

राजकुमारी ने अब रूप बदला। बहुत तीखे स्वर से बोली—तो आप मधुबन का सर्वनाश करना चाहते हैं! कीजिए; मैं स्त्री हूं, क्या कर सकूंगी। वह आंखों में आंसू भरे उठ गई।

रामनाथ भी काठ की तरह चुपचाप बैठे नहीं रहे। वह अपनी पोटली टटोलने के लिए झोंपड़ी में चले गए।

जब रामनाथ झोंपड़ी में से कुछ हाथ में लिये बाहर निकले तो मधुबन दिखाई पड़ा। उसका मुंह क्रोध से तमतमा रहा था। कुछ कहना चाहता था; पर जैसे कहने की शक्ति छिन गई हो! रामनाथ ने पूछा—क्या घर नहीं गए?

गया था।

फिर तुरंत ही चले क्यों आए?

वहां क्या करता? देखिए, इधर मैं घर की कोई बात आपसे कहना चाहता था, परंतु डर से कह नहीं सका। राजो...वह कहते-कहते रुक गया।

कहो, कहो। चुप क्यों हो गए?

मैं जब घर पहुंचा, तो मुझे मालूम हुआ कि वह चौबे आज मेरे घर आया

था। उससे बातें करके राजो कहीं चली गई है। बाबाजी...

ओह, तो तुम नहीं जानते। वह तो यहीं आई थी। अभी घर भी तो न पहुंची होगी।

यहां आई थी!

हां, कहने आई थी कि तितली का ब्याह मधुबन से न होकर जमींदार इंद्रदेव से होना अच्छा होगा।

यहां तक। मैंने तो समझा था कि...

पर तुम क्यों इस पर इतना क्रोध और आश्चर्य प्रकट करो! ब्याह तो होगा ही!

मैं वह बात नहीं कह रहा था। मुझे तो तहसीलदार ही की नस ठीक करने की इच्छा थी। अब देखता हूं कि इस चौबे को भी किसी दिन पाठ पढ़ाना होगा। वह लफंगा किस साहस पर मेरे घर पर आया था! आप कहते हैं क्या! मैं तो उसका खून भी पी जाऊंगा।

रामनाथ ने उसके बढ़ते हुए क्रोध को शांत करने की इच्छा से कहा—सुनो मधुबन! राजो फिर भी तो स्त्री है। उसे तुम्हारी भलाई का लोभ किसी ने दिया होगा। वह बेचारी उसी विचार से...

नहीं बाबाजी। इसमें कुछ और भी रहस्य है। वह चाहे मैं अभी नहीं समझ सका हूं...।—कहते-कहते मधुबन सिर नीचा करके गंभीर चिंता में निमग्न हो गया।

अंत में रामनाथ ने दृढ़ स्वर से कहा—पर तुमको तो आज ही शहर जाना होगा। यह लो रुपये सब वस्तुएं इसी सूची के अनुसार आ जानी चाहिए।

मधुबन ने हताश होकर रामनाथ की ओर देखा; फिर वह वृद्ध अविचल था।

मधुबन को शहर जाना पड़ा।

दूर से तितली सब सुनकर भी जैसे कुछ नहीं सुनना चाहती थी। उसे अपने ऊपर क्रोध आ रहा था। वह क्यों ऐसी विडंबना में पड़ गई! उसको लेकर इतनी हलचल! वह लाज में गड़ी जा रही थी।

7

शैला का छोटी कोठी से भी हट जाना रामदीन को बहुत बुरा लगा। वह माधुरी, श्यामदुलारी और इंद्रदेव से भी मन-ही-मन जलने लगा। लड़का ही तो था, उसे अपने साथ स्नेह से व्यवहार करने वाली शैला के प्रति तीव्र सहानुभूति हुई। वह बिना समझे-बूझे मलिया के कहने पर विश्वास कर बैठा कि शैला को छोटी कोठी से हटाने

में गहरी चालबाजी है, अब वह इस गांव में भी नहीं रहने पावेगी, नील-कोठी में भी कुछ ही दिनों की चहल-पहल है।

रामदीन रोष से भर उठा। वह कोठी का नौकर है। माधुरी ने कई हेर-फेर लगाकर उसे नील-कोठी जाने से रोक लिया। मेम साहब का साथ छोड़ना उसे अखर गया। शैला ने जाते-जाते उसे एक रुपया देकर कहा—रामदीन, तुम यहीं काम करो। फिर मैं मांजी से कहकर बुला लूंगी! अच्छा न!

लड़के का विद्रोही मन इस सांत्वना से धैर्य न रख सका। वह रोने लगा। शैला के पास कोई उपाय न था। वह तो चली गई। किंतु, रामदीन उत्पाती जीव बन गया। दूसरे ही दिन उसने लैम्प गिरा दिया। पानी भरने का तांबे का घड़ा लेकर गिर पड़ा। तरकारी धोने ले जाकर सब कीचड़ से भर लाया। मलिया को चिकोटी काटकर भागा। और, सबसे अधिक बुरा काम किया उसने माधुरी के सामने तरेर कर देखने का, जब उसको अनवरी को मुंह चिढ़ाने के लिए वह डांट रही थी।

उसका सारा उत्पात देखते-देखते इतना बढ़ा कि बड़ी कोठी में से कई चीजें खो जाने लगीं। माधुरी तो उधार खाए बैठी थी। अब अनवरी की चमड़े की छोटी-सी थैली भी गुम हो गई; तब तो रामदीन पर बे-भाव की पड़ी। चोरी के लिए वह अच्छी तरह पिटा; पर स्वीकार करने के लिए वह किसी भी तरह प्रस्तुत नहीं।

माधुरी ने स्वभाव के अनुसार उसे खूब पीटने के लिए चौबे से कहा। चौबेजी ने कहा—यह पाजी पीटने से नहीं मानेगा। इसे तो पुलिस में देना ही चाहिए। ऐसे लौंडों की दूसरी दवा ही नहीं।

माधुरी ने इंद्रदेव को बुलाकर उसका सब वृत्तांत कुछ नोन-मिर्च लगाकर सुनाते हुए पुलिस में भेजने के लिए कहा। इंद्रदेव ने सिर हिला दिया। वह गंभीर होकर सोचने लगे। बात क्या है! शैला के यहां से जाते ही रामदीन को हो क्या गया!

इसमें भी आप सोच रहे हैं! भाई साहब, मैं कहती हूं न, इसे पुलिस में अभी दीजिए, नहीं तो आगे चलकर यह पक्का चोर बनेगा और यह देहात इसके अत्याचार से लुट जायगा।—माधुरी ने झल्लाकर कहा।

इंद्रदेव को माधुरी की इस भविष्यवाणी पर विश्वास नहीं हुआ। उन्होंने कहा—लड़कों को इतना कडा दंड देने से सुधार होने की संभावना तो बहुत ही कम होती है, उलटे उनके स्वभाव में उच्छृंखलता बढ़ती है। उसे न हो तो शैला के पास भेज दो। वहां ठीक रहेगा।

माधुरी आग हो गई—उन्हीं के साथ रहकर तो बिगड़ा है। फिर वहां न भेजूंगी। मैं कहती हूं, भाई साहब, इसे पुलिस में भेजना ही होगा।

अनवरी ने भी दूसरी ओर से आकर क्रोध और उदासी से भरे स्वर में कहा—दूसरा कोई उपाय नहीं।

अनवरी का बेग गुम हो गया था, इस पर भी विश्वास करना ही पड़ा। इंद्रदेव को अपने घरेलू संबंध में इस तरह अनवरी का सब जगह बोल देना बहुत दिनों से खटक रहा था। किंतु आज वह सहज ही सीमा को पार कर गया। क्रोध से भरकर प्रतिवाद करने जाकर भी वह रुक गए। उन्होंने देखा कि हानि तो अनवरी की ही हुई है, यहां तो उसे बोलने का नैतिक अधिकार ही है।

रामदीन बुलाया गया। अनवरी पर जो क्रोध था उसे किसी पर निकालना ही चाहिए; और जब दुर्बल प्राणी सामने हो तो हृदय के संतोष के लिए अच्छा अवसर मिल जाता है। रामदीन ने सामने आते ही इंद्रदेव का रूप देखकर रोना आरंभ किया। उठा हुआ थप्पड़ रुक गया। इंद्रदेव ने डांटकर पूछा—क्यों बे, तूने मनीबेग चुरा लिया है?

मैंने नहीं चुराया। मुझे निकालने के लिए डॉक्टर साहब बहुत दिनों से लगी हुई हैं। एं-एं-एं! एक दिन कहती भी थीं कि तुझे पुलिस में भेजे बिना मुझे चैन नहीं। दुहाई सरकार की, मेरा खेत छुड़ाकर मेरी नानी को भूखों मारने की भी धमकी देती थीं।

इंद्रदेव ने कड़ककर कहा—चुप बदमाश! क्या तुमसे उनकी कोई बुराई है जो वह ऐसा करेंगी?

मैं जो मेम साहब का काम करता हूं! मलिया भी कहती थी कि बीबी रानी मेम साहब को निकालकर छोड़ेंगी और तुमको भी...हूं-हूं-ऊं-ऊं!

उसका स्वर तो ऊंचा हुआ, पर बीबी-रानी अपना नाम सुनकर क्षोभ और क्रोध से लाल हो गईं।—सुना न, इस पाजी का हौसला देखिए। यह कितनी झूठी-झूठी बातें भी बना सकता है।—कहकर भी माधुरी रोने-रोने हो रही थी। आगे उसके लिए बोलना असंभव था। बात में सत्यांश था। वह क्रोध न करके अपनी सफाई देने की चेष्टा करने लगी। उसने कहा—बुलाओ तो मलिया को; कोई सुनता है कि नहीं!

इंद्रदेव ने विषय का भीषण आभास पाया। उन्होंने कहा—कोई काम नहीं। इस शैतान को पुलिस में देना ही होगा। मैं अभी भेजता हूं।

रामदीन की नानी दौड़ी आई। उसके रोने-गाने पर भी इंद्रदेव को अपना मत बदलना ठीक न लगा। हां, उन्होंने रामदीन को चुनार के रिफार्मेटरी में भेजने के लिए मजिस्ट्रेट को चिट्ठी लिख दी।

शैला के हटते ही उसका प्रभु-भक्त बाल-सेवक इस तरह निकाला गया!

इंद्रदेव ने देखा कि समस्या जटिल होती जा रही है। उसके मन में एक बार यह विचार आया कि वह यहां से जाकर कहीं पर अपनी बैरिस्टरी की प्रेक्टिस करने लगें। परंतु शैला! अभी तो उसके काम का आरंभ हो रहा है। वह क्या समझेगी। मेरी कायरता पर उसे कितनी लज्जा होगी। और मैं ही क्यों ऐसा करूं। रामदीन के लिए अपना घर तो बिगाड़ूंगा नहीं। पर यह चाल कब तब चलेगी।

एक छोटे-से घर में साम्राज्य की-सी नीति बरतने में उन्हें बड़ी पीड़ा होने लगी। अधिक न सोचकर वह बाहर घूमने चले गए।

शैला को रामदीन की बात तब मालूम हुई, जब वह मजिस्ट्रेट के इजलास पर पहुंच चुका था और पुलिस ने किसी तरह अपराध प्रमाणित कर दिया था! साथ ही, इंद्रदेव-जैसे प्रतिष्ठित जमींदार का पत्र भी रिफ़ार्मेटरी भेजने के लिए पहुंच गया था।

8

शैला का सब सामान नील-कोठी में चला गया था। वह छावनी में आई थी। कल के संबंध में कुछ इंद्रदेव से कहने; क्योंकि इंद्रदेव को उसके भावी धर्मपरिवर्तन की बात नहीं मालूम थी।

भीतर से कृष्णमोहन चिक हटाकर निकला। उसने हंसते हुए नमस्कार किया। शैला ने पूछा—बड़ी सरकार कहां हैं?

पूजा पर।

और बीबी-रानी?

मालूम नहीं—कहता हुआ कृष्णमोहन चला गया।

शैला लौटकर इंद्रदेव के कमरे के पास आई। आज उसे वही कमरा अपरिचित-सा दिखाई पड़ा! मलिया को उधर से आते हुए देखकर शैला ने पूछा—इंद्रदेव कहां हैं?

एक साहब आए हैं। उन्हीं के पास छोटी कोठी गए हैं? आप बैठिए। मैं बीबी-रानी से कहती हूं।

शैला कमरे के भीतर चली गई! सब अस्त-व्यस्त! किताबें बिखरी पड़ी थीं। कपड़े खूंटियों पर लदे हुए थे। फूलदान में कई दिन का गुलाब अपनी मुरझाई हुई दशा में पंखुरियां गिरा रहा था। गर्द की भी कमी नहीं। वह एक कुर्सी पर बैठ गई।

मलिया ने लैम्प जला दिया। बैठे-बैठे कुछ पढ़ने की इच्छा से शैला ने इधर-उधर देखा। मेज पर जिल्द बंधी हुई एक छोटी-सी पुस्तक पड़ी थी। वह खोलकर देखने लगी।

किंतु वह पुस्तक न होकर इंद्रदेव की डायरी थी। उसे आश्चर्य हुआ—इंद्रदेव कब से डायरी लिखने लगे।

शैला इधर-उधर पन्ने उलटने लगी। कुतूहल बढ़ा। उसे पढ़ना ही पड़ा—सोमवार की आधी रात थी। लैम्प के सामने पुस्तक उलटकर रखने जा रहा था। मुझे झपकी आने लगी थी। चिक के बाहर किसी की छाया का आभास मिला—मैं आंख मींचकर

कहना ही चाहता था–'कौन'? फिर न जाने क्यों चुप रहा। कुछ फुसफुसाहट हुई। दो स्त्रियां बातें करने लगी थीं। उन बातों में मेरी भी चर्चा रही। मुझे नींद आ रही थी। सुनता भी जाता था। वह कोई संदेश की बात थी। मैं पूरा सुनकार भी सो गया। और नींद खुलने पर जितना ही मैं उन बातों का स्मरण करना चाहता, वे भूलने लगीं। मन में न जाने क्यों घबराहट हुई; किंतु उसे फिर से स्मरण करने का कोई उपाय नहीं। अनावश्यक बातें आज-कल मेरे सिर में चक्कर काटती रही हैं। परंतु जिसकी आवश्यकता होती है, वे तो चेष्टा करने पर भी पास नहीं आतीं। मुझे कुछ विस्मरण का रोग हो गया है क्या? तो मैं लिख लिया करूं।

मैं सब कुछ समीप होने पर चिंतित क्यों रहता हूं। चिंता अनायास घेर लेती है। जान पड़ता है कि मेरा कौटुम्बिक जीवन बहुत ही दयनीय है। ऊपर से तो कहीं भी कोई कभी नहीं दिखाई देती। फिर भी, मुझे धीरे-धीरे विश्वास हो चला है कि भारतीय सम्मिलित कुटुंब की योजना की कड़ियां चूर-चूर हो रही हैं। वह आर्थिक संगठन अब नहीं रहा, जिसमें कुल का एक प्रमुख सबके मस्तिष्क का संचालन करता हुआ रुचि की समता का भार ठीक रखता था। मैंने जो अध्ययन किया है, उसके बल पर इतना तो कही सकता हूं कि हिंदू समाज की बहुत-सी दुर्बलताएं इस खिचरी-कानून के कारण हैं। क्या इसका पुनर्निर्माण नहीं हो सकता। प्रत्येक प्राणी, अपनी व्यक्तिगत चेतना का उदय होने पर, एक कुटुम्ब में रहने के कारण अपने को प्रतिकूल परिस्थिति में देखता है। इसलिए सम्मिलित कुटुंब का जीवन दुखदाई हो रहा है।

सब जैसे-भीतर-भीतर विद्रोही! मुंह पर कृत्रिमता और उस घड़ी की प्रतीक्षा में ठहरे हैं कि विस्फोट हो तो उछलकर चले जाएं।

माधुरी कितनी स्नेहमयी थी। मुझे उसकी दशा का जब स्मरण होता है, मन में वेदना होती है। मेरी बहन! उसे कितना दुख है। किंतु जब देखता हूं कि वह मुझसे स्नेह और सांत्वना की आशा करने वाली निरीह प्राणी नहीं रह गई है, वह तो अपने लिए एक दृढ़ भूमिका चाहती है, और चाहती है, मेरा पतन, मुझी से विरोध, मेरी प्रतिद्वंद्विता! तब तो हृदय व्यथित हो जाता है। यह सब क्यों? आर्थिक सुविधा के लिए!

और मां–जैसे उनके दोनों हाथ दो दुर्दांत व्यक्ति लूटने वाले–पकड़कर अपनी ओर खींच रहे हों, द्विविधा में पड़ी हुई, दोनों के लिए प्रसन्नता–दोनों को आशीर्वाद देने के लिए प्रस्तुत! किंतु फिर भी झुकाव अधिक माधुरी की ओर! माधुरी को प्रभुत्व चाहिए। प्रभुत्व का नशा, ओह कितना मादक है! मैंने थौड़ी-सी पी है। किंतु मेरे घर की स्त्रियां तो इस एकाधिकार के वातावरण में मुझसे भी अधिक! सम्मिलित कुटुंब कैसे चल सकता है?

मुझे पुत्र-धर्म का निर्वाह करना है। मातृ-भक्ति, जो मुझमें सच्ची थी, कृत्रिम होती जा रही है। क्यों? इसी खींचा-तानी से। अच्छा तो मैं क्यों इतना पतित होता जा रहा हूं। मैंने बैरिस्टरी पास की हैं मैं तो अपने हाथ-पैर चला कर भी आनंद से रह सकता हूं। किंतु यह आर्थिक व्यथा ही तो नहीं रही। इसमें अपने को जब दूसरों के विरोध का लक्ष्य बना हुआ पाता हूं, तो मन की प्रतिक्रिया प्रबल हो उठती है। तब पुरुष के भीतर अतीतकाल से संचित अधिकार का संस्कार गरज उठता है।

और भी मेरे परिचय के संबंध में इन लोगों को इतना कुतूहल क्यों? इतना विरोध क्यों? मैं तो उसे स्पष्ट षड्यंत्र कहूंगा। तो ये लोग क्या चाहती हैं कि बच्चा बना रहूं।

यह तो हुई दूसरी बात। हां जी दूसरे, अपने कहां? अच्छा, अब अपनी बात। मैं किसी माली की संकरी क्यारी का कोई छोटा-सा पौधा होना बुरा नहीं समझता; किंतु किसी की मुट्ठी में गुच्छे का कोई सुगंधित फूल नहीं बनना चाहता। प्राचीन काल में घरों के भीतर तो इतने किवाड़ नहीं लगते थे। उतनी तो स्वतंत्रता थी। अब तो जगह-जगह ताले, कुण्डियां और अर्गलाएं? मेरे लिए यह असह्य है।

बड़ी-बड़ी अभिलाषाएं लेकर मैं इंग्लैंड से लौटा था। यह सुधार करूंगा, वह करूंगा। किंतु मैं अपने वातावरण में घिरा हुआ बेबस हो रहा हूं। हम लोगों का जातीय जीवन संशोधन के योग्य नहीं रहा। धर्म और संस्कृति! निराशा की सृष्टि है। इतिहास कहता है कि संशोधन के लिए इसमें सदैव प्रयत्न हुआ है। किंतु जातीय जीवन का क्षण बड़ा लम्बा होता है न। जहां हम एक सुधार करते हुए उठने का प्रयत्न करते हैं, वहीं कहीं अनजान में रो-रुलाकर आंसुओं से फिसलन बनाते जाते हैं। जब हम लोग मंदिर के सुवर्ण-कलश का निर्माण करते हैं, तभी उसके साथ कितने पीड़ितों का हृदय-रक्त उसकी चमक बढ़ाने में सहायक होता है।

तो भी आदान-प्रदान, सुख-दुख का विनिमय-व्यापार, चलता ही रहता है। मैं सुख का अधिक भाग लूं और दुख दूसरे के हिस्से रहे, यही इच्छा बलवती होती है। व्यक्ति को छुट्टी नहीं। मुझे क्या करना होगा? मैं दुख का भी भाग लूं?

और अनवरी–

बाहर से चंचल और भीतर से गहरे मनोयोग-पूर्वक प्रयत्न करने वाली चतुर स्त्री है। उस दिन शैला और मधुबन के संबंध में हंसी-हंसी से कितना गंभीर व्यंग्य कर गई। वह क्या चाहती है। हंसते-हंसते अपने यौवन से भरे हुए अंगों को, लोट-पोट होकर असावधानी से, दिखा देने का अभिनय करती है; और कान में आकर कुछ कहने के बहाने हंसकर लौट जाती है। वह धर्म-परिवर्तन की भी बातें करती है। उसे हिंदू आचार-विचार अच्छे लगते हैं। रहन-सहन; पहिनावा और खाना-पीना ठीक-ठीक। जैसे मेरे कुटुंब की स्त्रियां भी उसे अपने में मिला लेने में हिचकेंगी नहीं।

यह मुझे कभी-कभी टटोलती है। पूछती है—'क्या स्त्रियों को शैला की तरह स्वतंत्रा चाहिए? अवरोध और अनुशासन नहीं? मैं तो किसी से भी ब्याह कर लूं और वह इतनी स्वतंत्रता मुझे दे तो मैं ऊब जाऊंगी।' वह हंसी में कहती है। सब हंसने लगती हैं। सब लोगों को शैला पर कही हुई यह बात अच्छी लगती है। और मैं? दबते-दबते मन में अनवरी का समर्थन क्यों करने लगता हूं? वह ढीठ अनवरी—मां से हंसी करती हुई पूछती है, मैं हिंदू हो जाऊं तो मुझे अपनी बहू बनाइएगा?

मां हंस देती हैं।

दूसरे दिन रात को, जब लोग सो रहे थे, मैं ऊंघता हुआ विचार कर रहा था। फिर वैसा ही शब्द हुआ। मैंने पूछा—कौन?

मैं हूं—कहती हुई अनवरी भीतर चली आई। मेरा मन न जाने क्यों उद्विग्न हो उठा।

पढ़ते-पढ़ते शैला ने घबराकर डायरी बंद कर दी। सोचने लगी—इन्द्रदेव कितनी मानसिक हलचल में पड़े हैं और यह अनवरी। केवल इंद्रदेव के परिवार से सहानुभूति के कारण वह मेरे विरुद्ध है, या इसमें कोई और रहस्य है! क्या वह इंद्रदेव को चाहती है?

क्षण-भर सोचने पर उसने कहा—नहीं, वह इंद्रदेव को प्यार कभी नहीं कर सकती।—फिर डायरी के पन्ने खोलकर पढ़ने लगी। उसने सोचा कि मुझे ऐसा न करना चाहिए; किंतु न जाने क्यों उसे पढ़ लेना वह अपना अधिकार समझती थी। हां, तो वह आगे पढ़ने लगी—

...वह मेरे सामने निर्भीक होकर बैठ गई। गंभीर रात्रि, भारतीय वातावरण, उसमें एक युवती का मेरे पास एकांत में बिना संकोच के हंसना-बोलना। शैला के लिए तो मेरे मन में कभी ऐसी भावना नहीं हुई। तब क्या मेरा मन चोरी कर रहा है? नहीं, मैं उसे अपने मन से हटाता हूं। अरे, उसे क्यों, अनवरी को? नहीं। उसके प्रति अपने संदिग्ध भाव को। मुझे वह छिछोरापन भला नहीं लगा। वह भी कहने लगी।—मैं संस्कृत पढ़ूंगी, पूजा-पाठ करूंगी। कुंवर साहब! मुझे हिंदू बनाइए न।—किंतु उसमें इतनी बनावट थी कि मन में घृणा के भाव उठने लगे। किंतु मेरा पाखंड-पूर्ण मन...कितने चक्कर काटता है?

शैला—सामने घुसती हुई चली जाने वाली सरल और साहसभरी युवती। फिर वह तितली-सी ग्रामीण बालिका क्यों बनने की चेष्टा कर रही है? क्या मेरी दृष्टि में उसका यह वास्तविक आकर्षण क्षीण नहीं हो जाएगा? वह तितली बनकर मेरे हृदय में शैला नहीं बनी रहेगी। तब तो उस दिन तितली को ही जैसा मैंने देखा; वह कम सुंदर न थी।

अरे-अरे, मैं क्या चुनाव कर रहा हूं। मुझे कौन-सी स्त्री चाहिए!—हां, प्रेम चतुर मनुष्य के लिए नहीं, वह तो शिशु-से सरल हृदयों की वस्तु है। अधिकतर मनुष्य

चुनाव ही करता है, यदि परिस्थिति वैसी हो। मैं स्वीकार करता हूं कि संसार की कुटिलता मुझे अपना साथी बना रही है। वह मित्र-भाव तो शैला का साथ न छोड़ेगा। किंतु मेरी निष्कपट भावना...जैसे मुझसे खो गई है। मुझे संदेह होने लगा है कि शैला को वैसा ही प्यार करता हूं, या नहीं!

मनुष्य का हृदय, शीतकाल की उस नदी के समान जब हो जाता है—जिसमें ऊपर का कुछ जल बरफ की कठोरता धारण कर लेता है, तब उसके गहन तल में प्रवेश करने का कोई उपाय नहीं। ऊपर-ऊपर भले ही वह पार की जा सकती है। आज प्रवंचनाओं की बरफ की मोटी चादर मेरे हृदय पर ओढ़ा दी गई है। मेरे भीतर का तरल जल बेकार हो गया है, किसी की प्यास नहीं बुझा सकता। कितनी विवशता है!

शैला ने डायरी रख दी।

इंद्रदेव आ गए, तब भी वह आंख मूंद कर बैठी रही। इंद्रदेव ने उसके सिर पर हाथ रखकर कहा—शैला?

अरे, कब आ गए? मैं कितनी देर से बैठी हूं!

मैं चला गया था मिस्टर वाट्सन से मिलने। कोआपरेटिव बैंक के संबंध में और चकबंदी के लिए वह आए हैं। कल ही तो तुम्हारा औषधालय खुलेगा। इस उत्सव में उनका आ जाना अच्छा हुआ। तुम्हारे अगले कामों में सहायता मिलेगी।

हां, पर मैं एक बात तुमसे पूछने आई हूं।

वह क्या?

कल मैं बाबा रामनाथ से हिंदू-धर्म की दीक्षा लूंगी।

अच्छा! यह खिलवाड़ तुम्हें कैसे सूझा? मैंने तो...

नहीं, तुम इस मेरे धर्म-परिवर्तन का कोई दूसरा अर्थ न निकालो। इसका कुछ भी बोझ तुम्हारे ऊपर नहीं है।

अवाक् होकर इंद्रदेव ने शैला की ओर देखा। वह शांत थी। इंद्रदेव ने साहस एकत्र करके कहा—तब जैसी तुम्हारी इच्छा!

तुम भी सवेरे ही बनजरिया में आना। आओगे न?

आऊंगा। किंतु मैं फिर पूछता हूं कि—यह क्यों?

प्रत्येक जाति में मनुष्य को बाल्यकाल ही में एक धर्म-संघ का सदस्य बना देने की मूर्खतापूर्ण प्रथा चली आ रही है। जब उसमें जिज्ञासा नहीं, प्रेरणा नहीं, तब उसके धर्म-ग्रहण करने का क्या तात्पर्य हो सकता है? मैं आज तक नाम के लिए ईसाई थी। किंतु धर्म का रूप समझ कर उसे मैं अब ग्रहण करूंगी। चित्रपट पहले शुभ्र होना चाहिए, नहीं तो उस पर चित्र बदरंग और भद्दा होगा। मैं हृदय का चित्रपट साफ कर रही हूं—अपने उपास्य का चित्र बनाने के लिए।

इंद्रदेव, उपास्य को जानने के लिए उद्विग्न हो गए थे। वह पूछना ही चाहते थे कि बीच में टोककर शैला ने कहा—और मुझे क्षमा भी मांगनी है।

किसी बात की?

मैं यहां बैठी थी, अनिच्छा से ही अकेले बैठे-बैठे तुम्हारी डायरी के कुछ पृष्ठ पढ़ लेने का अपराध मैंने किया है।

तब तुमने पढ़ लिया? अच्छा ही हुआ। यह रोग मुझे बुरा लग रहा था—कहकर इंद्रदेव ने अपनी डायरी फाड़ डाली!

किंतु उपास्य को पूछने की बात उनके मन में दब गई।

दोनों ही हंसकर बिदा हुए।

9

बनजरिया का रूप आज बदला हुआ है। झोंपड़ी के मुंह पर चूना, धूल-भरी धरा पर पानी का छिड़काव, और स्वच्छता से बना हुआ तोरण और कदली के खम्भों से सजा हुआ छोटा-सा मंडप, जिसमें प्रज्वलित अग्नि के चारों ओर बाबा रामनाथ, तितली, शैला और मधुबन बैठे हुए हवन-विधि पूरी कर रहे थे। दीक्षा हो चुकी थी। रामनाथ के साथ शैला ने प्रार्थना की—

'असतो मा सद्गमय, तमसो मा ज्योतिर्गमय, मृत्योर्मामृतंगमय।'

एक दरी पर सामने बैठे हुए मिस्टर वाट्सन, इंद्रदेव, अनवरी और सुखदेव चौबे चकित होकर यह दृश्य देख रहे थे। शैला सचमुच अपनी पीली रेशमी साड़ी में चम्पा की कली-सी बहुत भली लग रही थी। उसके मस्तक पर रोली का अरुण बिंदु जैसे प्रमुख होकर अपनी ओर ध्यान आकर्षित कर रहा था। किंतु मधुबन और तितली भी पीले रेशमी वस्त्र पहने हुए थे। तितली के मुख पर सहज लज्जा और गौरव था। मधुबन का खुला हुआ दाहिना कंधा अपनी पुष्टि में बड़ा सुंदर दिखाई पड़ता था। उसका मुख हवन के धुएं से मंजे हुए तांबे के रंग का हो रहा था। छोटी-मूंछें कुछ ताव में चढ़ी थीं। किसी आने वाली प्रसन्नता की प्रतीक्षा में आंखें हंस रही थीं। वही गंवार मधुबन जैसे आज दूसरा हो गया था! इंद्रदेव उसे आश्चर्य से देख रहे थे और तितली अपनी सलज्ज कांति में जैसे शिशिर-कणों से लदी हुई कुंदकली की मालिका-सी गंभीर सौंदर्य का सौरभ बिखेर रही थी। इंद्रदेव उसको भी परख लेते थे।

उधर मिस्टर वाट्सन शैला को कुतूहल से देख रहे थे। मन में सोचते थे कि 'यह कैसा है?' शैला के चारों ओर जो भारतीय वायुमंडल हवन-धूम, फूलों और हरियाली

की सुगंध में स्निग्ध हो रहा था, उसने वाट्सन के हृदय पर से विरोध का आवरण हटा दिया था; उसके सौंदर्य में वह श्रद्धा और मित्रता को आमंत्रित करने लगा। उन्होंने इंद्रदेव से पूछा—कुंवर साहब! यह जो कुछ हो रहा है, उसमें आप विश्वास करते हैं न?

इंद्रदेव ने अपने गौरव पर और भी रंग चढ़ाने के लिए उपेक्षा से मुस्कराकर कहा—तनिक भी नहीं। हां, मिस शैला की प्रसन्नता के लिए उनके उत्साह में भाग लेना मेरे लिए आदर की बात है। मुझे इस गुरुडम में कोई कल्याण की बात समझ में नहीं आती। मनुष्य को अपने व्यक्तित्व में पूर्ण विकास करने की क्षमता होनी चाहिए। उसे बाहरी सहायता की आवश्यकता नहीं।

आपकी यह बात मेरी समझ में नहीं आई। विकास अव्यवस्थित तो होगा नहीं। उसे एक सरल मार्ग से चलना चाहिए। आपका यही कहना है न कि मनुष्य पर मानसिक नियंत्रण उसकी विचार-धारा को एक संकरे पथ से ले चलता है—वह जीवन के मुक्त विकास से परिचित नहीं होता? किंतु जिसके व्यक्तित्व में अदृष्ट ने अपने हाथों से सहायता दी है, वह उन बाधाओं से अनजान है, जो संसार के जंगल में भटकने वाले निस्संबल प्राणी के सामने आती हैं।

फिर मुस्कराकर वाट्सन ने कहा—स्वतंत्र इंग्लैंड में रह आने के कारण आप वाट्सन को हौवा नहीं समझते; किंतु मैं अनुभव करता हूं कि यहां के अन्य लोग मेरी कितनी धाक मानते हैं। उनके लिए मैं देवता हूं या राक्षस, साधारण मनुष्य नहीं। यह विषमता क्या परिस्थितियों से उत्पन्न नहीं हुई है?

इंद्रदेव को अपने सांपत्तिक आधार पर खड़ा करके जो वाट्सन ने व्यंग्य किया, वह उन्हें तीखा लगा। इन्द्रदेव ने खीझकर कहा—मेरी सुविधाएं मुझे मनुष्य बनाने में समर्थ हुई हैं कि नहीं, यह तो मैं नहीं कह सकता; किंतु मेरी संपत्ति में जीवन को सब तरह की सुविधा मिलनी चाहिए। यह मैं नहीं मानता कि मनुष्य अपने संतोष से ही सम्राट् हो जाता है और अभिलाषाओं से दरिद्र। मानव-जीवन लालसाओं से बना हुआ सुंदर चित्र है। उसका रंग छीनकर उसे रेखा-चित्र बना देने से मुझे संतोष नहीं होगा। उसमें कहे जाने वाले पुण्य-पाप की सुवर्ण कालिमा, सुख-दुःख की आलोक-छाया और लज्जा-प्रसन्नता की लाली-हरियाली उद्भासित हो। और चाहिए उसके लिए विस्तृत भूमिका, जिसमें रेखाएं उन्मुक्त होकर विकसित हों।

वाट्सन अपने अध्ययन और साहित्यिक विचारों के कारण ही शासन-विभाग से बदलकर प्रबंध में भेज दिए गए थे। उन्होंने इंद्रदेव का उत्तर देने के लिए मुंह खोला ही था कि शैला अपनी दीक्षा समाप्त करके प्रणाम करने आ गई। वाट्सन ने हंसकर कहा—मिस शैला, मैं तुमको बधाई देता हूं। तुम्हारा और भी मानसिक विकास हो, इसके लिए आशीर्वाद भी।

इंद्रदेव कुछ कहने नहीं पाए थे कि अनवरी ने कहा—और मैं तो मिस शैला की चेली बनूंगी! बहुत जल्द!

इंद्रदेव ने उसकी चपलता पर खीझकर कहा—उसके लिए—अभी बहुत देर है मिस अनवरी।

फिर उसने अपने हाथ का फलों का गुच्छा आशीर्वाद-स्वरूप शैला की ओर बढ़ा दिया। शैला ने कृतज्ञतापूर्वक उसे लेकर माथे से लगा किया और इंद्रदेव के पास ही बैठ गई।

रामनाथ ने एक-एक माला सबको पहना दी और कहा—आप लोगों से मेरी एक और भी प्रार्थना है। कुछ समय तो लगेगा; किंतु आप लोग भी ठहरकर मेरे शिष्य मधुबन और तितली के विवाह में आशीर्वाद देंगे तो मुझे अनुगृहीत करेंगे।

इंद्रदेव तो चुप रह। उनके मन में इस प्रसंग से न जाने क्यों विरक्ति हुई। अनवरी चुप रहने वाली न थी। उसने हंसकर कहा—वाह! तब तो ब्याह की मिठाई खाकर ही जाऊंगी।

तितली और मधुबन अभी वेदी के पास बैठे थे, सुखदेव किसी की प्रतीक्षा में इधन-उधर देख रहे थे कि तहसीलदार साहब आते हुए दिखाई पड़े।

सुखदेव ने उठकर उनके कानों में कुछ कहा। तहसीलदार की कुतरी हुई छोटी-छोटी मूंछें, कुछ फूले हुए तेल से चुपड़े गाल-जैसा कि उतरती हुई अवस्था के सुखी मनुष्यों का प्रायः दिखाई पड़ता है, नीचे का मोटा लटकता हुआ होंठ, बनावटी हंसी हंसने की चेष्टा में व्यस्त, पट्टेदार बालों पर तेल से भरी पुरानी काली टोपी, कुटिलता से भरी गोल-गोल आंखें किसी विकट भविष्य की सूचना दे रही थीं। उन्होंने लम्बा सलाम करते हुए इंद्रदेव से कहा—मैं एक जरूरी काम से चला गया था। इसी से...

इंद्रदेव को इस विवरण की आवश्यकता न थी। उन्होंने पूछा—नील-कोठी से आप हो आए? वहां का प्रबंध सब ठीक है न।

हां—एक बात आपसे कहना चाहता हूं।

इंद्रदेव उठकर तहसीलदार की बात सुनने लगे। उधर वेदी के पास ब्याह की विधि आरंभ हुई। शैला भी वहां चली गई थी। मधुबन आहुतियां दे रहा था और तितली निष्कंप दीप-शिखा-सी उसकी बगल में बैठी हुई थी।

सहसा दो स्त्रियां वहां आकर खड़ी हो गईं। आगे तो राजकुमारी थी। उसके पीछे कौन थी, यह अभी किसी को नहीं मालूम। राजकुमारी की आंखें जल रही थीं। उसने क्रोध से कहा, बाबाजी, किसी का घर बिगाड़ना अच्छा नहीं। मेरे मना करने पर भी आप ब्याह करा रहे हैं। किसी लड़के को फुसलाना आपको शोभा नहीं देता।

दूसरी स्त्री चादर के घूंघट में से ही बिलखकर कहने लगी—क्या इस गांव में

कोई किसी की सुनने वाला नहीं? मेरी भतीजी का ब्याह मुझसे बिना पूछे करने वाला यह बाबा कौन होता है? हे राम! यह अंधेर!

मिस्टर वाट्सन उठकर खड़े हो गए। अनवरी के मुख पर व्यंग्यपूर्ण आश्चर्य था और सुखदेव के क्रोध का तो जैसे कुछ ठिकाना ही न था। उन्होंने चिल्लाकर कहा—सरकार, आप लोगों के रहते ऐसा अन्याय न होना चाहिए।

क्षण-भर के लिए मधुबन रुककर क्रोध से सुखदेव की ओर देखने लगा। वह आसन छोड़कर उठने ही वाला था। वह जैसे नींद से सपना देखकर बोलने का प्रयत्न करते हुए मनुष्य के समान अपने क्रोध से असमर्थ हो रहा था।

उधर रामनाथ ने चारों आरे देखकर गंभीर स्वर से कहा—शांत हो मधुबन! अपना काम समाप्त करो। यह सब तो जो हो रहा है, उसे होने दो।

और तितली की दशा, ठीक गांव के समीप रेवले-लाइन के तार को पकड़े हुए उस बालक-सी थी, जिसके सामने से डाक-गाड़ी भक्-भक् करती हुई निकल जाती है—सैकड़ों सिर खिड़कियों से निकले रहते हैं, पर पहचान में एक भी नहीं आते, न तो उनकी आकृति या वर्णरेखाओं का ही कुछ पता चलता है। वह अपनी सारी विडम्बना को हटाकर अपनी दृढ़ता में खड़ी रहने का प्रयत्न करने लगी थी।

तो भी रामनाथ की आज्ञाओं का—आदेशों का अक्षरशः—पालन हो रहा था! तहसीलदार और इंद्रदेव वापस चले आए थे। तहसीलदार ने कहा—बाबाजी! आप यह काम अच्छा नहीं कर रहे हैं। तितली के घरवालों की संमति के बिना उसका ब्याह अपराध तो है ही, उसका कोई अर्थ भी नहीं।

इंद्रदेव को चुप देखकर रामनाथ ने कहा—क्या आपकी भी यही संमति है?

हां-नहीं-उन लोगों से तो आपको पूछ लेना...

किन लोगों से? तितली की बुआ! कहां थी वह—जब तितली मर रही थी पानी के बिना? और फिर आपको भी विश्वास है कि यह तितली की बुआ ही है? मैं भी इस गांव की सब बातें जानता हूं। रह गई मधुबन की बात, सो अब वह लड़का नहीं है; उसे कोई भुलावा नहीं दे सकता।

रामनाथ ने फिर अपनी शेष विधि पूरी की। उधर दोनों स्त्रियां उछल-कूद मचा रही थीं।

अनवरी ने धीरे-से वाट्सन से कहा—क्या आपको इसमें कुछ न बोलना चाहिए?

कुछ सोचकर वाट्सन ने कहा—नहीं, मैं इन बातों को अच्छी तरह जानता भी नहीं, और देखता हूं तो दोनों ही अपना भला-बुरा समझने लायक हैं। फिर मैं क्यों...?

आह! यह मेरा मतलब नहीं था। मैं तो प्राणी का प्राणी से जीवन-भर के संबंध में बंध जाना दासता समझती हूं; उसमें आगे चलकर दोनों के मन में मालिक बनने की विद्रोह-भावना छिपी रहती है। विवाहित जीवनों में, अधिकार जमाने का प्रयत्न

करते हुए स्त्री-पुरुष दोनों ही देखे जाते हैं। यह तो एक झगड़ा मोल लेना है।

ओहो! तब आप एक सिद्धांत की बात कर रही थीं—वाट्सन ने मुस्कराकर कहा।

कुछ भी हो, बाबाजी! आपको इसमें समझ-बूझकर हाथ डालना चाहिए।—न जाने किस भावना से प्रेरित होकर वेदी के पास ही खड़े हुए इंद्रदेव ने कहा। उनके मुख पर झुंझलाहट और संतोष की रेखाएं स्पष्ट हो उठीं।

रामनाथ ने उनको और तितली को देखते हुए कहा—कुंवर साहब! मधुबन ही तितली के उपयुक्त वर है। मैं अपना दायित्व अच्छी तरह समझकर ही इसमें पड़ा हूं। कम-से-कम जो लोग संबंध में यहां बातचीत कर रहे हैं, उनसे मेरा अधिक न्यायपूर्ण अधिकार है।

इंद्रदेव तिलमिला उठे। भीतर की बात वह नहीं समझ रहे थे; किंतु मन के ऊपर सतह पर तो यह आया कि यह बाबा प्रकारांतर से मेरा अपमान कर रहा है।

उधर से चौबे ने कहा—अधिकार! यह कैसा हठीला मनुष्य है, जो इतने बड़े अफसर और जमींदार के सामने भी अपने को अधिकारी समझता है! सरकार! यह धर्म का ढोंग है। इसके भीतर बड़ी कतरनी है! इसने सारे गांव में ऐसी बुरी हवा फैला दी है कि किसी दिन इसके लिए बहुत पछताना होगा, यदि समय रहते इसका उपाय न किया गया।

इंद्रदेव की कनपटी लाल हो उठी। वह क्रोध को दबाना चाहते थे शैला के कारण। परंतु उन्हें असह्य हो रहा था।

शैला ने खड़ी होकर कहा—एक पल-भर रुक जाइए। क्यों मधुबन! तुम पूरी तरह से विचार करके यह ब्याह कर रहे हो न? कोई तुमको बहका तो नहीं रहा है? इसमें तुम प्रसन्न हो?

संपूर्ण चेतनता से मधुबन ने कहा—हां?

और तुम तितली?

मैं भी।

उसका नारीत्व अपने पूर्ण अभिमान में था।

अनवरी झल्ला उठी। सुखदेव दांत पीसकर उठ गए। तहसीलदार मन-ही-मन बुदबुदाने लगे। वाट्सन मुस्कराकर रह गए। शैला ने गंभीर स्वर में इंद्रदेव से कहा—अब आप लोगों से यह नवविवाहित दंपती आशीर्वाद की आशा करता है। और मैं समझती हूं कि यहां का काम हो चुका है। अब आप लोग नील-कोठी चलिए। अस्पताल खोलने का उत्सव भी इसी समय होगा और तितली के ब्याह का जलपान भी वहीं करना होगा। सब लोग मेरी ओर से निमंत्रित हैं।

इंद्रदेव ने सिर झुकाकर जैसे सब स्वीकार कर लिया। और वाट्सन ने हँसकर

कहा—मिस शैला! मैं तुमको धन्यवाद पहले ही से देता हूं।

सिंदूर से भरी हुई तितली की मांग दमक उठी।

10

नील-कोठी में अस्पताल खुल गया। बैंक के लिए भी प्रबंध हो गया। वहीं गांव की पाठशाला भी आ गई थी। वाट्सन ने चकबंदी की रिपोर्ट और नक्शा भी तैयार कर दिया और प्रांतीय सरकार से बुलावा आने पर वहीं लौट गए। साथ-ही-साथ अपने सौजन्य और स्नेह से धामपुर के बहुत-से लोगों के हृदयों में अपना स्थान भी बना गए। शैला उनके बनाए हुए नियमों पर साधक की तरह अभ्यास करने लगी।

अभी भी जमींदार के परिवार पर उस उत्सव की स्मृति सजीव थी। किंतु श्यामदुलारी के मन में एक बात खटक रही थी। उनके दामाद बाबू श्यामलाल उस अवसर पर नहीं आए। इंद्रदेव ने उन्हें लिखा भी था; पर उनको छुट्टी कहां? पहले ही एक बोट पर गंगा-सागर चलने के लिए अपनी मित्र-मंडली को उन्होंने निमंत्रित किया था। कुल आयोजन उन्हीं का था। चन्दा तो सब लोगों का था; किंतु किसको ताश खेलना है, किसे संगीत के लिए बुलाना है और कौन व्यंग्य-विनोद से जुए में हारे हुए लोगों को हंसा सकेगा, कौन अच्छी ठंडाई बनाता है, किसे बढ़िया भोजन पकाने की क्रिया मालूम है—यह तो सभी को नहीं मालूम था। श्यामलाल के चले आने से उनकी मित्र-मंडली गंगा-सागर का पुण्य न लूटती। वह आने नहीं पाई।

तहसीलदार और चौबेजी जल उठे थे तितली के ब्याह से। जो जाल उनका था, वह छिन्न हो गया। शैला के स्थान पर जो पात्री चुनी गई थी, वह भी हाथ से निकल गई। उन्होंने श्यामदुलारी के मन में अनेक प्रकार से यह दुर्भावना भर दी कि इंद्रदेव चौपट हो रहे हैं और हम लोग कुछ नहीं कर सकते। शैला को घर से तो हटा दिया गया; पर वह एक पूरी शक्ति इकट्ठी करके उन्हीं की छाती पर जम गई।

श्यामदुलारी की खीझ बढ़ गई। उनके मन में यह धारणा हो रही थी कि इंद्रदेव चाहते, और भी दो-एक पत्र लिखते, तो श्यामलाल अवश्य आते। वह इंद्रदेव से उदासीन रहने लगी। घरेलू कामों में अनवरी मध्यस्थता करने लगी। कुटुंब में पारस्परिक उदासीनता का परिणाम यही होता है। श्यामदुलारी का माधुरी के प्रति अकारण पक्षपात और इंद्रदेव पर संदेह, उनके कर्तव्य-ज्ञान को चबा रहा था।

कभी-कभी मनुष्य की यह मूर्खतापूर्ण इच्छा होती है कि जिनको हम स्नेह की दृष्टि से देखते हैं, उन्हें अन्य लोग भी उसी तरह प्यार करें। अपनी असंभव कल्पना को आहत होते देखकर वह झल्लाने लगता है।

श्यालदुलारी की इस दीनता को इंद्रदेव समझ रहे थे; पर यह कहें किस तरह। कहीं ऐसा न हो कि मन में छिपी हुई बात कह देने से मां और भी क्रोध कर बैठें; क्योंकि उसको स्पष्ट करने के लिए इंद्रदेव को अपने प्रेमाधिकार से औरों की तुलना करनी पड़ती, यह और भी उन्हीं के लिए लज्जा की बात होगी। उनका साधारण स्नेह जितना एक आत्मीय पर होना चाहिए, उससे अधिक भाग तो इंद्रदेव अपना समझते थे। किंतु जब छिपाने की बात है, तो स्नेह की अधिकता का भागी कोई दूसरा ही है क्या?

श्यामदुलारी अपने मन की बात अनवरी से कहलाने की चेष्टा क्यों करती हैं? मां को अधिकार है कि वह बच्चे का, उसके दोषों पर, तिरस्कार करे। गुरुजनों का यह कर्तव्य छोड़कर बनावटी व्यवहार इंद्रदेव को खलने लगा, जिसके कारण उन्हें अपने को दूर हटाकर दूसरों को अपनाना पड़ा है। अनवरी आज इतनी अंतरंग बन गई है!

बड़ी कोठी में जैसे सब कुछ संदिग्ध हो उठा। अपना अवलम्ब खोजने के लिए जब इंद्रदेव ने हाथ बढ़ाया, तो वहां शैला भी नहीं! सारा क्षोभ शैला को ही दोषी बनाकर इंद्रदेव को उत्तेजित करने लगा। इस समय शैला उनके समीप होती!

अनवरी से लड़ने के लिए छाती खोलकर भी अपने को निस्सहाय पाकर इंद्रदेव विवश थे। विराट् वट-वृक्ष के समान इंद्रदेव के संपन्न परिवार पर अनवरी छोटे-से नीम के पौधे की तरह उसी का रस चूसकर हरी-भरी हो रही थी। उसकी जड़ें वट को भेदकर नीचे घुसती जा रही थीं। सब अपराध शैला का ही था। वह क्यों हट गई। कभी-कभी अपने कामों के लिए ही वह आती, तब उससे इंद्रदेव की भेंट होती; किंतु वह किसानों की बात करने में इतनी तन्मय हो जाती कि इंद्रदेव को वह अपने प्रति उपेक्षा-सी मालूम होती।

कभी-कभी घर के कोने से अपने और तितली के भावी संबंध की सूचना भी उन्होंने सुनी थी। तब उन्होंने हंसी में उड़ा दिया था। कहां वह और कहां तितली—एक ग्रामीण बालिका! किंतु उस दिन ब्याह में जो तितली की निश्चल सौंदर्यमयी गंभीरता देखकर उन्हें एक अनुभूति हुई थी, उसे वह स्पष्ट न कर सके थे। हां, तो शैला ने उस ब्याह में भी योग दिया। क्या यह भी कोई सकारण घटना है?

इंद्रदेव का मानसिक विप्लव बढ़ रहा था। उनके मन में निश्चल क्रोध धीरे-धीरे संचित होकर उदासीनता का रूप धारण करने लगा।

सायंकाल था। खेतों की हरियाली पर कहीं-कहीं डूबती हुई किरणों की छाया अभी पड़ रही थी। प्रकाश डूब रहा था। प्रशांत गंगा का कछार शून्य हृदय खोले पड़ा था। करारे पर सरसों के खेत में बसंती चादर बिछी थी। नीचे शीतल बालू में कराकुल चिड़ियों का एक झुण्ड मौन होकर बैठा था।

कंधों से सरसों के फूलों के घनेपन को चीरते हुए इंद्रदेव ने उस स्पंदन-विहीन प्रकृति-खंड को आंदोलित कर दिया। भयभीत कराकुल झुंड-के-झुंड उड़कर उस धूमिल आकाश में मंडराने लगे।

इंद्रदेव के मस्तक पर कोई विचार नहीं था। एक सन्नाटा उसके भीतर और बाहर था। वह चुपचाप गंगा की विचित्र धारा को देखने लगे।

चौबेजी ने सहसा आकर कहा—बड़ी सरकार बुला रही हैं।

क्यों?

यह तो मैं...हां, बाबू श्यामलाल जी आए हैं; इसी के लिए बुलाया होगा।

तो मैं आता हूं, अभी जल्दी क्या है?

उसके लिए कौन-सा कमरा...?

हूं, तो कह दो कि मां इसे अच्छी तरह समझती होंगी। मुझसे पूछने की क्या आवश्यकता? न हो मेरे ही कमरे में, क्यों, ठीक होगा न? न हो तो छोटी कोठी में, या जहां अच्छा समझें।

जैसा कहिए।

तब यही जाकर कह दो। मैं अभी ठहरकर आऊंगा।

चौबे चले गए।

इंद्रदेव वहीं खड़े रहे। शैला को इस अंधकार के शैशव में वही देखने की कामना उत्तेजित हो रही थी, और वह आ भी गई। इंद्रदेव ने प्रसन्न होकर कहा—इस समय मैं जो भी चाहता, वह मिलता।

क्या चाहते थे?

तुमको यहां देखना। देखा, आज यह कैसी संध्या है! मैं तो लौटने का विचार कर रहा था।

और मैं कोठी से होती आ रही हूं।

भला, आज कितने दिनों पर।

तुम अप्रसन्न हो इसके लिए न! मैं क्या करूं।—कहते-कहने शैला का चेहरा तमतमा गया। वह चुप हो गई।

कुछ कहो शैला! तुम क्यों आने में संकोच करती हो? मैं कहता हूं कि तुम मुझे अपने शासन में रखो। किसी से डरने की आवश्यकता नहीं।

शैला ने दीर्घ निःश्वास लेकर कहा—मैं तो शासन कर रही हूं। और अभी अधिक तुम्हारे ऊपर अत्याचार करते हुए मैं कांप उठती हूं! इंद्र! तुम कैसे दुबले हुए जा रहे हो? तुम नहीं जानते कि मैं तुम्हारे अधिक क्षोभ का कारण नहीं बनना चाहती। कोठी में अधिक जाने से अच्छा तो नहीं होता।

क्या अच्छा नहीं होता। कौन है जो तुमको रोकता। शैला! तुम स्वयं नहीं आना

चाहती हो। और मैं भी तुम्हारे पास आता हूं तो गांव-भर का रोना मेरे सामने इकट्ठा करके धर देती हो। और मेरी कोई बात ही नहीं! तुम कोठी पर...

ठहरो, सुन लो, मैं अभी कोठी पर गई थी। वहां कोई बाबू आए है। तुम्हारे कमरे में बैठे थे। मिस अनवरी बातें कर रही थीं। मैं भीतर चली गई। पहले तो वह घबराकर उठ खड़े हुए। मेरा आदर किया। किंतु अनवरी ने जब मेरा परिचय दिया, तो उन्होंने बिल्कुल अशिष्टता का रूप धारण कर लिया। वह बीबी-रानी के पति हैं?

शैला आगे कहते-कहते रुक गई; क्योंकि इंद्रदेव के स्वभाव से परिचित थी। इंद्रदेव ने पूछा—क्या कहा, कहो भी?

बहुत-सी भद्दी बातें! उन्हें सुनकर तुम क्या करोगे? मिस अनवरी तो कहने लगीं कि उन्हें ऐसी हंसी करने का अधिकार है। मैं चुप हो रही। मुझे बहुत बुरा लगा। उठकर इधर चली आई।

इंद्रदेव ने भयानक विषधर की तरह श्वास फेंककर कहा—शैला! जिस विचार से हम लोग देहात में चले आए थे, वह सफल न हो सका। मुझे अब यहां रहना पसंद नहीं। छोड़ो इस जंजाल को, चलो हम लोग किसी शहर में चलकर अपने परिचित जीवन-पथ पर सुख लें! यह अभागा...

शैला ने इंद्रदेव का मुंह बंद करते हुए कहा—मुझे यहीं रहने दो। कहती हूं न, क्रोध से काम न चलेगा। और तुम भी क्या घर को छोड़कर दूसरी जगह सुखी हो सकोगे? आह! मेरी कितनी करुण कल्पना उस नील की कोठी में लगी-लिपटी है! इंद्र! तुमसे एक बार तो कह चुकी हूं।

वह उदास होकर चुप हो गई। उसे अपनी माता की स्मृति ने विचलित कर दिया।

इंद्रदेव को उसकी यह दुर्बलता मालूम थी। वह जानते थे कि शैला के चिर दुखी जीवन में यही एक सांत्वना थी। उन्होंने कहा—तो मैं अब यहां से चलने के लिए न कहूंगा। जिसमें तुम प्रसन्न रहो।

तुम कितने दयालु हो इंद्रदेव! मैं तुम्हारी ऋणी हूं!

तुम यह कहकर मुझे चोट पहुंचाती हो शैला! मैं कहता हूं कि इसकी एक ही दवा है। क्यों तुम रोक रही हो। हम दोनों एक-दूसरे की कमी पूरी कर लेंगे। शैला स्वीकार कर लो।—कहते-कहते इन्द्रदेव ने उस आर्द्रहृदया युवती के दोनों कोमल हाथों को अपने हाथों में दबा लिया।

शैला भी अपनी कोमल अनुभूतियों के आवेश में थी। गद्गद कंठ से बोली—इंद्र! मुझे अस्वीकार कब था? मैं तो केवल समय चाहती हूं। देखो, अभी आज ही वाट्सन का यह पत्र आया है, जिसमें मुझे उनके हृदय के स्नेह का आभास मिला है। किंतु मैं...

इंद्रदेव ने हाथ छोड़ दिया। वाट्सन!—उनके मन में द्वेषपूर्ण संदेह जल उठा।

तभी तो शैला! तुम मुझको भुलावा देती आ रही हो।

ऐसा न कहो! तुभ तो पूरी बात भी नहीं सुनते।

इंद्रदेव के हृदय में उस निस्तब्ध संध्या के एकांत में सरसों के फूलों से निकली शीतल सुगंध की कितनी मादकता भर रही थी, एक क्षण में विलीन हो गई। उन्हें सामने अंधकार की मोटी-सी दीवार खड़ी दिखाई पड़ी।!

इंद्रदेव ने कहा—मैं स्वार्थी नहीं हूं शैला! तुम जिसमें सुखी रह सको।

वह कोठी की ओर चलने के लिए घूम पड़े। शैला चुपचाप वहीं खड़ी रही। इंद्रदेव ने पूछा—चलोगी न?

हां, चलती हूं—कहकर वह भी अनुसरण करने लगी।

इंद्रदेव के मन में साहस न होता था कि वह शैला के ऊपर अपने प्रेम का पूरा दबाव डाल सकें। उन्हें संदेह होने लगता था कि कहीं शैला यह न समझे कि इंद्रदेव अपने उपकारों का बदला चाहते हैं।

इंद्रदेव एक जगह रुक गए और बोले—शैला, मैं अपने बहनोई साहब के किए हुए अशिष्ट व्यवहार के लिए तुमसे क्षमा चाहता हूं।

शैला ने कहा—तो यह मेरे डायरी पढ़ने की क्षमा-याचना का जवाब है न! मुझे तुमसे इतने शिष्टाचार की आशा नहीं। अच्छा अब मैं इधर से जाऊंगी। महौर महतो से एक नौकर के लिए कहा था। उससे भेंट कर लूंगी। नमस्कार!

शैला चल पड़ी। इंद्रदेव भी वहीं से घूम पड़े। एक बार उनकी इच्छा हुई कि बनजरिया में चलकर रामनाथ से कुछ बातचीत करें। अपने क्रोध से अस्तव्यस्त हो रहे थे, उस दशा में श्यामलाल से सामना होना अच्छा न होगा—यही सोचकर रामनाथ की कुटी पर जब पहुंचे, तो देखा कि तितली एक छोटा-सा दीप जलाकर अपने अंचल से आड़ किए वहीं आ रही है, जहां रामनाथ बैठे हुए संध्या कर रहे थे। तितली ने दीपक रखकर उसको नमस्कार किया; फिर इंद्रदेव को और रामनाथ को नमस्कार करके आसन लाने के लिए कोठरी में चली गई।

रामनाथ ने इंद्रदेव को अपने कंबल पर बिठा लिया। पूछा—इस समय कैसे?

यों ही इधर घूमते-घूमते चला आया।

आपका इस देहात में यश फैल रहा है। और सचमुच आपने दुखी किसानों के लिए बहुत-से उपकार करने का समारंभ किया है। मेरा हृदय प्रसन्न हो जाता है; क्योंकि विलायत से लौटकर अपने देश की संस्कृति और उसके धर्म की ओर उदासीनता आपने नहीं दिखाई। परमात्मा आप-जैसे श्रीमानों को सुखी रखे।

किंतु आप भूल कर रहे हैं। मैं तो अपने धर्म और संस्कृति से भीतर-ही-भीतर निराश हूं। मैं सोचता हूं कि मेरा सामाजिक बंधन इतना विशृंखल है कि उसमें मनुष्य

केवल ढोंगी बन सकता है। दरिद्र किसानों से अधिक-से-अधिक रस चूसकर एक धनी थोड़ा-सा दान—कहीं-कहीं दया और कभी-कभी छोटा-मोटा उपकार—करके, सहज ही में आप-जैसे निरीह लोगों का विश्वासपात्र बन सकता है। सुना है कि आप धर्म में प्राणिमात्र की समता देखते हैं, किंतु वास्तव में कितनी विषमता है। सब लोग जीवन में अभाव-ही-अभाव देख पाते। प्रेम का अभाव, स्नेह का अभाव, धन का अभाव, शरीर-रक्षा की साधारण आवश्यकताओं का अभाव, दुःख और पीड़ा—यही तो चारों ओर दिखाई पड़ता है। जिसको हम धर्म या सदाचार कहते हैं, वह भी शांति नहीं देता। सबमें बनावट, सबमें छल-प्रपंच! मैं कहता हूं कि आप लोग इतने दुखी हैं कि थोड़ी-सी सहानुभूति मिलते ही कृतज्ञता नाम की दासता करने लग जाते हैं। इससे तो अच्छी है पश्चिम की आर्थिक या भौतिक समता, जिसमें ईश्वर के न रहने पर भी मनुष्य की सब तरह की सुविधाओं की योजना है।

मालूम होता है, आप इस समय किसी विशेष मानसिक हलचल में पड़कर उत्तेजित हो रहे हैं। मैं समझ रहा हूं कि आप व्यावहारिक समता खोजते हैं; किन्तु उसकी आधार-शिला तो जनता की सुख-समृद्धि ही है न? जनता को अर्थ-प्रेम की शिक्षा देकर उसे पशु बनाने की चेष्टा अनर्थ करेगी। उसमें ईश्वर-भाव का आत्मा का निवास न होगा तो सब लोग उस दया, सहानुभूति और प्रेम के उद्‌गम से अपरिचित हो जायेंगे जिससे आपका व्यवहार टिकाऊ होगा। प्रकृति में विषमता तो स्पष्ट है। नियन्त्रण के द्वारा उसमें व्याहारिक समता का विकास न होगा। भारतीय आत्मवाद की मानसिक समता ही उसे स्थायी बना सकेगी। यांत्रिक सभ्यता पुरानी होते ही ढीली होकर बेकार हो जाएगी। उसमें प्राण बनाए रखने के लिए व्यावहारिक समता के ढांचे या शरीर में, भारतीय आत्मिक साम्य की आवश्यकता कब मानव-समाज समझ लेगा, यही विचारने की बात है। मैं मानता हूं कि पश्चिम एक शरीर तैयार कर रहा है। किंतु उसमें प्राण देना पूर्व के अध्यात्मवादियों का काम है। यहीं पूर्व और पश्चिम का वास्तविक संगम होगा, जिससे मानवता का स्रोत प्रसन्न धार में बहा करेगा।

तब उस दिन की आशा में हम लोग निश्चेष्ट बैठे रहें?

नहीं; मानवता की कल्याण-कामना में लगना चाहिए। आप जितना कर सकें, करते चलिए। इसीलिए न, मैं जितनी ही भलाई देख पाता हूं, प्रसन्न होता हूं। आपकी प्रशंसा में मैंने जो शब्द कहे थे बनावटी नहीं थे। मैं हृदय से आपको आशीर्वाद देता हूं।

इंद्रदेव चुप थे, तितली दूर खड़ी थी। रामनाथ ने उसकी ओर देखकर कहा—क्यों बेटी, सरदी में क्यों खड़ी हो? पूछ लो जो तुम्हें पूछना हो। संकोच किस बात का?

बापू, दूध नहीं है। आपने लिए क्या...?

अरे तो न सही; कौन एक रात में मैं मरा जाता हूं।

इंद्रदेव ने अभाव की इस तीव्रता में भी प्रसन्न रहते हुए रामनाथ को देखा।

वह घबराकर उठ खड़े हुए। उनसे यह भी न कहते बन पड़ा कि मैं ही कुछ भेजता हूं। चले गए।

इंद्रदेव को छावनी में पहुंचते-पहुंचते बहुत रात हो गई। वह आंगन से धीरे-धीरे कमरे की ओर बढ़ रहे थे। उनके कमरे में लैम्प जल रहा था। हाथ में कुछ लिये हुए मलिया कमरे के भीतर जा रही थी। इंद्रदेव खम्भे की छाया में खड़े रह गए। मलिया भीतर पहुंची। दो मिनट बाद ही वह झनझनाती हुई बाहर निकल आई। वह अपनी विवशता पर केवल रो सकती थी, किंतु श्यामलाल का मदिरा-जड़ित कंठ अट्टहास कर उठा; और साथ-ही साथ अनवरी की डांट सुनाई पड़ी—हरामजादी, झूठमूठ चिल्लाती है। सारा पान भी गिरा दिया और...

इंद्रदेव अभी शैला की बात सुन आए थे। यहां आते ही उन्होंने यह भी देखा। उनके रोम-रोम में क्रोध की ज्वाला निकलने लगी। उनकी इच्छा हुई कि श्यामलाल को उसकी अशिष्टता का, ससुराल में यथेष्ट अधिकार भोगने का फल दो घूंसे लगाकर दे दें। किंतु मां और माधुरी! ओह? जिनकी दृष्टि में इंद्रदेव से बढ़कर आवारा और गया-बीता दूसरा कोई नहीं।

वह लौट पड़े। उनके लिए एक क्षण भी वहां रुकना असह्य था। न जाने क्या हो जाए। मोटरखाने में आकर उन्होंने ड्राइवर से कहा—जल्दी चलो।

बेचारे ने यह भी न पूछा कि 'कहां'? मोटर हार्न देती हुई चल पड़ी!

तृतीय खंड

निर्धन किसानों में किसी ने पुरानी चादर को पीले रंग से रंग लिया, तो किसी की पगड़ी ही बचे हुए फीके रंग से रंगी है। आज बसंत-पंचमी है न! सबके पास कोई न कोई पीला कपड़ा है। दरिद्रता में भी पर्व और उत्सव तो मनाए ही जाएंगे। महंगू महतो के अलाव के पास भी ग्रमीणों का एक ऐसा ही झुंड बैठा है। जौ की कच्ची बालों को भूनकर गुड़ मिलाकर लोग 'नवान' कर रहे हैं, चिल ठंडी नहीं होने पाती। एक लड़का, जिसका कंठ सुरीला था, बसंत गा रहा था—

मदमाती कोयलिया डार-डार

दुखी हो या दरिद्र, प्रकृति ने अपनी प्रेरणा से सबके मन में उत्साह भर दिया था। उत्सव मनाने के लिए, भीतर की उदासी ने ही मानो एक नया रूप धारण कर लिया था। पश्चिमी पवन के पके हुए खेतों पर से सर्राटा भरता और उन्हें रौंदता हुआ चल रहा था। बूढ़े महंगू के मन में भी गुद-गुदी लगी। उसने कहा—दुलरवा, ढोल ले आ, दूसरी जगह तो सुनता हूं कि तू बजाता है; अपने घर काज-त्योहार के दिन बजाने में लजाता है क्या रे?

दुलारे धीरे-से उठकर घर में गया। ढोल और मंजीरा लाया। गाना जमने लगा। सब लोग अपने को भूलकर उस सरल विनोद में निमग्न हो रहे थे।

तहसीलदार ने उसी समय आकर कहा—महंगू!

सभा विश्रृंखल हो गई। गाना-बजाना रुक गया। उस निर्दय यमदूत के समान तहसीलदार से सभी कांपते थे। फिर छावनी पर उसे न बुलाकर स्वयं महंगू के यहां उनके अलाव पर खड़ा था। लोग भयभीत हो गए। भीतर से जो स्त्रियां झांक रही थीं उनके मुंह छिप गए। लड़के इधर-उधर हुए, बस जैसे आतंक में त्रस्त!

महंगू ने कहा—सरकार ने बुलाया है क्या?

बेचारा बूढ़ा घबरा गया था।

सरकार को बुलाना होता तो जमादार आता। महंगू! मैं क्यों आया हूं जानते हो! तुम्हारी भलाई के लिए तुम्हें समझाने आया हूं।

मैंने क्या किया है तहसीलदार साहब!

तुम्हारे यहां मलिया रहती है न। तुम जानते हो कि वह बीबी-रानी छोटी सरकार का काम करती थी। वह आज कितने दिनों से नहीं जाती। उसको उकसाकर बिगाड़ना तो नहीं चाहिए। डांटकर तुम कह देते कि 'जा, काम कर' तो क्या वह न जाती?

मैं कैसे कह देता तहसीलदार साहब। कोई मजूरी करता है तो पेट भरने के लिए, अपनी इज्जत देने के लिए नहीं। हम लोगों के लिए दूसरा उपाय ही क्या है। चुपचाप घर भी न बैठे रहें।

देखो महंगू, ये सब बातें मुंह से न निकालनी चाहिए। तुम जानते हो कि...

मैं जानता हूं कि नहीं, इससे क्या? वह जाय तो आप लिवा जाइए। मजूरी ही तो करेगी। आपके यहां छोड़कर मधुबन बाबू के यहां काम करने में कुछ पैसा बढ़ तो जायगा नहीं। हां, वहां तो उसको बोझ लेकर शहर भी जाना पड़ता है। आपके यहां करे तो मेरा क्या? पर हां, जमींदार मां-बाप हैं। उनके यहां ऐसा...

मधुबन बाबू। हूं, कल का छोकरा! अभी तो सीधी तरह धोती भी नहीं पहन सकता था। 'बाबा' तो सिखाकर चला गया। उसका मन बहक गया है। उसको भी ठीक करना होगा। अब मैं समझ गया। महंगू! मेरा नाम तुम भी भूल गए हो न?

अच्छा, आपसे जो बने, कर लीजिएगा। मैंने क्या किसी की चोरी की है या कहीं डाका डाला है? मुझे क्यों धमकाते हैं?

महंगू भी अपने अलाव के सामने आवेश में क्यों न आता? उसके सामने उसकी बखारें भरी थीं। कुंडों में गुड़ था। लड़के पोते सब काम में लगे थे। अपमान सहने के लिए उसके पास किसी तरह की दुर्बलता न थी। पुकारते ही दस लाठियां निकाल सकती थीं। तहसीलदार ने समझ-बूझकर धीरे-से प्रस्थान किया।

महंगू जब आपे में आया तो उसको भय लगा। वह लड़कों को गाने-बजाने के लिए कहकर बनजरिया की ओर चला। उस समय तितली बैठी हुई चावल बिन रही थी; और मधुबन गले में कुरता डाल चुका था कहीं बाहर जाने के लिए। मलिया, एक डाली मटर की फलियां, एक कद्दू और कुछ आलू लिये हुए मधुबन के खेत से आ रही थी। महंगू ने जाते ही कहा—मधुबन बाबू! मलिया को बुलाने के लिए छावनी से तहसीलदार साहब आए थे। वहां उसे न जाने से उपद्रव मचेगा।

तो उसको मना कौन करता है, जाती क्यों नहीं?—कहकर मधुबन ने जाने के लिए पैर बढ़ाया ही था कि तितली ने कहा—वाह, मलिया क्या वहां मरने जाएगी!

क्यों जब उसको छावनी के काम करने के लिए, फिर से रख लेने के लिए, बुलावा आ रहा है, तब जाने में क्या अड़चन है?—रुकते हुए मधुबन ने पूछा।

बुलावा आ रहा है, न्योता आ रहा है। सब तो है, पर यह भी जानते हो कि वह क्यों वहां से काम छोड़ आई है? वहां जाएगी अपनी इज्जत देने? न जाने कहां का शराबी उनका दामाद आया है। उसने तो गांव भर को ही अपनी ससुराल समझ रखा है। कोई भलामानस अपनी बहू-बेटी छावनी में भेजेगा क्यों?

महंगू ने कहा—हां बेटी, ठीक कह रही हो। पर हम लोग जमींदार से टक्कर ले सकें, इतना तो बल नहीं। मलिया अब मेरे यहां रहेगी तो तहसीलदार मेरे साथ कोई-न-कोई झगड़ा-झंझट खड़ा करेगा। सुना है कि कुंवर साहब तो अब यहां रहते नहीं। आज-कल औरतों का दरबार है। उसी के हाथ में सब-कुछ है।

मधुबन चुप था। तितली ने कहा—तो उसे यहीं रहने न दो, देखा जाएगा।

महंगू ने वरदान पाया। वह चला गया।

मलिया दूर खड़ी सब सुन रही थी। उसकी आंखों से आंसू निकल रहा था। तितली ने कहा—रोती क्यों है रे, यहीं रह, कोई डर नहीं, तुझे क्या कोई खा जाएगा? जा-जा देख, ईंधन की लकड़ी सुखाने के लिए डाल दी गई है, उठा ला।

मलिया आंचल से आंसू पोंछती हुई चली गई। उसका चाचा भी मर गया था। अब उसका रक्षक कोई न था। तितली ने पूछा—अब रुके क्यों खड़े हो? नील-कोठी जाना था न?

जाना तो था। जाऊंगा भी। पर यह तो बताओ, तुमने यह क्या झंझट मोल ली। हमलोग अपने पैर खड़े होकर अपनी ही रक्षा कर लें यही बहुत है। अब तो बाबाजी की छाया भी हम लोगों पर नहीं है। राजो बुरा मानती ही है। मैंने शेरकोट जाना छोड़ दिया। अभी संसार में हम लोगों को धीरे-धीरे घुसना है। तुम जानती हो कि तहसीलदार मुझसे तो बुरा मानता ही है।

तो तुम डर रहे हो!

डर नहीं रहा हूं। पर क्या आगा-पीछा भी नहीं सोचना चाहिए। बाबाजी तो काशी चले गए संन्यासी होने, विश्राम लेने। ठीक ही था। उन्होंने अपना काम-काज का भार उतार फेंका। पर यदि मैं भूलता नहीं हूं तो उन्होंने जाने के समय हम लोगों को जो उपदेश दिया था उसका तात्पर्य यही था कि मनुष्य को जान-बूझकर उपद्रव मोल न लेना चाहिए। विनय और कष्ट सहन करने का अभ्यास रखतें हुए भी अपने को किसी से छोटा न समझना चाहिए, और बड़ा बनने का घमंड भी अच्छा नहीं होता। हम लोग अपने कामों से ही भगवान को शीघ्र कष्ट पहुंचाने और उन्हें पुकारने लगते हैं।

बस करो। मैं जानती हूं कि बाबाजी इस समय होते तो क्या करते और मैं वही कर रही हूं जो करना चाहिए। मलिया अनाथ है। उसकी रक्षा करना अपराध नहीं। तुम कहां जा रहे हो?

जाने को तो मैं इस समय छावनी पर ही था, क्योंकि सुना है, वहां एक पहलवान आया है, उसकी कुश्ती होने वाली है, गाना-बजाना भी होगा। पर अब मैं वहां न जाऊंगा; नील-कोठी जा रहा हूं।

जल्द आना; दंगल देख आओ। खा-पीकर नील-कोठी चले जाना। आज बसंत-पंचमी की छुट्टी नहीं है क्या?—तितली ने कहा।

अच्छा जाता हूं—कहता हुआ अन्यमनस्क भाव से मधुबन बनजरिया के बाहर निकला। सामने ही रामजस दिखाई पड़ा। उसने कहा—मधुबन भइया, कुश्ती देखने न चलोगे?

अकेले तो जाने की इच्छा नहीं थी, पर जब तुभ भी आ गए तो उधर ही चलूंगा।

भइया! लंगोट ले लूं।

अरे क्या मैं कुश्ती लडूंगा? दुत!

कौन जाने कोई ललकार ही बैठे।

इस समय मेरा मन कुश्ती लड़ने लायक नहीं।

वाह भइया, यह भी एक ही रही। मन लड़ता है कि हाथ-पैर। मैं देख आया हूं उस पहलवान को। हाथ मिलाते ही न पटका आपने तो जो कहिए मैं हारता हूं।

मधुबन अब कुश्ती नहीं लड़ सकता रामजस! अब उसे अपनी रोटी-दाल से लड़ना है।

तो भी लंगोट लेते चलने में कोई...

अरे तो क्या मैं लंगोट घर छोड़ आया हूं। चल भी हंसते हुए मधुबन ने रामजास को एक धक्का दिया, जिसमें यौवन के बल का उत्साह था। रामजस गिरते-गिरते बचा।

दोनों छावनी की ओर चले।

छावनी में भीड़ थी। अखाड़ा बना हुआ था। चारों ओर जनसमूह खड़ा और बैठा था। कुरसी पर बाबू श्यामलाल और उसके इष्ट-मित्र बैठे थे। उनका साथी पहलवान लुंगी बांधे अपनी चौड़ी छाती खोले हुए खड़ा था। अभी तक उससे लड़ने के लिए कोई भी प्रस्तुत न था। पास के गांवों की दो-चार वेश्याएं भी आम के बौर हाथ में लिये, गुलाल का टीका लगाए, वहां बैठी थीं—छावनी में वसंत गाने के लिए आई थीं। यही पुराना व्यवहार था। परंतु इंद्रदेव होते तो बात दूसरी थी। तहसीलदार ने श्यामलाल बाबू का आतिथ्य करने के लिए उनसे जो कुछ हो सका था, आमोद-प्रमोद का सामान इकट्ठा किया था। सवेरे ही सबकी केसरिया बूटी छनी थी। श्यामलाल देहाती सुख में प्रसन्न दिखाई देते थे। उन्हें इस बात का गर्व था कि उनके साथी पहलवान से लड़ने के लिए अभी तक कोई खड़ा नहीं हुआ। उन्होंने मूंछ मरोरते हुए कहा—रामसिंह, तुमसे यहां कौन लड़ेगा जी। यही अपने नत्थू से जोर करके दिखा दो! सब लोग आए हुए हैं।

अच्छा सरकार!—कहकर रामसिंह ने साथी नत्थू को बुलाया। दोनों अपने दांव-पेंच दिखाने लगे।

रामजस ने कहा—क्यों भइया, यह हम लोगों को उल्लू बनाकर चला जाएगा?

मधुबन धीरे-से हुंकार कर उठा। रामजस उस हुंकार से परिचित था। उसने

युवकों की-सी चपलता से आगे बढ़कर कहा—सरकार! हम लोग देहाती ठहरे; पहलवानी क्या जानें! पर नत्थू से लड़ने को तो मैं तैयार हूं।

सब लोग चौंककर रामजस को देखने लगे। दांव-पेंच बंद करके रामसिंह ने भी रामजस को देखा। वह हंस पड़ा।

जाओ, खेत में कुदाल चलाओ लड़के! रामसिंह ने व्यंग्य से कहा।

मधुबन से अब न रहा गया। उसने कहा—पहलवान साहब, खेतों का अन्न खाकर ही तुम कुश्ती लड़ते हो।

पसेरी भर अन्न खाकर कुश्ती नहीं लड़ी जाती भाई! सरकार लोगों के साथ माल चबाकर यह कसाले का काम किया जाता है। दूसरे पूत से हाथ मिलाना, हाड़-से-हाड़ लड़ाना, दिल्लगी नहीं है।

मैं तो इसे ऐसा ही समझता हूं।

तो फिर आ जा न मेरे यार! तू भी यह दिल्लगी देख!

रामसिंह के इतना कहते ही मधुबन सचमुच कुरता उतार, धोती फेंककर अखाड़े में कूद पड़ा। सुंदरियां उस देहाती युवक के शरीर को सस्पृह देखने लगीं। गांव के लोगों में उत्साह-सा फैल गया। सब लोग उत्सुकता से देखने लगे! और तहसीलदार तो अपनी गोल-गोल आंखों में प्रसन्नता छिपा ही न सकता था। उसने मन में सोचा—आज बच्चू की मस्ती उतर जायगी।

रामसिंह और मधुबन में पैतरे, दांव-पेंच और निकस-पैठ इतनी विचित्रता से होने लगी कि लोगों के मुंह से अनायास ही 'वाह-वाह' निकल पड़ता। रामसिंह मधुबन को नीचे ले आया। वह घिस्सा देकर चित करना ही चाहता था कि मधुबन ने उसका हाथ दबाकर ऐसा धड़ उड़ाया कि वह रामसिंह की छाती पर बैठ गया। हल्ला मच गया। देहातियों ने उछलकर मधुबन को कंधे पर बिठा लिया।

श्यामलाल का मुंह तो उतर गया, पर उन्होंने अपनी उंगली से अंगूठी निकालकर, मधुबन को देने के लिए बढ़ाई। मधुबन ने कहा—मैं इनाम क्या करूंगा—मेरा तो यह व्यवसाय नहीं है। आप लोगों की कृपा ही बहुत है।

श्यामलाल कट गए। उन्हें हताश होते देखकर एक वेश्या ने उठकर कहा—मधुबन बाबू! आपने उचित ही किया। बाबूजी तो हम लोगों के घर आए हैं, इनका सत्कार तो हमीं लोगों को करना चाहिए। बड़े भाग्य से इस देहात में आ गए हैं न!

श्यामलाल जब उसकी चंचलता पर हंस रहे थे, तब उस युवती मैना ने धीरे से अपने हाथ का बौर मधुबन की ओर बढ़ाया, और सचमुच मधुबन ने उसे ले लिया। यही उसका विजय-चिह्न था।

तहसीलदार जल उठा। वह झुंझला उठा था, कि एक देहाती युवक बाबू साहब को प्रसन्न करने के लिए क्यों नहीं पटका गया। उसे अपने प्रबंध की यह त्रुटि बहुत खली। छावनी के आंगन में भीड़ बढ़ रही थी। उसने कड़ककर कहा—अब चुपचाप

सब लोग बैठ जायं। कुश्ती हो चुकी। कुछ गाना-बजाना भी होगा।

श्यामलाल को यह अच्छा तो नहीं लगता था, क्योंकि उनका पहलवान पिट गया था; पर शिष्टाचार और जनसमूह के दबाव से वह बैठे रहे। अनवरी बगल में बैठी हुई उन पर शासन कर रही थी। माधुरी भीतर चिक में उदासभाव से यह सब उपद्रव देख रही थी। श्यामदुलारी एक ओर प्रसन्न हो रही थीं, दूसरी ओर सोचती थीं।–इंद्रदेव यहां क्यों नहीं है।

जब मैना गाने लगी तो वहां मधुबन और रामजस दोनों ही न थे। सुखदेव चौबे तो न जाने क्यों मधुबन की जीत और उसके बल को देखकर कांप गए। उसका भी मन गाने-बजाने में न लगा। उन्होंने धीरे से तहसीलदार के कान में कहा–मधुबन को अगर तुम नहीं दबाते, तो तुम्हारी तहसीलदारी हो चुकी। देखा न!

गंभीर भाव से सिर हिलाकर तहसीलदार ने कहा–हूं।

2

धूप निकल आई है, फिर भी ठंड से लोग ठिठुरे जा रहे हैं। रामजस के साथ जो लड़का दवा लेने के लिए शैला की मेज के पास खड़ा है, उसकी ठुड्ढी कांप रही है। गले के समीप कुर्ता का अंश बहुत-सा फटकर लटक गया है, जिससे उसके छाती की हड्डियों पर नसें अच्छी तरह दिखायी पड़ती हैं।

शैला ने उसे देखते ही कहा–रामजस! मैंने तुमको मना किया था। इसे यहां क्यों ले आए? खाने के लिए सागूदाना छोड़कर और कुछ न देना! ठंड बचाना!

मेम साहब, रात को ऐसा पाला पड़ा कि सब मटर झुलस गई। हरी मटर शहर में बेचने के लिए जो ले जाते तो सागूदाना ले आते। अब तो इंसी को भूनकर कच्चा-पक्का खाना पड़ेगा। वही इसे भी मिलेगा।

तब तो इसे तुम मार डालोगे!

मरता तो है ही! फिर क्या किया जाए?

रामजस की इस बेबशी पर शैला कांप उठी। उसने मन में सोचा कि इंद्रदेव से कहकर इसके लिए सागूदाना मंगा दें। सब बातों के लिए इंद्रदेव से कहला देने का अभ्यास पड़ गया था। फिर उसको स्मरण हो आया कि इंद्रदेव तो यहां नहीं हैं। वह दुखी हो गई। उसका हृदय व्यथा से भर गया। इंद्रदेव की निर्दयता पर–नहीं-नहीं, उनकी विवशता पर–वह व्याकुल हो उठी। रामजस को बिदा करते उसने कहा–मधुबन से कह देना, वह तुम्हारे लिए सागूदाना ले आएगा।

यही एक छोटा भाई है मेम साहब! मां बहुत रोती है।

जाओ रामजस! भगवान सब अच्छा करेगा।

रामजस तो चला गया। शैला उठकर अपने कमरे में टहलने लगी। उसका मन न लगा। वह टीले से नीचे उतरी; झील के किनारे-किनारे अपनी मानसिक व्यथाओं के बोझ से दबी हुई, धीरे-धीरे चलने लगी। कुछ दूर चलकर वह जब कच्ची सड़क की ओर फिरी तो उसने देखा कि अरहर और मटर के खेत काले होकर सिकुड़ी हुई पत्तियों में अपनी हरियाली लुटा चुके हैं। अब भी जहां सूर्य की किरणें नहीं पहुंचती हैं, उन पत्तियों पर नमक की चादर-सी पड़ी है। उसके सामने भरी हुई खेती का शव झुलसा पड़ा है। उसकी प्रसन्नता और साल भी आशाओं पर बज्र की तरह पाला पड़ गया। गृहस्थी के दयनीय और भयानक भविष्य के चित्र उसकी आंखों के सामने, पीछे जमींदार के लगान का कंपा देने वाला भय! दैव को अत्याचारी समझकर ही जैसे वह संतोष से जीवित है।

क्यों जी? तुम्हारे खेत पर भी पाला पड़ा है?

आप देख तो रही हैं मेम साहब—दुख और क्रोध से किसान ने कहा। उसको यह असमय की सहानुभूति व्यंग्य-सी मालूम पड़ी। उसने समझा मेम साहब तमाशा देखने आई हैं।

शैला जैसे टक्कर खाकर आगे बढ़ गई। उसके मन में रह-रहकर यही बात आती है कि इस समय इंद्रदेव यहां क्यों नहीं हैं, अपने ऊपर भी रह-रहकर उसे क्रोध आता कि वह इतनी शीतल क्यों हो गई। इंद्रदेव को वह जाने से रोक सकती थी; किंतु अपने रूखे-सूखे व्यवहार से इंद्रदेव के उत्साह को उसी ने नष्ट कर दिया, और अब यह ग्राम सुधार का ब्रत एक बोझ की तरह उसे ढोना पड़ रहा है। तब क्या वह इंद्रदेव से प्रेम नहीं करती! ऐसा तो नहीं; फिर यह संकोच क्यों? वह सोचने लगी—उस दिन इंद्रदेव के मन में एक संदेह उत्पन्न करके मैंने ही यह गुत्थी डाल दी है। तब क्या यह भूल मुझे ही न सुधारनी चाहिए? वसंत पंचमी को माधुरी ने बुलाया था, वहां भी न गई। उन लोगों ने भी बुरा मान लिया होगा।

उसने निश्चय किया कि अभी मैं छावनी पर चलूं। वहां जाने से इंद्रदेव का भी पता लग जाएगा। यदि उन लोगों की इच्छा हुई तो मैं इंद्रदेव को बुलाने के लिए चली जाऊंगी, और इंद्रदेव से अपनी भूल के लिए क्षमा भी मांग लूंगी।

वह छावनी की ओर मन-ही-मन सोचते हुए घूम पड़ी। कच्चे कुएं के जगत पर सिर पकड़े हुए एक किसान बैठा है। शैला का मन प्रसन्न वातावरण बनाने की कल्पना से उत्साह से भर उठा था। उसने कहा—मधुबन! तितली से कह देना, आज दोपहर को मैं उसके यहां भोजन करूंगी; मैं छावनी से होकर आती हूं।

मैं भी साथ चलूं—मधुबन ने पूछा।

नहीं, तुम जाकर तितली से कह दो भाई, मैं आती हूं।—कहकर वह लम्बा डेग बढ़ाती हुई चल पड़ी। छावनी पर पहुंचकर उसने देखा, बिलकुल सन्नाटा छाया है। नौकर-चाकर उधर चुपचाप काम कर रहे हैं।

शैला माधुरी के कमरे के पास पहुंचकर बाहर रुक गई। फिर उसने चिक हटा दिया। देखा तो मेज पर सिर रखे हुए माधुरी कुर्सी पर बैठी है—जैसे उसके शरीर में प्राण नहीं!

शैला कुछ देर खड़ी रही। फिर उसने पुकारा—बीबी-रानी!

माधुरी सिसकने लगी। उसने सिर न उठाया। शैला ने उसके बालों को धीरे-धीरे सहलाते हुए कहा—क्या है, बीबी-रानी!

माधुरी ने धीरे-से सिर उठाया। उसकी आंखें गुड़हल के फूल की तरह लाल हो रही थीं। शैला से आंख मिलाते ही उसके हृदय का बांध टूट गया। आंसू की धारा बहने लगी। शैला की ममता उमड़ आई। वह भी पास बैठ गई।

जी कड़ा करके माधुरी ने कहा—मैं तो सब तरह से लुट गई!

हुआ क्या? मैं तो इधर बहुत दिनों से यहां आई नहीं, मुझे क्या पता। बीबी-रानी! मुझ पर संदेह न करो। मैं तुम्हारा बुरा नहीं चाहती। मुझसे अपनी बीती साफ-साफ कहो न। मैं भी तुम्हारी भलाई चाहने वाली हूं बहन!

माधुरी का मन कोमल हो चला! दुख की सहानुभूति हृदय के समीप पहुंचती है। मानवता का यही तो प्रधान उपकरण है। माधुरी ने स्थिर दृष्टि से शैला को देखते हुए कहा—यह सच है मिस शैला, कि मैं तुम्हारे ऊपर अविश्वास करती हूं! मेरी भूल रही होगी। पर मुझे जो धोखा दिया गया वह अब प्रत्यक्ष हो गया। मैं यह जानती हूं कि मेरे पति सदाचारी नहीं हैं, उनका मुझ पर स्नेह भी नहीं, तब भी यह मेरे मान का प्रश्न था और उससे भी मुझे धक्का मिला। मेरा हृदय टूक-टूक हो रहा है। मैंने कृष्णमोहन को लेकर दिन बिताने का निश्चय कर लिया था। मैं तो यह भी नहीं चाहती थी कि वह यहां आवें। पर जो होनी थी वह होकर ही रही।

माधुरी को फिर रुलाई आने लगी। वह अपने को सम्हाल रही थी। शैला ने पूछा—तो क्या हुआ, बाबू श्यामलाल चले गए?

हां, गए, और अनवरी को लेकर गए। मिस शैला! यह अपमान मैं सह न सकूंगी। अनवरी ने मुझ पर ऐसा जादू चलाया कि मैं उसका असली रूप इसके पहले समझ ही न सकी।

यह कैसे हुआ! इसमें सब इंद्रदेव की भूल है। वह यहां रहते तो ऐसी घटना न होने पाती।—शैला ने आश्चर्य छिपाते हुए कहा।

उनके रहने न रहने से क्या होता। यह तो होना ही था। हां, चले जाने से मेरे-मां के मन में भी यह बात आई कि इंद्रदेव को उन लोगों का आना अच्छा न लगा। परंतु इंद्रदेव को इतना रूखा मैं नहीं समझती। कोई दूसरी ही बात है, जिससे इंद्रदेव को यहां से जाना पड़ा। जो स्त्री इतनी निर्लज्ज हो सकती है, इतनी चतुर है, वह क्या नहीं कर सकती? उसी का कोई चरित्र देखकर चले गए होंगे। सुनिए, वह घटना मैं सुनाती हूं जो मेरे सामने हुई थी—

उस दिन मां के बहुत बकने पर मैं रात को उन्हें व्यालू कराने के लिए थाली हाथ में लिये, कमरे के पास पहुंची। मुझे ऐसा मालूम हुआ कि भीतर कोई और भी है। मैं रुकी। इतने में सुनायी पड़ा—बस, बस, बस, एब ग्लास मैं पी चुकी, और लूंगी तो छिपा न सकूंगी। सारा भंडाफोड़ हो जाएगा।

उन्होंने कहा—मैं भंडाफोड़ होने से नहीं डरता। अनवरी! मैंने अपने जीवन में तुम्हीं को तो ऐसा पाया है, जिससे मेरे मन की सब बातें मिलती हैं! मैं किसी की परवा नहीं करता, मैं किसी का दिया हुआ नहीं खाता, जो डरता रहूं। तुम यहां क्यों पड़ी हो, चलो कलकत्ते में? तुम्हारी डाक्टरी ऐसे चमकेगी कि तुम्हारे नाम का डंका पिट जाएगा। हम लोगों का जीवन बड़े सुख से कटेगा।

लम्बी-चौड़ी बातें करने वाले मैंने भी बहुत-से देखे हैं। निबाहना सहज नहीं है बाबू साहब! अभी बीबी-रानी सुन लें तो आपकी...

चलो, देखा है तुम्हारी बीबी-रानी को। मैं...

मैं अधिक सुन न सकी। मेरा शरीर कांपने लगा। मैंने समझा कि यह मेरी दुर्बलता है। मेरा अधिकार मेरे ही सामने दूसरा ले और मैं प्रतिवाद न करके लौट जाऊं, यह ठीक नहीं। मैं थाली लिये घुस पड़ी। अनवरी अपने को छुड़ाती हुई उठ खड़ी हुई। उसका मुंह विवर्ण था। शराब की महक से कमरा भर रहा था। उन्होंने अपनी निर्लज्जता को स्पष्ट करते हुए पूछा—क्या है?

भला मैं इसका क्या उत्तर देती! हां, इतना कह दिया कि क्षमा कीजिए, मैं नहीं जानती थी कि मेरे आने से आप लोगों को कष्ट होगा।

यह बड़ी असभ्यता है कि बिना पूछे किसी के एकांत में...

उनकी बात काटकर अनवरी ने कहा—बीबी-रानी! मैं कलकत्ते में डाक्टरी करने के संबंध में बातें कर रही थी।

यह भी उसका दुस्साहस था! मैं तो उसका उत्तर नहीं देना चाहती थी। परंतु उसकी ढिठाई अपनी सीमा पार कर चुकी थी। मैंने कहा—बड़ी अच्छी बात है, मिस अनवरी! आप कब जाएंगी।

मैं अधिक कुछ न कह सकी। थाली रखकर लौट आई। दूसरे दिन सवेरे ही अनवरी तो बनारस चली गई और उन्होंने कलकत्ते की तैयारी की! मां ने बहुत चाहा कि वे रोक लिये जाएं। उन्होंने कहलाया भी, पर मैं इसका विरोध करती रही। मैं फिर सामने न गई। वह चले गए।

शैला ने सांत्वना देते हुए कहा—जो होना था सो हो गया। अब दुख करने से क्या लाभ?

हम लोगों का भी आज शहर जाना निश्चित है। मां कहती हैं कि अब यहां न रहूंगी। भाई साहब का पता चला है कि बनारस में ही हैं। उन्होंने बैरिस्टरी आरंभ कर दी है। हां, कोठी पर वह नहीं रहते, अपने लिए कहीं बंगला ले लिया है।

वह और कुछ कहना चाहती थी कि बीच ही में किसी ने पुकारा—बीबी-रानी!

क्या है?—माधुरी ने पूछा।

मां जी आ रही हैं।

आती तो रही, उन्हें उठकर आने की जल्दी क्या पड़ी थी?

श्यामदुलारी भीतर आ गईं। उस वृद्धा स्त्री का मुख गंभीर और दृढ़ता से पूर्ण था। शैला का नमस्कार ग्रहण करते हुए एक कुर्सी पर बैठकर उन्होंने कहा—मिस शैला! आप अच्छी हैं? बहुत दिनों पर हम लोगों की सुध हुई।

मां जी! क्या करूं, आप ही का काम करती हूं। जिस दिन से यह सब काम सिर पर आ गया, एक घड़ी की छुट्टी नहीं। आज भी यदि एक घटना न हो जाती तो यहां आती या नहीं, इसमें संदेह है। आपके गांव भर में रात को पाला पड़ा। किसानों का सर्वनाश हो गया है। कई दवाएं भी नहीं है। तहसीलदार के पास लिख भेजा था। वे आईं कि नहीं और...

शैला और भी जाने क्या-क्या कह जाती; क्योंकि उसका मन चंचल हो गया था। इस गृहस्थी की विशृंखलता के लिए वह अपने को अपराधी समझ रही थी। उसकी बातें उखड़ी-उखड़ी हो रहीं थीं। किंतु श्यामदुलारी ने बीच ही में रोककर कहा—पाला-पत्थर पड़ने में जमींदार क्या कर सकता है। जिस काम में भगवान का हाथ है, उसमें मनुष्य क्या कर सकता है। मिस शैला, मेरी सारी आशाओं पर भी तो पाला पड़ गया। दोनों लड़के बेकहे हो रहे हैं। हम लोग स्त्री हैं। अबला हैं। आज वह जीते होते तो दो-दो थप्पड़ लगाकर सीधा कर देते। पर हम लोगों के पास कोई अधिकार नहीं। संसार तो रुपये-पैसे के अधिकार तो मानता है। स्त्रियों के स्नेह का अधिकार, रोने-दुलारने का अधिकार, तो मान लेने की वस्तु है न?

अपनी विवशता और क्रोध से श्यामदुलारी की आंखों से आंसू निकल आए। शैला सन्न हो गयी। उसे भी रह-रह कर इंद्रदेव पर क्रोध आता था। पुरुषों के प्रति स्त्रियों का हृदय प्रायः विषम और प्रतिकूल रहता है। जब लोग कहते हैं कि वे एक आंख से रोती हैं तो दूसरी से हंसती हैं, तब कोई भूल नहीं करते। हां, यह बात दूसरी है कि पुरुषों के इस विचार में व्यंग्यपूर्ण दृष्टिकोण का अंत है।

स्त्रियों को उनकी आर्थिक पराधीनता के कारण जब हम स्नेह करने के लिए बाध्य करते हैं, तब उनके मन में विद्रोह की सृष्टि भी स्वाभाविक है! आज प्रत्येक कुटुंब उनके इस स्नेह और विद्रोह के द्वंद्व से जर्जर है और असंगठित है। हमारा सम्मिलित कुटुंब उनकी इस आर्थिक पराधीनता की अनिवार्य असफलता है। उन्हें चिरकाल से वंचित एक कुटुंब से आर्थिक संगठन को ध्वस्त करने के लिए दिन-रात चुनौती मिलती रहती है। जिस कुल से वे आती हैं, उस पर से ममता हटती नहीं, यहां भी अधिकार की कोई संभावना न देखकर, वे सदा घूमने वाली गृहहीन अपराधी जाति कि तरह प्रत्येक कौटुम्बिक शासन को अव्यवस्थित करने में लग जाती हैं।

यह किसका अपराध है? प्राचीन-काल में स्त्रीधन की कल्पना हुई थी। किंतु आज उसकी जैसी दुर्दशा है, जितने कांड उसके लिए खड़े होते हैं, वे किसी से छिपे नहीं।

श्यामदुलारी का मन आज संपूर्ण विद्रोही हो गया था। लड़के और दामाद की उच्छृंखलता ने उन्हें अपने अधिकार को सजीव करने के लिए उत्तेजना दी। उन्होंने कहा—मिश शैला! मैंने निश्चय कर लिया है कि अब किसी को मनाने न जाऊंगी। हां, मेरी बेटी का दुःख से भरा भविष्य है और उसके लिए मुझे कोई उपाय करना ही होगा। वह इस तरह न रह सकेगी। मैंने अपने नाम की जमींदारी माधुरी को देने का निश्चय कर लिया है। तुम क्या कहती हो? हम लोग तुम्हारी सम्मति चाहती हैं।

मां जी, आपने ठीक सोचा है। बीबी-रानी को और दूसरा क्या सहारा है। मैं समझती हूं कि इसमें इंद्रदेव से पूछने की आवश्यकता नहीं, क्योंकि उसके लिए कोई कमी नहीं। वह स्वयं भी कमा सकते हैं और सम्पत्ति भी है ही!

माधुरी अवाक् होकर शैला का मुंह देखने लगी। आज स्त्रियां सब एक ओर थीं। पुरुषों की दुष्टता का प्रतिकार करने में सब सहमत थीं। श्यामदुलारी ने शैला का अनुकूल मत जानकर कहा—तो हम लोग आज ही बनारस जाएंगी। वहां पहले मैं दान-पत्र की रजिस्ट्री कराऊंगी। तुम भी चलोगी?

बिना कुछ सोचे हुए शैला ने कहा—चलूंगी।

तो फिर तैयार हो जाओ। नहीं, दो घंटे में उधर ही नील-कोठी पर आकर तुम्हें लेती चलूंगी।

बहुत अच्छा—कहकर शैला उठ खड़ी हुई। वह सीधे बनजरिया की ओर चल पड़ी। मधुबन से कह चुकी थी, तितली उसकी प्रतीक्षा में बैठी होगी।

शैला कुछ प्रसन्न थी। उसने अज्ञात भाव से इंद्रदेव को जो थोड़ा-सा दूर हटाकर श्यामदुलारी और माधुरी को अपने हाथों में पा लिया था, वह एक लाभ-सा उसे उत्साहित कर रहा था। परंतु बीच-बीच में वह अपने हृदय में तर्क भी करती थी—इंद्रदेव को मैं एक बार ही भूल सकूंगी? अभी-अभी तो मैंने सोचा था कि चलकर इंद्रदेव से क्षमा मांग लूंगी, मना लाऊंगी; फिर यह मेरा भाव कैसा?

उसे खेद हुआ। और फिर अपनी भूल सुधारते हुए उसने निश्चय किया कि बुरा काम करते भी अच्छा हो सकता है। मैं इसी प्रश्न को लेकर इंद्रदेव से अच्छी तरह बातें कर सकूंगी और सफाई भी दे लूंगी।

वह अपनी धुन में बनजरिया तक पहुंच भी गई; पर उसे मानो ज्ञान नहीं। जब तितली ने पुकारा—वाह बहन! मैं कब से बैठी हूं, इस तरह के आने के लिए कहकर भी कोई भूल जाता है—तो वह आपे में आ गई।

मुझे झटपट कुछ लिखा दो। अभी-अभी मुझे शहर जाना है।

वाह रे चटपट! बैठो भी, अभी हरे चने बनाती हूं, तब खाना होगा। ठंडा हो

जाने से वह अच्छा नहीं लगता। हम लोगों का ऐसा-वैसा भोजन, रूखा-सूखा गरम-गरम ही तो खा सकोगी। चावल और रोटियां भी तैयार हैं! अभी बन जाता है।

तितली उसे बैठाती हुई, रसोई-घर में चली गई। हरे चनों की छनछनाहट अभी बनजरिया में गूंज रही थी कि मधुबन एक कोमल लौकी लिये हुए आया। वह उसे बैठकर छीलने-बनाने लगा।

शैला इस छोटी-सी गृहस्थी में दो प्राणियों को मिलाकर उसकी कमी पूरी करते देखकर चकित हो रही थी। अभी छावनी की दशा देखकर आई थी। वहां सब कुछ था, पर सहयोग नहीं। यहां कुछ न था; परंतु पूरा सहयोग उस अभाव से मधुर युद्ध करने के लिए प्रस्तुत। शैला ने छेड़ने के लिए कहा—तितली! मुझे भूख लगी है। तुम अपने पकवान रहने दो; जो बना हो, मुझे लाकर खिला दो।

आई, आई, लो, मेरा हाथ जलने से बचा।

मधुबन ने कहा—तो ले आओ न!

वह भी हंस रहा था।

पहले केले का पत्ता ले आओ। फिर जल्दी करना।

मधुबन केले का पत्ता लेने के लिए बनजरिया की झुरमुट में चला। शैला हंस रही थी। उसके सामने हरे-हरे दोनों में देहाती दही में भींगे हुए बड़े और आलू-मटर की तरकारी रख दी गई। पत्ते लेकर मधुबन के आते ही चावल, रोटी, दाल, हरे चने और लौकी भी सामने आ गई।

शैला खाती भी थी, हंसती भी थी। उसके मन में संतोष-ही-संतोष था। उसके आस-पास एक प्रसन्न वातावरण फैल रहा था, जैसे विरोध का कहीं नाम नहीं। इंद्रदेव! उस रूठे हुए मन को मना लाने के लिए तो वह जा रही थी।

भोजन कर लेने पर शैला ने हाथ पोंछते हुए मधुबन से कहा—नील कोठी की रखवाली तुम्हारे ऊपर। मैं दो-चार दिन भी वहां ठहर सकती हूं! सावधान रहना। किसी से लड़ाई-झगड़ा मत कर बैठना।

वाह! मैं सबसे लड़ाई ही तो करता फिरता हूं!

दूर न जाकर घर में तितली ही से, क्यों बहन!—शैला ने हंसकर कहा।

तितली लज्जा से मुस्कराती हुई बोली—मैं क्या कलकत्ते की पहलवान हूं बहन!

मधुबन उत्तर न दे सकने से खीझ रहा था। पर वह खीझ बड़ी सुहावनी थी। सहसा उसे एक बात का स्मरण हुआ। उसने कहा—हां, एक बात तो कहना मैं भूल ही गया था। मलिया को लेकर वह तहसीलदार बहुत धमका गया है। मेरे सामने फिर आवेगा तो मैं उसके दो-चार बचे हुए दांत भी झाड़ दूंगा। वह बेचारी क्या इस गांव में रहने भी न पावेगी। और तो किसी से बोलने के लिए मैं शपथ खा सकता हूं।

मधुबन! सहनशील होना अच्छी बात है। परंतु अन्याय का विरोध करना उससे भी उत्तम है। तुम कोई उपद्रव न करोगे, इसका तो मुझे विश्वास है। अच्छा तो चलो

मेरे साथ, और बहन तितली! तो मैं जाती हूं।

तितली ने नमस्कार किया। दोनों चले। अभी बनजरिया से कुछ ही दूर पहुंचे होंगे कि मलिया उधर से आती हुई दिखाई पड़ी। उसकी दयनीय और भयभीत मुखाकृति देखकर शैला को रुक जाना पड़ा। शैला ने उसे पास बुलाकर कहा—मलिया, तू तितली के पास निर्भय होकर रह, किसी बात की चिंता मत कर।

मलिया की आंखों में कृतज्ञता के आंसू भर आए। नील कोठी पर पहुंचकर दो-चार आवश्यक वस्तुएं अपने बेग में रखकर शैला तैयार हो गई। मधुवन को आवश्यक काम समझाकर वह झील की ओर पत्थर पर बैठी हुई, सड़क पर मोटर आने की प्रतीक्षा करने लगी। मधुबन को भूख लगी थी। उसने जाने के लिए पूछा। तितली भी अभी बैठी होगी—यह जानकर शैला को अपनी भूल मालूम हूई। उसने कहा—जाओ, तितली मुझे कोसती होगी।

मधुबन चला गया। तितली की बातें सोचते-सोचते उसकी छोटी-सी सुख से भरी गृहस्थी पर विचार करते-करते, शैला के एकांत मन में नई गुदगुदी होने लगी। वह अपनी बड़ी-सी नील कोठी को व्यर्थ की विडम्बना समझकर, उसमें नया प्राण ले आने की मन-ही-मन स्त्री-हृदय के अनुकूल मधुर कल्पना करने लगी।

आज उसे अपनी भूल पग-पग पर मालूम हो रही थी। उसने उत्साह से कहा—अब विलंब नहीं।

दूर से धूल उड़ाती हुई मोटर आ रही थी। ड्राइवर के पास एक पांडेजी बंदूक लिये बैठे थे। पीछे श्यामदुलारी और माधुरी थीं।

टीले के नीचे मोटर रुकी। चमड़े का छोटा-सा बेग हाथ में लिये फुरती से शैला उतरी। वह जाकर माधुरी से सटकर बैठ गई।

माधुरी ने पूछा—और कुछ सामान नहीं है क्या?

नहीं तो।

तो फिर चलना चाहिए।

शैला ने कुछ सोचकर कहा—आपने तहसीलदार को साथ में नहीं लिया। बिना उसके वह काम, जो आप करना चाहती हैं; हो सकेगा?

क्षण-भर के लिए सन्नाटा रहा। माधुरी कुछ कहना चाहती थी। श्यामदुलारी ने ही कहा—हां, यह बात तो मैं भी भूल गई। उसको रहना चाहिए।

तो आप एक चिट लिख दें। मैं यहीं नील-कोठी के चपरासी के पास छोड़ आती हूं। वह जाकर दे देगा। कल तहसीलदार बनारस पहुंचेगा।

श्यामदुलारी ने माधुरी को नोट-बुक से पन्ना फाड़कर उस पर कुछ लिखकर दे दिया। शैला उसे लेकर ऊपर चली गई।

श्यामदुलारी ने माधुरी को देखकर कहा—हम लोग जितनी बुरी शैला को समझती थीं उतनी तो नहीं है, बड़ी अच्छी लड़की है।

माधुरी चुप थी! वह अब भी शैला को अच्छा स्वीकार करने में हिचकती थी। शैला ऊपर से आ गई। उसके बैठ जाने पर हार्न देती हुई मोटर चल पड़ी।

3

धामपुर में सन्नाटा हो गया। जमींदार की छावनी सूनी थी। बनजरिया में बाबाजी नहीं। नील-कोठी पर शैला की छाया नहीं। उधर शेरकोट के खंडहर में राजकुमारी अपने दुर्बल अभिमान में ऐंठी जा रही थी। उसका हृदय काल्पनिक सुखों का स्वप्न देखकर चंचल हो गया था। सुखदेव चौबे ने अकालजलद की तरह उसके संयम के दिन को मलिन कर दिया था। वह अब ढलते हुए यौबन को रोक रखने की चेष्टा में व्यस्त रहती है।

उसकी झोंपड़ी में प्रशाधन की सामग्री भी दिखाई पड़ने लगी। कहीं छोटा-सा दर्पण, तो कहीं तेल की शीशी। वह धीरे-धीरे चिकने पथ पर फिसल रही थी। लोग क्या कहेंगे, इस पर उसका ध्यान बहुत कम जाता। कभी-कभी अपनी मर्यादा के खोये हुए गौरव की क्षीण प्रतिध्वनि उसे सुनाई पड़ती; पर वह प्रत्यक्ष सुख की आशा को—जिसे जीवन में कभी प्राप्त न कर सकी थी—छोड़ने में असमर्थ थी।

मधुबन भी तो अब वहां नहीं आता। उस दिन ब्याह में राजकुमारी का वह विरोध उसे बहुत ही खला। उसे धीरे-धीरे राजकुमारी के चरित्र में संदेह भी हो चला था। किंतु उसकी वही दशा थी, जैसे कोई मनुष्य भय से आंख मूंद लेता है। वह नहीं चाहता था कि अपने संदेह की परीक्षा करके कठोर सत्य का नग्न रूप देखे।

मधुबन को नील-कोठी का काम करना पड़ता। वहां से उसको कुछ रुपये मिलते थे। इसी बहाने को वह सब लोगों से कह देता कि उसे शेरकोट आने-जाने में नौकरी के लिए असुविधा थी। इसीलिए बनजरिया में रोटी खाता था। राजकुमारी की खीझ और भी बढ़ गई थी। यों तो मधुबन पहले ही कुछ नहीं देता था। राजकुमारी अपने बुद्धि-बल और प्रबंध-कुशलता से किसी-न-किसी तरह रोटी बनाकर खा खिला लेती थी। पर जब मधुबन को कुछ मिलने लगा, तब उसमें से कुछ मिलने की आशा करना उसके लिए स्वाभाविक था। किंतु वह नहीं चाहती थी कि वास्तव में उसे मधुबन कुछ दिया करे। हां, वह तो यह भी चाहती थी, मधुबन इसके लिए फिर शेरकोट में न आने लगे; और इससे नवजात विरोध का पौधा और भी बढ़ेगा। विरोध उसका अभीष्ट था।

संध्या होने में भी विलंब था। राजकुमारी अपने बालों में कंघी कर चुकी थी। उसने दर्पण उठाकर अपना मुंह देखा। एक छोटी-सी बिंदी लगाने के लिए उसका मन ललच उठा। रोली, कुंकुम, सिंदूर वह नहीं लगा सकती, तब? उसने नियम और

धर्म की रूढ़ि बचाकर काम निकाल लेना चाहा। कत्थे और चूने को मिलाकर उसने बिंदी लगा ली। फिर से दर्पण देखा। वह अपने ऊपर रीझ रही थी। हां, उसमें वह शक्ति आ गई थी कि पुरुष एक बार उसकी ओर देखता। फिर चाहे नाक चढ़ाकर मुंह फिरा लेता। यह तो उनकी विशेष मनोवृत्ति है। पुरुष, समाज में वही नहीं चाहता, जिसके लिए उसी का मन छिपेछिपे प्रायः विद्रोह करता रहता है। वह चाहता है, स्त्रियां सुंदर हों, अपने को सजाकर निकलें और हम लोग देखकर उनकी आलोचना करें। वेश-भूषा के नये-नये ढंग निकालता है। फिर उनके लिए नियम बनाता हैं पर जो सुंदर होने की चेष्टा करती हो, उसे अपना अधिकार प्रमाणित करना होगा।

राजो ने यह अधिकार खो दिया था। वह बिंदी लगाकर पंडित दीनानाथ की लड़की के ब्याह में नहीं जा सकती थी। दुःख से उसने बिंदी मिटाकर चादर ओढ़ ली। बुधिया, सुखिया और कल्लो उसके लिए कब से खड़ी थीं। राजकुमारी को देखकर वह सब-की-सब हंस पड़ीं।

क्या है रे?—अपने रूप की अभ्यर्थना समझते हुए भी राजकुमारी ने उनकी हंसी का अर्थ समझना चाहा। अपनी किसी भी वस्तु की प्रशंसा कराने की साध बड़ी मीठी होती है न? चाहे उसका मूल्य कुछ हो। बुधिया ने कहा—चलो मालकिन! बारात आ गई होगी!

जैसे तेरा ही कन्यादान होने वाला है। इतनी जल्दी।—कहकर राजकुमारी घर में ताला लगाकर निकल गई। कुछ ही दूर चलते-चलते और भी कितनी ही स्त्रियां इन लोगों के झुंड में मिल गईं। अब यह ग्रामीग स्त्रियों का दल हंसते-हंसते परस्पर परिहास में विस्मृत, दीनानाथ के घर की ओर चला।

अन्नों को पका देने वाला पश्चिमी पवन सर्राटे से चल रहा था। जौ-गेहूं के कुछ-कुछ पीले बाल उसकी झोंक में लोट-पोट हो रहे थे। वह फागुन की हवा मन में नई उमंग बढ़ाने वाली थी, सुख-स्पर्श थी। कुतूहल से भरी ग्राम-वधुएं, एक-दूसरे की उमंग आलोचना में हंसी करती हुई, अपने रंग-बिरंगे वस्त्रों में ठीक-ठीक शस्य-श्यामल खेतों की तरह तरंगायित और चंचल हो रही थीं। वह जंगली पवन वस्त्रों से उलझता था। युवतियां उसे समेटती हुईं, अनेक प्रकार से अपने अंगों को मरोर लेती थीं। गांव की सीमा में निर्जनता थी। उन्हें मनमानी बातचीत करने के लिए स्वतंत्रता थी। पीली-पीली धूप, तीसी और सरसों के फूलों पर पड़ रही थी। वसंत की व्यापक कला से प्रकृति सजीव हो उठी थी। सिंचाई से मिट्टी की सोंधी महक, वनस्पतियों की हरियाली की और फूलों की गंध उस वातावरण में उत्तेजना-भरी मादकता ढाल रही थी।

राजकुमारी इस टोली की प्रमुख थी। वह पहले ही पहल इस तरह ब्याह के निमंत्रण में चली थी! संयम का जीवन जैसे कारागार के बाहर आकर संसार की वास्तविक विचित्रता से और अनुभूति से परिचित हो रहा था।

राजकुमारी को दूर से दीनानाथ के घर की भीड़-भाड़ दिखाई पड़ी। उसकी

संगिनियों का दल भी कम न था। उसने देखा कि राग-विरागपूर्ण जन-कोलाहल में दिन और रात की संधि, अपना दुःख-सुख मिलाकर एक तृप्ति-भरी उलझन से संसार को आंदोलित कर रही है। राजकुमारी का मन उसी में मिल जाने के लिए व्यग्र हो उठा।

जब वह पंडितजी के घर पर पहुंची तो बारात की अगवनी में गीत गाने वाली कुल-कामिनियों के झुंड ने अपनी प्रसन्न चेष्टा, चपल संकेतों और खिलखिलाहट-भरी हंसी से उसका स्वागत किया। राजकुमारी ने देखा कि जीवन का सत्य है, प्रसन्नता। वह प्रसन्नता और आनंद की लहरों में निमग्न हो गई।

तहसीलदार बारात का प्रबंध कर रहे थे। इसलिए गोधूलि में जब बारात पहुंची तो वही सबके आगे था। इधर दीनानाथ के पक्ष से चौबे अगवानी कर रहे थे। द्वारपूजा होकर बारात वापस जनवासे लौट गई। वहां मैना का नाच होने लगा।

इधर पंडितजी के घर पर स्त्रियों का कोलाहल शांत हो रहा था। बहुत-सी तो लौटने लगी थीं। पर राजकुमारी का दल अभी जमा था। गाना-बजाना चल रहा था। लग्न समीप था, इसलिए ब्याह देखकर ही इन लोगों को जाने की इच्छा थी।

तितली, जो भीड़ में दूसरी ओर बैठी थी, उठकर आंगन की ओर आई। वह जाने के लिए छुट्टी मांग चुकी थी। छपे हुए किनारे की सादी खादी की धोती। हाथों में दो चूड़ियां और सुनहले कड़े। माथे में सौभाग्य सिंदूर। चादर की आवश्यकता नहीं। अपनी सलज्ज गरिमा को ओढ़े हुए, वह उन स्त्रियों की रानी-सी दिखलाई पड़ती थी।

पंडित की बड़ी लड़की जमुना शहर में ब्याही थी। उसने तितली को जाते देखा। देहात में यह ढंग! वह चकित हो रही थी। मित्रता के लिए चंचल हो कर वह सामने आकर खड़ी हो गई।

वाह बहन! तुम चली जाती हो। यह नहीं होगा। अभी नहीं जाने दूंगी। चलो, बैठो। ब्याह देखकर जाना।

वह गाने वाले झुंड की ओर पकड़कर उसे ले चली। राजकुमारी ने तितली को देखा और तितली ने राजकुमारी को। तितली उसके पास पहुंची। आंचल का कोना दोनों हाथों में पकड़कर गांव की चाल से वह पैर छूने लगी। राजकुमारी अपने रोष की ज्वाला में धधकती हुई मुंह फेरकर बैठ गई।

जमुना को राजो के इस व्यवहार पर क्रोध आ गया। वह तो तितली की मित्र थी। फिर दबने वाली भी नहीं। उसने कहा—बेचारी तो पैर छू रही है और तुम अपना मुंह घुमा लेती हो, यह क्या है। तुम तो तितली की ननद हो न!

मैं कौन हूं? यह सिर चढ़ी तो स्वयं ही दूल्हा खोजकर आई है। भला इस दिखावट की आवभगत से क्या काम?

राजकुमारी का स्वर बड़ा तीव्र और रूखा था।

अब तो आ गई हूं जीजी–तितली ने हंसकर कहा।

कुछ युवतियों ने उसकी बात पर हंस दिया। परंतु एक दल ऐसा भी था, जो तितली से उग्र प्रतिवाद की आशा रखता था। गाना-बजाना बंद हो गया। तितली और राजकुमारी का द्वंद्व देखने का लोभ सब को उस ओर आकर्षित किए था।

एक ने कहा–सच तो कहती है, अब तो वह तुम्हारे घर आ गई है। तुमको अब वह बातें भुला देनी चाहिए।

मैं कर क्या रही हूं। मैं तो कुछ बोलती भी नहीं। तुम लोग झूठ ही मेरा सिर खा रही हो। क्या मैं तो चली जाऊं?–कहती हुई राजकुमारी उठ खड़ी हुई। जमुना ने उसका हाथ पकड़कर बिठलाया, और तितली भौंचक-सी अपने अपराधों को खोजने लगी। उसने फिर साहस एकत्र किया और पूछा–जीजी, मेरा अपराध क्षमा न करोगी?

मै कौन होती हूं क्षमा करनेवाली? तुमको हाथ जोड़ती हूं, तुम्हारे पैरों पड़ती हूं, तुम राजरानी हो, हम लोगों पर दया रखो।

राजकुमारी और कुछ कहना ही चाहती थी कि किसी प्रौढ़ा ने हंसकर कहा–बेचारी के भाई को जादू-विद्या से इस कल की छोकरी ने अपने बस में कर लिया है। उसे दुख न हो?

राजकुमारी ने देखा कि वह बनाई जा रही है, फिर भी तितली की ही विजय रही। वह जल उठी। चुप होकर धीरे-से खिसक जाने का अवसर देखने लगी–पंडित दीनानाथ कुछ क्रोध से भरे हुए घर में आए और अपनी स्त्री से कहने लगे–मैं मना करता था कि इन शहरवालों के यहां एक ब्याह करके देख चुकी हो, अब यह ब्याह किसी देहात में ही करूंगा। पर तुम मानो तब तो। मांग-पर-मांग आ रही है। अनार-शरबत चाहिए। ले आओ, है घर में? इस जाड़े में भी यह ढकोसला! मालूम होता है, जेठ-वैसाख की गरमी से तप रहे हैं!

जमुना की मां धीरे-से अपनी कोठरी में गई और बोतल लिये हुए बाहर आई। उसने कहा–फिर समधी हैं, अनार-शरबत ही तो मांगते हैं। कुछ तुमसे शराब तो मांगते नहीं। घबराने की क्या बात है? सुखदेव चौबे से कह दो, जाकर दे आवें और समझा दें कि हम लोग देहाती हैं; पंडित जी को सागसत्तू ही दे सकते हैं, ऐसी वस्तु न मांगें जो यहां न मिल सकती हो।

जमुना की मां की एक बहन बड़ी हंसोड़ थी। उसने देखा कि अच्छा अवसर है। वह चिल्ला उठी–छिपकली।

पंडित जी–कहां–कहते हुए उछल पड़े। सब स्त्रियां हंस पड़ीं। जमुना की मां ने कहा–छिपकली के नाम पर उछलते हो, यह सुनकर समधी तो तुम्हारे ऊपर सैकड़ों छिपकलियां उछाल देंगे।

पंडित जी ने कहा–तुम नहीं जानती हो, इसके गिरने से शुभ और अशुभ देखा जाता है। यह है बड़ी भयानक वस्तु। इसका नाम है 'विषतूलिका'। सामने गिर

पड़े तो भी दुःख देती है।

पंडित जी जब 'विषतूलिका' का उच्चारण अपने ओठों को बना कर बड़ी गंभीरता से कर रहे थे और सब स्त्रियां हंस रही थीं, तब राजकुमारी ने तितली की ओर देखकर मन-ही-मन घृणा से कहा—विषतूलिका। उस समय उसकी मुखाकृति बड़ी डरावनी हो गई थी। परंतु सुखदेव चौबे को सामने देखते ही उसका हृदय लहलहा गया। रधिया को न जाने क्या सूझा, ढोल बजाती हुई सुखदेव के नाम के साथ कुछ जोड़कर गाने लगी। सब उस परिहास में सहयोग करने लगीं। तितली उठकर मर्माहत-सी जमुना के पास चली गई।

रात हो गई थी। राजकुमारी भी छुट्टी मांगकर अपनी बुधिया, कल्लो को लेकर चली। राह में ही जनवासा पड़ता था। रावटियों के बाहर बड़े-से-बड़े चंदोवे के नीचे मैना गा रही थी—

'लगे नैन बालेपन से'

राजकुमारी कुछ काल के लिए रुक गई। दुधिया ने कहा—चलो, न मालकिन! दूर से खड़ी होकर हम लोग भी नाच देख लें।

नहीं रे! कोई देख लेगा।

कौन देखता है, उधर अंधेरे में बहुत-सी स्त्रियां हैं। वहीं पीछे हम लोग भी घूंघट खींचकर खड़ी हो जाएंगी। कौन पहचानेगा?

राजकुमारी के मन की बात थी। वह मान गई। वह भी जाकर आम के वृक्ष की घनी छाया में छिपकर खड़ी हो गई। बुधिया और कल्लो तो ढीठ थीं, आगे बढ़ गईं। उधर गांव की बहुत-सी स्त्रियां और लड़के बैठे थे। वे सब जाकर उन्हीं में मिल गईं। पर राजकुमारी को साहस न हुआ। आम की मंजरी की मीठी मतवाली महक उसके मस्तिष्क को बेचैन करने लगी।

मैना उन्मत्त होकर पंचम स्वर में गा रही थी। उसका नृत्य अद्‌भुत था। सब लोग चित्रखिंचे-से देख रहे थे। कहीं कोई भी दूसरा शब्द नहीं सुनाई पड़ता था। उसके मधुर नूपुर की झनकार उस वसंत की रात को गुंजा रही थी।

राजकुमारी ने विह्वल होकर कहा—बालेपन से; साथ ही एक दबी सांस उसके मुंह से निकल गई। वह अपनी विकलता से चंचल होकर जल्दी से अपनी कोठरी में पहुंचकर किवाड़ बंद कर लेने के लिए घबरा उठी। पर जाए तो कैसे। बुधिया और कल्लो तो भीड़ में थीं। वहां जाकर उन्हें बुलाना उसे जंचता न था। उसने मन-ही-मन सोचा—कौन दूर शेरकोट है। मैं क्या अकेली नहीं जा सकती। तब तक यहीं खड़ी रहूंगी?—वह लौट पड़ी।

अंधकार का आश्रय लेकर वह शेरकोट की ओर बढ़ने लगी। उधर से एक बाहा पड़ता था। उसे लांघने के लिए वह क्षण-भर के लिए रुकी थी कि पीछे से किसी ने कहा—कौन है?

भय से राजकुमारी के रोएं खड़े हो गए। परंतु अपनी स्वाभाविक तेजस्विता एकत्र करके वह लौट पड़ी। उसने देखा, और कोई नहीं, यह तो सुखदेव चौबे हैं।

गांव की सीमा में खलिहानों पर से किसानों के गीत सुनाई पड़ रहे थे। रसीली चांदनी की आर्द्रता से मंथर पवन अपनी लहरों से राजकुमारी के शरीर में रोमांचक उत्पन्न करने लगा था। सुखदेव ज्ञानविहीन मूक पशु की तरह, उस आम की अंधेरी छाया में राजकुमारी के परवश शरीर के आलिंगन के लिए, चंचल हो रहा था। राजकुमारी की गई हुई चेतना लौट आई। अपनी असहायता में उसका नारीत्व जगकर गरज उठा। अपने को उसने छुड़ाते हुए कहा—सुखदेव! मुझे सब तरह से मत लूटो। मेरा मानसिक पतन हो चुका है। मैं किसी ओर की न रही। तो तुम्हारी भी न हो सकूंगी। मुझे घर पहुंचा दो।

सुखदेव अनुनय करने लगा। रात और भींगने लगी। ज्यों-ज्यों बिलम्ब हो रहा था, राजकुमारी का मन खीझने लगा। उसने डांटकर कहा—चलो घर पर, मैं यहां नहीं खड़ी रह सकती।

विबश होकर दोनों ही शेरकोट की ओर चले।

उधर बारात में नाच-गाना, खाना-पीना चल रहा था। सब लोग जब आनन्द-विनोद में मस्त हो रहे थे, तब एक भयानक दुर्घटना हुई। एक हाथी, जो मस्त हो रहा था, अपने पीलवान को पटककर चिंघाड़ने लगा। उधर साटे-बरदार, बरछी वाले दौड़े, पर चंदोवे के नीचे तो भगदड़ मच गई। हाथी सचमुच उधर ही आ रहा था। मधुबन भी इसी गड़बड़ी में अभी खड़ा होकर कुछ सोच ही रहा था, कि उसने देखा, मैना अकेली किंकर्तव्यविमूढ़-सी हाथी के सूंड़ की पहुंच ही के भीतर खड़ी थी। बिजली की तरह मधुबन झपटा। मैना को गोद में उठाकर दैत्य की तरह सरपट भागने लगा। मैना बेसुध थी।

उपद्रव की सीमा से दूर निकल आने पर मधुबन को भी चैतन्य हुआ। उसने देखा, सामने शेरकोट है। आज कितने दिनों पर वह अपने घर की ओर आया था। अब उसे अपनी विचित्र परिस्थिति का ज्ञान हुआ। वह मैना को बचा ले आया, पर इस रात में उसे रखे कहां। उसने मन को समझाते हुए कहा—मैं अपना कर्त्तव्य कर रहा हूं। इस समय राजो को बुलाकर इस मूर्च्छित स्त्री को उसकी रक्षा में छोड़ दूं। फिर सवेरे देखा जाएगा।

मैना मूर्च्छित थी। उसे लिये हुए धीरे-धीरे वह शेरकोट के खंडहर में घुसा। अभी वह किवाड़ के पास नहीं पहुंचा था कि उसे सुखदेव का स्वर सुनाई पड़ा—खोल दो राजो! मैं दो बात करके चला जाऊंगा। तुमको मेरी सौगंध।

मधुबन के चारों ओर चिनगारियां नाचने लगीं। उसने मैना को धीरे-से दालान की टूटी चौकी पर सुलाकर सुखदेव को ललकारा—क्यों चौबे की दुम। यह क्या?

सुखदेव ने घूमकर कहा—मधुबन! बे, ते मत करो'

साथ ही मधुबन के बलवान हाथ का भरपूर थप्पड़ मुंह पर पड़ा—नीच कहीं का। रात को दूसरों के घर की कुंडियां खटखटाता है और धन्नासेठी भी बघारता है। पाजी!

अभी सुखदेव सम्हाल भी नहीं पाया था कि दनादन लात-घूंसे पड़ने लगे। सुखदेव चिल्लाने लगा। मैना सचेत होकर यह व्यवहार देखने लगी। उधर से राजो भी किवाड़ खोलकर बाहर निकल आई! मधुबन का हाथ पकड़कर मैना ने कहा—बस करो मधुबन बाबू!

राजो तो सन्न थी। सुखदेव ने सांस ली। उसकी अकड़ के बंधन टूट चुके थे।

मैना ने कहा—हम लोग यहीं रात बिता लेंगे। अभी न जाने हाथी पकड़ा गया कि नहीं। उधर जाना तो प्राण देना है।

सुखदेव चतुरता से चूकने वाला न था। उसने उखड़े हुए शब्दों में अपनी सफाई देते हुए कहा—मैं क्या जानता था कि हाथी से प्राण बचाने जाकर बाघ में मुंह चला गया हूं।

मैना को हंसी आ गई। पर मधुबन का क्रोध शांत नहीं हुआ था। वह राजकुमारी की ओर उस अंधकार में घूरने लगा था। राजो का चुप रहना उस अपराध में प्रमाण बन गया था। परंतु मधुबन उसे अधिक खोलने के लिए प्रस्तुत न था।

मीना एक वेश्या थी। उसके सामने कुलीनता का आडम्बर रखने वाले घर का यह भंडाफोड़। मधुबन चुप था। राजकुमारी ने कहा—अच्छा, भीतर चलो। जो किया सो अच्छा किया। यह कौन है?

अब मधुबन को जैसे थप्पड़ लगा।

मैना का प्राण बचाकर उसने अच्छा ही किया था। पर थी तो वह वेश्या! उतनी रात को उसे उठाकर ले भागना; फिर उसे अपने घर ले आना! गांवभर में लोग क्या कहेंगे! और तब तो जो होगा, देखा जाएगा, इस समय राजकुमारी को क्या उत्तर दे। उसका संकोच उसके साहस को चबाने लगा।

मधुबन की परिस्थिति मैना समझ गई। उसने कहा—मैं यहां नाचने आई हूं। हाथी बिगड़कर मुझी पर दौड़ा। यदि मधुबन बाबू वहां न आते तो मैं मर चुकी थी। अब रात-भर मुझे कहीं पड़े रहने के लिए जगह दीजिए, सवेरे ही चली जाऊंगी।

राजकुमारी को समझौता करना था। दूसरा अवसर होता तो वह कभी न ऐसा करती। उसने कहा—अच्छा आओ मैना—उसके साथ भीतर चलते हुए मधुबन का हाथ पकड़कर मैना बोली—सुखदेव को वहीं पड़ा रहने दीजिए। रात है, अभी न जाने हाथी कुचल दे तो बेचारे की जान चली जायगी।

मधुबन कुछ न बोला। वह भीतर चला गया।

सुखदेव सवेरा होने के पहले ही धीरे-धीरे उठकर बनजरिया की ओर चला।

उसका मन विषाक्त हो रहा था। वह राजकुमारी पर क्रोध से भुन रहा था। मधुबन को कभी चबाना चाहता था। परंतु मधुबन के थप्पड़ों को भूलना सहज बात नहीं। वह बल से तो कुछ नहीं कर सकता था, तब कुछ छल से काम लेने की उसे सूझी। अपनी बदनामी भी बचानी थी।

बनजरिया के ऊपर अरुणोदय की लाली अभी नहीं आई थी। मलिया झाड़ू लगा रही थी। तितली ने जागकर सवेरा किया था। मधुबन की प्रतीक्षा में उसे नींद नहीं आई थी। वह अपनी संपूर्ण चेतना से उत्सुक-सी टहल रही थी। सामने से चौबेजी आते हुए दिखाई पड़े। वह खड़ी हो गई। चौबे ने पूछा—मधुबन बाबू अभी तो नहीं आए न?

नहीं तो।

रात को उन्होंने अद्‌भुत साहस किया। हाथी बिगड़ा तो इस फूर्ती से मैना को बचाकर ले भागे कि लोग दंग रह गए। दोनों ही का पता नहीं। लोग खोज रहे हैं। शेरकोट गए होंगे।

तितली तो अनमनी हो रही थी। चौबे की उखड़ी हुई गोल-मटोल बातें सुनकर वह और भी उद्विग्न हो गई। उसने चौबे से फिर कुछ न पूछा। चौबेजी अधिक कहने की आवश्यकता न देखकर अपनी राह लगे। तितली को इस संवाद के कलंक की कालिमा बिखरती जान पड़ी। वह सोचने लगी—मैना! कई बार उसका नाम सुन चुकी हूं। वही न! जिसने कलकत्ते वाले पहलवान को पछाड़ने पर उनको बौर दिया था। तो...उसको लेकर भागे। बुरा क्या किया। मर जाती तो? अच्छा तो फिर यहां नहीं ले आए? शेरकोट राजकुमारी के यहां! जो मुझसे उसको छीनने के लिए तैयार! मुझको फूटी आंखों भी नहीं देखना चाहती। वहीं रात बिताने का कारण?

वह अपने को न संभाल सकी? रामनाथ की तेजस्विता का पाठ भूली न थी। उसने निश्चय किया कि आज शेरकोट चलूंगी, वह भी तो मेरा ही घर है, अभी चलूंगी। मलिया से कहा—चल तो मेरे साथ।

तितली उसी वेश में मधुबन की प्रतीक्षा कर रही थी जिसमें दीनानाथ के घर गई थी। वहां, आंखें जगने से लाल हो रही थीं। दोनों शेरकोट की ओर पग बढ़ाती हुई चलीं।

ग्लानि और चिंता से मधुबन को भी देर तक निद्रा नहीं आई थी। पिछली रात में जब वह सोने लगा तो फिर उसकी आंख ही नहीं खुलती थी। सूर्य की किरणों से चौंककर जब झुंझलाते हुए मधुबन ने आंखें खोली तो सामने तितली खड़ी थी। घूमकर देखता है तो मैना भी बैठी मुस्करा रही है। और राजो वह जैसे लज्जा-संकोच से भरी हुई, परिहास-चंचल अधरों में अपनी वाणी को पी रही है। तितली को देखते ही उससे न रहा गया। उसका हाथ पकड़कर वह अपनी कोठरी में ले जाते हुए बोली—मैना! आज मेरे मधुबन की बहू अपनी सुसराल में आई है। तुम्हीं कुछ मंगल

गा दो। बेचारी मुझसे रूठकर यहां आती ही न थी।

मधुबन अवाक् था। मैना समझ गई। उसने गाने के लिए मुंह खोला ही था कि मधुबन की तीखी दृष्टि उस पर पड़ी। पर वह कब मानने वाली। उसने कहा—बाबूजी, जाइए, मुंह धो आइए। मैं आपसे डरने वाली नहीं। ऐसी सोने-सी बहू देखकर गाने का मन न करे, वह कोई दूसरी होगी। भला मुझे यह अवसर तो मिला।

मधुबन ने तितली से पूछा भी नहीं कि तुम कैसे यहां आई हो। उसने बाहर की राह ली। तितली इस आकस्मिक मेल से चकित-सी हो रही थी। उस दिन राजो के घर धूम-धाम से खाने-पीने का प्रबंध हुआ। मधुबन जब खाने बैठा तो मैना गाने लगी। तितली की आंखों में संदेह की छाया न थी। राजो के मुंह पर स्पष्टता का आलोक था। और मधुबन! वह कभी शेरकोट को देखता, कभी तितली को।

मैना रामकलेवा के चुने हुए गीत गा रहा थी। मलिया अपने विलक्षण स्वर में उसका साथ दे रही थी। मधुबन आज न जाने क्यों बहुत प्रसन्न हो रहा था।

4

जब से श्यालदुलारी शहर चली गई; धामपुर में तहसीलदार का एकाधिपत्य था। धामपुर के कई गांवों में पाला ने खेती चौपट कर दी थी। किसान व्याकुल हो उठे थे। तहसीलदार की कड़ाई और भी बढ़ गई थी। जिस दिन रामजस का भाई पथ्य के अभाव से मर गया और उसकी मां भी पुत्रशोक में पागल हो रही थी, उसी दिन जमींदार की कुर्की पहुंची। पाला से जो कुछ बचा था, वह जमींदार के पेट में चला गया। खड़ी फसल कुर्क हो गई। महंगू भी इस ताक में बैठा ही था। उसका कुछ रुपया बाकी था। आज-कल करते हुए बहुत दीन बीत गए। रामजस के बैलों पर उसकी डीठ लगी थी। रामजस निर्विकार भाव से जैसे प्रतीक्षा कर रहा था कि किसी तरह सब कुछ लेकर संसार मुझे छोड़ दे और मैं भी माता के मर जाने के बाद इस गांव को छोड़ दूं। दूसरे ही दिन उसकी मां भी चल बसी। मधुबन ने उसे बहुत समझाया कि ऐसा क्यों करते हो, गेग साहब को आने दो, कोई-न-कोई प्रबंध हो जाएगा; परंतु उसके मन में उस जीवन से तीव्र उपेक्षा हो गई थी। अब वह गांव में रहना नहीं चाहता। मधुबन के यहां कितने दिन तक रहेगा। उसे तो कलकत्ता जाने की धुन लगी थी।

उस दिन जब बारात में हाथी बिगड़ा और मैना को लेकर मधुबन भागा तो गांव-भर में यह चर्चा हो रही थी कि मधुबन ने बड़ी वीरता का कार्य किया। परंतु उसके शत्रु तहसीलदार और चौबेजी ने यह प्रवाद फैलाया कि 'मधुबन' बाबा रामनाथ

के सुधारक दल का स्तंभ है। उसी ने ऐसा कोई काम किया कि हाथी बिगड़ गया, और यह रंग-भंग हुआ! क्योंकि वे लोग बारात में नाच-रंग के विरोधी थे।'

महंगू के अलाव पर गांव भर की आलोचना होती थी। रामजस को बेकारी में दूसरी जगह बैठने की कहां थी। महंगू ने खांसकर कहा—मधुबन बाबू ऐसा नहीं करना चाहता था। भला ब्याह-बारात में किसी मंगल काम में, ऐसा गड़बड़ करा देना चाहिए।

झूठे हैं, जो लोग ऐसी बात कहते हैं महतो!—रामजस ने उत्तेजित होकर कहा।

और यह भी झूठ है कि रात-भर मैना को अपने घर ले जाकर रखा। भाई, अभी लड़के हो, तुम भी तो उसी दल के हो न! देह में जब बल उमगता है तब सब लोग ऐसा कर बैठते हैं। फिर भी लोक-लाज तो कोई चीज है। मधुबन अभी और क्या-क्या करते हैं, देखना; मेरा भी नाम महंगू है।

तुम बूढ़े हो गए, पर समझ से तो कोसों दूर भागते हो। मधुबन के ऐसा कोई हो भी। देखो तो वह लड़कों को पढ़ाता है, नौकरी करता है, खेती-बारी संभालता है, अपने अकेले दम पर कितने काम करता है। उसने मैना का प्राण बचा दिया तो यह भी पाप किया?

तुम्हारे जैसे लोग उसके साथ न होंगे तो दूसरे कौन होंगे। उसी की बात सुनते-सुनते अपना सब कुछ गंवा दिया, अभी उसकी बड़ाई करने से मन नहीं भरता।

रामजस को कोड़ा-सा लगा। वह तमककर खड़ा हो गया। और कहने लगा—चार पैसे हो जाने से तुम अपने को बड़ा समझदार और भलेमानुस समझने लगे हो। अभी उसी का खेत जोतते-जोतते गगरी में अनाज दिखाई देने लगा, उसी को भला-बुरा कहते हो। मैं चौपट हो गया तो अपने दुर्दैव से महंगू! मधुबन ने मेरा क्या बिगाड़ा। और तुम अपनी देखो।—कहता हुआ रामजस बिगड़कर वहां से चलता बना। वह तो बारात देखने के लिए ठहर गया था। आज ही उसका जाने का दिन निश्चित था। मधुबन से मिलना भी आवश्यक था। वह बनजरिया की ओर चला। उसके मन में इस कृतघ्न गांव के लिए घोर घृणा उत्तेजित हो रही थी। वह सोचता चला जा रहा था कि किस तरह महंगू को उसकी हेकड़ी का दंड देना चाहिए। कई बातें उसके मन में आईं। पर वह निश्चय न कर सका।

सामने मधुबन को आते देखकर वह जैसे चौंक उठा। मधुबन के मुंह पर गहरी चिंता की छाया थी। मधुबन ने पूछा—क्यों रामजस, कब जा रहे हो?

मैं तो आज ही जाने को था, परंतु अब कल सवेरे जाऊंगा, मधुबन भइया! एक बात तुमसे पूछूं तो बुरा नहीं मानोगे?

बुरा मानकर कोई क्या कर लेता है रामजस! तुम पूछो!

भइया, तुमको क्या हो गया जो मैना को लेकर भागे? गांव-भर में इसकी बड़ी बदनामी है। वह तो कहो कि हाथी ही बिगड़ा था नहीं तो इस पर परदा डालने के

लिए कौन-सी बात कही जाती?

और हाथी को भी तो मैंने ही छेड़कर उत्तेजित कर दिया था। यह क्या तुम नहीं जानते?

लोग तो ऐसा भी कहते हैं।

तब फिर मैना के लिए क्या ऐसा नहीं किया जा सकता। जिन लोगों के पास रुपया है वे तो रुपया खर्च कर सकते हैं। और जिसके पास न हो तो वह क्या करे?

नहीं, यह बात मैं नहीं मानता। मेरे भाभी के पैर की धूल भी तो वह नहीं है।

तेरी भाभी भी यही बात मानती है।

तब यह बात किसने फैलायी है, जानते हो भइया, उसी पाजी महंगू ने। तुम्हारी ही खाकर मोटा हुआ है, तुम्हारी ही बदनामी करता है! अपने अलाव पर बैठकर हुक्का हाथ में ले लेता है, तब मालूम पड़ता है कि नवान का नाती है। अभी उससे मेरी एक झपट हो गई है। भइया, मैंने सब गंवा दिया, अब तो मुझे यहां रहना नहीं है। कहो तो रात में उसको ठीक करके कलकत्ते खिसक जाऊं। किसको पता चलेगा कि किसने यह किया है।

नहीं-नहीं रामजस! उसके ऊपर तुम संदेह न करो। यह सत्य है कि उसके पास चार पैसा हो गया है। उसके पास साधन-बल और जनबल भी है। इसी से कुछ बहकी हुई बातें करने लगा है, वह मन का खोटा नहीं है! संपन्न होने से इस तरह का अभिमान आ जाते देर नहीं लगती। इस तरह की बात, जब तुम गांव छोड़कर परदेश जा रहे हो तब, न सोचना चाहिए। न जाने किस अपराध के कारण तुमको यह दिन दिखाई पड़ा तब सचमुच तुम चलते-चलते अपने माथे कलंक का टीका न लो। मैं जानता हूं जो यह सब कर रहा है। पर मैं अभी उसका नाम न लूंगा।

बता दो भइया, मैं तो जा ही रहा हूं। उसको पाठ पढ़ाकर जाता तो मुझे खुशी होती। मेरा गांव छोड़ना सार्थक हो जाता।

ठहरो भाई! हम लोगों के संबंध में लोगों की जब ऐसी धारणा हो रही है तो सोच-समझकर कुछ कहना चाहिए। जिसकी दुष्टता से यह सब हो रहा है उसके अपराध का पूरा प्रमाण मिले बिना दंड देना ठीक नहीं। परंतु रामजस, न कहने से पेट में हूक-सी उठ रही है। तुमसे कहूं; लज्जा मेरा गला दबा रही है।

कहते-कहते मधुबन रुककर सोचने लगा। उसका श्वास विषधर के फुफकार की तरह सुनाई पड़ रहा था। फिर उसने ठहरकर कहना आरंभ कर दिया—भाई, जब मैना के सामने यह बात खुल गई तो तुमसे कहने में क्या संकोच! सुनो, भगदड़ में जब मैं मैना को लेकर भागा तो मुझे ज्ञान न था कि मैं किधर जा रहा हूं। जा पहुंचा शेरकोट और वहां देखा कि भीतर से किवाड़ बंद है, बाहर सुखदेव चौबे खड़ा

होकर कह रहा है, 'राजो, किवाड़ खोलो'। मेरा खून खौल उठा। मैना को छोड़कर मैंने उसे दो-चार हाथ जमाया ही था कि मैना ने रोक लिया और मैं तो उसकी हत्या ही कर बैठता; पर यही जानकर कि जब राजो के साथ चौबे का कोई संबंध था तभी तो यह बात हुई, मैं रुक गया। तुम तो जानते हो कि मैं ब्याह के बाद शेरकोट गया ही नहीं : इधर यह सब क्या हो गया, मुझे मालूम नहीं। मेरा हृदय जला जा रहा है। मैं जानता हूं कि चौबे ही इसकी जड़ में है, पर क्या करूं, लोक-लाज और अपना कलंक मेरा गला घोंट रहा है।

रामजस ने अपनी लाठी पटकते हुए कहा—ब्याह करके तुम कायर हो गए हो, यह नहीं कहते। स्त्री का मोह हो रहा है। सुखदेव को तो मैं उसी दिन समझ गया था कि बह पड़ा पाजी है, जब वह मां के मरने में ज्योनार देने के लिए बहुत-कुछ कह रहा था। उस नीच को मालूम था कि मेरा भाई पथ्य के लिए भूखों मर गया। और मां दरिद्रता की उस घोर पीड़ा और अभिमान के कारण पागल होकर मर गई। परंतु वह श्रद्धा के अवसर पर बड़ी-सी ज्योनार देने के लिए निर्लज्जता से हठ करता रहा। ऐसे ढोंगी को तो वहीं मार डालना चाहता था। पाजी जब मेरे खेत कि लिए नीलाम की बोली बोलने आया था तब नहीं जानता था कि मेरे पास कुछ नहीं है। मुझे धर्म और परलोक का पाठ पढ़ाता था। मैं तो अब कलकत्ते नहीं जाता। देखूं, कौन मेरा खेत काटता है। मैं तो आज से प्रतिज्ञा करता हूं कि बिना इसका सिर फोड़े नहीं जाता। पैसे के बल पर धर्म और सदाचार का अभिनय करना भुलवा दूंगा! मैंने जो कुछ पढ़ा-लिखा है, सब झूठा था। आज-कल क्या, सब युगों में लक्ष्मी का बोलबाला था। भगवान भी इसी के संकेतों पर नाचते हैं । मैं तुम्हारी इस झूठे पाप-पुण्य की दुहाई नहीं मानता।

तुम ठहरो रामजस! इस दरिद्रता का अनिवार्य कुफल लोग समझने लगे हैं, देखते नहीं हो, गांव में संगठन का काम चलाने के लिए मिस शैला कितना काम कर रही हैं। सबका सामूहिक रूप से कल्याण होने में विलम्ब है अवश्य, परंतु उसे अपनी उच्छृंखलताओं से अधिक दूर करने से तो कुछ लाभ नहीं। मैं कायर हूं, डरपोक हूं, मुझे मोह है, यह सब तुम कह रहे हो केवल इसलिए कि मुझे भविष्य के कल्याण से आशा है। मैं धैर्य से उसकी प्रतीक्षा करने का पक्षपाती हूं।

मैं यह सब मानता। पेट के प्रश्न को सामने रखकर शक्ति-संपन्न पाखंडी लोग अभाव-पीड़ितों को सब तरह के नाच नचा रहे हैं। मनुष्य को अपनी वास्तविकता का जैसे ज्ञान नहीं रह गया है। तब यह सब बातें सुनने के योग्य नहीं रह जातीं। प्रभुत्व और धन के बल पर कौन-कौन से अपराध नहीं हो रहे हैं। तब उन्हीं लोगों के अपराध-अपराध चिल्लाने का स्वर दूसरे गांव में भटक कर चले आने वाले नए कुत्ते के पीछे गांव के कुत्तों का-सा है। वह सब मैं सुनते-सुनते ऊब गया हूं मधुबन भइया!

मधुबन ने गंभीर होकर कहा—तुम्हारे खेत की फसल नीलाम हो चुकी है। अब तुम उसे छुओगे तो मुकदमा चलेगा। चलो तुम बनजरिया में रहो। फिर देखा जाएगा।

होठ बिचकाकर रामजस ने जैसे उसकी बातों को उड़ाते हुए हंस दिया। फिर ठहरकर उसने कहा—अच्छा आज तो मैं अपने खेत का हाबुस भूनकर खाऊंगा। फिर कल, यहां रहना होगा तो बनजरिया में ही आकर रहूंगा।

रामजस चला गया, परंतु मधुबन के हृदय पर एक भारी बोझ डालकर। वह बाबा रामनाथ की शिक्षा स्मरण करने लगा—मनुष्य के भीतर जो कुछ वास्तविकता है, उसे छिपाने के लिए जब वह सभ्यता और शिष्टाचार का चोला पहनता है तब उसे सम्हालने के लिए व्यस्त होकर कभी-कभी अपनी आंखों में ही उसको तुच्छ बनना पड़ता है।

मधुबन के सामने ऐसी ही परिस्थिति थी। रामनाथ के महत्त्व का बोझ अब उसी के सिर पर आ पड़ा था। वह बनावटी बड़प्पन से पीड़ित हो रहा था। उसके मन में साफ-साफ झलकने लगा था कि रामनाथ के लिए जो बात अच्छी थी वही उसके लिए भी सोलह आने ठीक उतरे, यह असंभव है।

जीवन तो विचित्रता और कौतूहल से भरा होता है। यही उसकी सार्थकता है। उस छोटी-सी गुड़िया ने मुझे पालतू सुग्गा बनाकर अपने पिंजड़े में रख छोड़ा है। मनुष्य का जीवन, उसका शरीर और मन एक कच्चे सूत में बांधकर लटका देने का खेल करना चाहती है, यही खेल बराबर नहीं चल सकता। मैना को लेकर जो कांड अकस्मात् खड़ा हो गया है उसके जैसे वह आज-कल दिन-रात सोचती है। रूठी हुई शांत-सी, किंतु भीतर-भीतर जैसे वह उबल पड़ने की दशा। बोलती है तो जैसे वाणी हृदय का स्पर्श करने नहीं आती। मैं अपनी सफाई देता हूं, उसकी गांठ खोलना चाहता हूं, किंतु वह तो जैसे भयभीत और चौकन्नी-सी हो गई है। पुरुष को सदैव यदि स्त्री को सहलाते, पुचकारते ही बीते तो बहुत ही बुरा है। उसे तो उन्मुक्त, विकासोन्मुख और स्वतंत्र होना चाहिए। संसार में उसे युद्ध करना है। वह घड़ी-भर मन बहलाने के लिए जिस तरह चाहे रह सकता है। उसके आचरण में, कर्म में नदी की धारा की तरह प्रवाह होना चाहिए। तालाब के बंधे पानी-सा जसके जीवन का जल सड़ने और सूखने के लिए होगा तो वह भी जड और स्पन्दन-विहीन होगा!

अभी-अभी रामजस क्या कह गया है? उसका हृदय कितना स्वतंत्र और उत्साहपूर्ण है। मैं जैसे इस छोटी-सी गृहस्थी के बंधन में बंधा हुआ, बैल की तरह अपने सूखे चारे को चबाकर संतुष्ट रहने में अपने को धन्य समझ रहा हूं। नहीं, अब मैं इस तरह नहीं रह सकता। सचमुच मेरी कायरता थी। चौबे को उसी दिन मुझे इस तरह छोड़ देना नहीं चाहता था। मैं डर गया था। हां, अभाव! झगड़े के लिए शक्ति, संपत्ति और साहाय्य भी तो चाहिए। यदि यही होता, तब मैं उसे संग्रह करूंगा। पाजी बनूंगा; सब करते क्या हैं। संसार में चारों ओर दुष्टता का साम्राज्य

है। मैं अपनी निर्बलता के कारण ही लूट में सम्मिलित नहीं हो सकता। मेरे सामने ही वह मेरे घर में घुसना चाहता था। मेरी दरिद्रता को वह जानता है। और राजो। ओह! मेरा धर्म झूठा है। मैं क्या किसी के सामने सिर उठा सकता हूं। तब...रामजस सत्य कहता है। संसार पाजी है, तो हम अकेले महात्मा बनकर मर जाएंगे।...

मधुबन घर की ओर मुड़ा। वह धीरे-धीरे अपनी झोंपड़ी के सामने आकर खड़ा हुआ। तितली उसकी ओर मुंह किए एक फटा कपड़ा सी रही थी। भीतर राजो-रसोईघर में से बोली—बहू, सरसों का तेल नहीं है। ऐसे गृहस्थी चलती है; आज ही आटा भी पिस जाना चाहिए।

जीजी, देखो मलिया ले आती है कि नहीं।! उससे तो मैंने कह दिया था कि आज जो दाम मटर का मिले उससे तेल लेते आना।

और आटे के लिए क्या किया?

जौ, चना और गेहूं एक में मिलाकर पिसवा लो। जब बाबू साहब को घर की कुछ चिंता नहीं तब तो जो होगा घर में वही न खाएंगे?

कल का बोझ जो जाएगा उसमें अधिक दाम मिलेगा, करंजा सब बिनवा चुकी हूं। बनिए ने मांगा भी है। गेहूं कल मंगवा लूंगी। उनकी बात क्या पूछती हो। तुम्हीं तो मुझसे चिढ़कर उसके लिए मैना को खोज लाई हो, जीजी!—कहती हुई तितली ने हंसी को बिखराते हुए व्यंग्य किया।

भाड़ में गई मैना! बहू, मुझे यह हंसी अच्छी नहीं लगती। आ तो आज तेरी चोटी बांध दूं।

मधुबन यह बातें सुनकर धीरे-से उल्टे पांव लौटकर बनजरिया के बाहर चला गया। वह मैना की बात सोचने लगा था। कितनी चंचल, हंसमुख और सुंदर है, और मुझे...मानती है। चाहती होगी! उस दिन हजारों के सामने उसने मुझे जब बौर दिया था, तभी उसके मन में कुछ था।

मधुबन को शरीर की यौवन भरी संपत्ति का सहसा दर्प भरा ज्ञान हुआ। स्त्री और मैना-सी मनचली! यह तो...तब इस कूड़ा-करकट में कब तक पड़ा रहूंगा? रामजस ठीक ही करता था!

न जाने कह, हृदय की भूमि सोंधी होकर वट-बीज-सा बुराई की छोटी-सी बात अपने में जमा लेती है। उसकी जड़ें गहरी और भीतर-भीतर घुसकर अन्य मनोवृत्तियों का रस चूस लेती हैं। दूसरा पौधा आस-पास का निर्बल ही रह जाता है?

मधुबन ने एक दीर्घ निःश्वास लेकर कहा—स्त्री को स्त्री का अवलम्बन मिल गया। तितली, मैना के भय से राजो को पकड़कर उसकी गोद में मुंछ छिपाना चाहती है। और राजो, उसकी भी दुर्बलता साधारण नहीं। चलो अच्छा हुआ एक-दूसरे को सम्हाल लेंगी।

मधुबन हल्के मन से रामजस को खोजने के लिए निकल पड़ा।

तहसीलदार की बैठक में बैठे चौबेजी पान चबाते हुए बोले—फिर सम्हालते न बनेगा। मैं देख रहा हूं कि तुम अपना भी सिर तुड़ाओगे और गांव-भर पर विपत्ति बुलाओगे। मैं अभी देखता आ रहा हूं, रामजस बैठा हुआ अपने उपरवार खेत का जौ उखाड़ कर होला जला रहा था, बहुत-से लड़के उसके आसपास बैठे हैं।

उसका यह साहस नहीं होता यदि और लोग न उकसाते। यह मधुबन का पाजीपन है। मैं उसे बचा रहा हूं, लेकिन देखता हूं कि वह आग में कूदने के लिए कमर कसे है। बड़ा क्रोध आता है, चौबे, मैं भी तो समय देख रहा हूं। बीबी-रानी के नाम से हिस्सेदारी का दाखिल-खारिज हो गया है। मुखतारनामा मुझे मिल जाए तो एक बार इन पाजियों को बता दूं कि इसका कैसा फल मिलता है।

वह तो सबसे कहता है कि मेरे टुकड़ों से पला हुआ कुत्ता आज जमींदार का तहसीलदार बन गया। उसको मैं समझता क्या हूं!

पला तो हूं, पर देख लेना कि उससे टुकड़ा न तुड़वाऊं तो मैं तहसीलदार नहीं। मैं भी सब ठीक कर रहा हूं। बनजरिया और शेरकोट पर घमंड हो गया है! सुखदेव! अब क्या यहां इंद्रदेव या श्यामदुलारी फिर आवेंगी? देखना, इन सबको मैं कैसा नाच नचाता हूं।

तहसीलदार के मन में लघुता को—पहले मधुबन के पिता के यहां की हुई नौकरी के कलंक को—धो डालने के लिए बलवती प्रेरणा हुई—यह कल का छोकरा सबसे कहता फिरता है तो उसको भी मालूम हो जाए कि मैं क्या हूं— कुछ विचार करके सुखदेव से कहा—

तुम जाकर एक बार रामजस को समझा दो। नहीं तो अभी उसका उपाय करता हूं। मैं चाहता हूं कि भिड़ना हो तो मधुबन पर ही सीधा वार किया जाए। दूसरों को उसके साथ मिलने का अवसर न मिले।

मैं जाता तो हूं; पर यदि वह मुझसे टर्राया और तुम फिर चुप रह गए तो यह अच्छी बात न होगी—कहकर सुखदेव चौबे रामजस के खेत पर चले। वहां लड़कों की भीड़ जुटी थी। पूरा भोज का-सा जमघट था। कोई बेकार नहीं। कोई उछल रहा है, कोई गा रहा है, कोई जौ के मुट्ठों की पत्तियां जलाकर झुलस रहा है। रामजस ने जैसे टिड्डियों को बुला लिया है। वह स्थिर होकर यह अत्याचार अपने ही खेत पर करा रहा है। जैसे सर्वनाश में उसको विश्वास हो गया हो। अपनी झोंपड़ी में से, जो रखवाली के लिए वहां पड़ी थी, सूखे खरों को खींचकर लड़कों को दे रहा था। लड़कों में पूरा उत्साह था। जिसके यहां कोल्हू चल रहा था, वे दौड़कर अपने-अपने घरों से ऊख का रस ले आते थे। ऐसा आनन्द भला वे कैसे छोड़ सकते थे। एक लड़के ने कहा—रामजस दादा, कहो तो ढोल ले आवें।

नहीं बे, रात को चौताल गाया जायगा। अभी तो खूब पेट भरकर खा ले। फिर...

अभी बात पूरी न हो पाई थी कि सामने से सुखदेव ने कहा—यह क्या हो रहा है रामजस! कुछ पीछे की भी सुध है? क्या जेल जाने की तैयारी कर रहे हो?

क्या तुम हथकड़ी लेकर आये हो?

अरे नहीं भाई! मैं तो तुमको समझाने आया हूं। देखो ऐसा काम न करो कि सब कुछ चौपट हो जाने के बाद जेल भी जाना पड़े। यह खेत...

यह खेत क्या तुम्हारे बाप का है? मैंने इसे छाती का हाड़ तोड़कर जोता-बोया है; मेरा अन्न है, मैं लुटा देता हूं, तुम होते कौन हो?

पीछे मालूम होगा, अभी तुम मधुबन के बहकाने में आ गये हो, जब चक्की पीसनी होगी; तब हेंकड़ी भूल जायेगी।

कहे देता हूं कि सीधे-सीधे चले जाओ, नहीं तो तुम्हारी मस्ती उतार दूंगा। कहकर रामजस सीधा तनकर खड़ा हो गया। सुखदेव ने भी क्रोध में आकर कहा—दूंगा एक झापड़, दांत झड़ जायेंगे। मैं तो समझा रहा हूं, तू बहकता जा रहा है।

तो तुमने मुझको भी मधुबन भइया समझ रखा है न। अच्छा तोलेते जाओ बच्चू!—कहकर रामजस ने लाठी घुमाकर हाथ उसके मोढ़े पर जड़ दिया। जब तक चौबे सम्हले तब तक उसने दुहरा दिया।

चौबेजी वहीं लेट गये। लड़के इधर-उधर भाग चले। गांव भर में हल्ला मचा। लोग इधर-उधर से दौड़कर आये।

महंगू ने कहा—यह बड़ा अंधेर है। ऐसी नवाबी तो नहीं देखी। भला कुर्क हुए खेत को इस तरह तहस-नहस करना चाहिए।

पांडेजी ने कहा—चौबेजी को तो पहले उठा ले चलो, यहां खड़े तुम लोग क्या देख रहे हो।

पांडेजी के कहने पर लोगों को मूर्च्छित चौबे का ध्यान आया। उन्हें उठाकर जब लोग जा रहे थे तब मधुबन वहां आया। उसने सुन लिया कि सुखदेव पिट गया। मधुबन ने क्षण-भर में सब समझ लिया। उसने कहा—रामजस! अब यहां क्या कर रहे हो? चलो मेरे साथ।

उसने कहा—ठहरो दादा, लगे हाथ इस महंगू को भी समझा दें।

मधुबन ने उसका हाथ पकड़कर कहा—अरे महंगू बूढ़ा है। उस बेचारे ने क्या किया है? अधिक उपद्रव न बढ़ाओ, जो किया सो अच्छा किया।

अभी मधुबन उसको समझा ही रहा था कि छावनी से दस लट्ठबाज दौड़ते हुए पहुंच गये। 'मार-मार' की ललकार बढ़ चली। मधुबन ने देखा कि राम-जस तो अब मारा जाता है। उसने हाथ उठाकर कहा—भाइयो, ठहरो, बिना समझे मारपीट करना नहीं चाहिए।

यही पाजी तो सब बदमाशी की जड़ है।—कहकर पीछे से तहसीलदार ने ललकारा। दनादन लाठियां छूट पड़ीं। दो-तीन तक तो मधुबन बचाता रहा, पर कब

तक! चोट लगते ही उसे क्रोध आ गया। उसने लपककर एक लाठी छीन ली और रामजस की बगल में आकर खड़ा हो गया।

इधर दो और उधर दस। जमकर लाठी चलने लगी। मधुबन और रामजस जब घिर जाते तो लाठी टेककर दस-दस हाथ दूर जाकर खड़े हो जाते। छः आदमी गिरे और रामजस भी लहू से तर हो गया।

गांव वाले बीच में आकर खड़े हो गये। लड़ाई बन्द हुई। मधुबन रामजस को अपने कंधे का सहारा दिये धीरे-धीरे बनजरिया की ओर ले चला।

5

कच्ची सड़क के दोनों ओर कपड़े, बरतन, बिसातखाना और मिठाइयों की छोटी-बड़ी दूकानों से अलग, चूने से पुती हुई पक्की दीवारों के भीतर, बिहारीजी का मन्दिर था। धामपुर का यहीं बाजार था। बाजार के बनियों की सेवा-पूजा से मंदिर का राग-भोग चलता ही था, परन्तु अच्छी आय थी महन्तजी को सूद से। छोटे-छोटे किसानों की आवश्यकता जब-जब उन्हें सताती, वे लोग अपने खेत बड़ी सुविधा के साथ यहां बन्धक रख देते थे।

महन्तजी मन्दिर से मिले हुए, फूलों से भरे, एक सुन्दर बगीचे में रहते थे। रहने के लिए छोटा, पर दृढ़ता से बना हुआ, पक्का घर था। दालान में ऊंचे तकिये के सहारे महन्तजी प्रायः बैठकर भक्तों की भेंट और किसानों का सूद दोनों ही समभाव से ग्रहण करते। जब कोई किसान कुछ सूद छोड़ने के लिए प्रार्थना करता तो वह गम्भीरता से कहते—भाई, मेरा तो कुछ है नहीं, यह तो श्री बिहारीजी की विभूति है, उनका अंश लेने से क्या तुम्हारा भला होगा?

भयभीत किसान बिहारीजी का पैसा कैसे दबा सकता था? इसी तरह कई छोटी-मोटी आसपास की जमींदारी भी उनके हाथ आ गई थी। खेतों की तो गिनती न थी।

सन्ध्या की आरती हो चुकी थी। घंटे की प्रतिध्वनि अभी दूर-दूर के वायुमंडल में गूंज रही थी। महन्तजी पूजा समाप्त करके अपनी गद्दी पर बैठे ही थे कि एक नौकर ने आकर कहा—ठाकुर साहब आए हैं।

ठाकुर साहब!—जैसे चौंककर महन्त ने कहा।

हां महाराज!—अभी वह कही रहा था कि ठाकुर साहब स्वयं आ धमके। लम्बे-चौड़े शरीर पर खाकी की आधी कमीज और हाफ-पैण्ट, पूरा मोजा और बूट, हाथ में हण्टर!

इस मूर्ति को देखते ही महन्तजी विचलित हो उठे। आसन से थोड़ा-सा उठकर

कहा—

आइए, सब कुशल तो है न?

कुर्सी पर बैठते रामपाल सिंह इंस्पेक्टर ने कहा—सब आपकी कृपा है। धामपुर में जांच के लिए गया था। वहां से चला आ रहा हूं। सुना है कि वह चौबे जो उस दिन की मार-पीट में घायल हुआ था, आपके यहां है।

हां साहब! वह बेचारा तो मर ही गया होता। अब तो उसके घाव अच्छे हो रहे हैं। मैंने उससे बहुत कहा कि शहर के अस्पताल में चला जा, पर वह कहता है कि नहीं, जो होना था, हो गया; मैं अब न अस्पताल जाऊंगा, न धामपुर, और न मुकदमा ही चलाऊंगा; यहीं ठाकुरजी की सेवा में पड़ा रहूंगा।

पर मैं तो देखता हूं कि यह मुकदमा अच्छी तरह न चलाया गया तो यहां के किसान फिर आप लोगों को अंगूठा दिखा देंगे। एक पैसा भी उनसे आप ले सकेंगे, इसमें संदेह है। सुना है कि आपका रुपया भी बहुत-सा इस देहात में लगा है।

ठाकुर साहब! मैं तो आप लोगों के भरोसे बैठा हूं। जो होगा देखा जाएगा। चौबे तो इतना डर गया है कि उससे अब कुछ भी काम लेना असंभव है। वह तो कचहरी जाना नहीं चाहता।

अच्छी बात है; मैंने मुकदमा छावनी के नौकरों का बयान लेकर चला दिया है। कई बड़ी धाराएं लगा दी हैं। उधर तहसीलदार ने शेरकोट और बनजरिया की बेदखली का भी दावा किया। अपने-आप सब ठीक हो जाएंगे। फिर आप जानें और आपका काम जाने। धामपुर में तो इस घटना से ऐसी सनसनी है कि आप लोगों का लेन-देन सब रुक जाएगा।

महन्तजी को इस छिपी हुई धमकी से पसीना आ गया। उन्होंने सम्हलते हुए कहा—बिहारीजी का सब कुछ है, वही जानें।

ठाकुर साहब पान-इलाइची लेकर चले गए। महन्तजी थोड़ी देर तक चिंता में निमग्न बैठे रहे। उनका ध्यान तब टूटा, जब राजकुमारी के साथ माधो आकर उनके सामने खड़ा हो गया। उन्होंने पूछा—क्या है?

राजकुमारी ने घूंघट सम्हालते हुए कहा—हम लोगों को रुपये की आवश्यकता है। बन्धन रखकर कुछ रुपया दीजिएगा? बड़ी विपत्ति में पड़ी हूं। आप न सहायता करेंगे तो सब मारे जाएंगे।

तुम कौन हो और क्या बंधन रखना चाहती हो? भाई आज-कल कौन रुपया देकर लड़ाई मोल लेगा। तब भी सुनूं।

शेरकोट को बंधक रखकर मेरे भाई मधुबन को कुछ रुपये दीजिए। तहसीलदार ने बड़ी धूम-धाम से मुकदमा चलाया है। आप न सहायता करेंगे तो मुकदमे की पैरवी न हो सकेगी। सब-के-सब जेल चले जाएंगे।

शेरकोट! भला उसे कौन बंधक रखेगा? तुम लोगों के ऊपर तो 'बेदखली' हो गई है। बनजरिया का भी वही हाल है। मैं उस पर रुपया नहीं दे सकता। मैं इस झंझट में नहीं पड़ूंगा।—कहकर महन्तजी ने माधो की ओर देखकर कहा—और तुम क्या चाहते हो? रुपये दोगे कि नहीं? आज ही न देने के लिए कहा था?

महन्तजी, आप हमारे माता-पिता हैं। इस समय आप न उबारेंगे तो हमारा दस प्राणियों का परिवार नष्ट हो जाएगा। घर की स्त्रियां रात को साग खोंटकर ले आती हैं। वही उबालकर नमक से खाकर सो रहती है। दूसरे-तीसरे दिन अन्न कभी-कभी, वह भी थोड़ा-सा मुंह में चला जाता है। हम लोग तो चाकरी-मजूरी भी नहीं कर सकते। मटर की फसल भी नष्ट हो गई। थोड़ी-सी ऊख रही, उसे पेरकर सोचा था कि गुड़ बनाकर बेच लेंगे, तो आपको भी कुछ देंगे और कुछ बाल-बच्चों के खाने के काम में आएगा।

फिर क्या हुआ, उसकी बिक्री भी चट कर गए? तुमको देना तो है नहीं, बात बनाने आए हो।

महाराज! मनुवां गुलौर झोंक रहा था, जब उसने सुना कि जमींदार का तगादा आ गया है, वह लोग गुड़ उठाकर ले जा रहे हैं, तो घबरा गया। जलता हुआ गुड़ उसके हाथ पर पड़ गया। फिर भी हत्यारों ने उसके पानी पीने के लिए भी एक भेली न छोड़ी। यहीं बजार में खड़े-खड़े बिकवा कर पाई-पाई ले ली। पानी के दाम मेरा गुड़ चला गया। आप इस समय दस रुपये से सहायता न करेंगे तो सब मर जाएंगे। बिहारी जी आपको...

भाग यहां से, चला है मुझको आशीर्वाद देने। पाजी कहीं का। देना न लेना, झूठ-मूठ ढंग साधने आया है। पुजारी! कोई यहां है नहीं क्या?—कहकर महन्तजी चिल्ला उठे।

भूखा और दरिद्र माधो सन्न हो गया। महन्त फिर बड़बड़ाने लगा—इनके बाप ने यहां पर जमा दिया है, बिहारीजी के पुछल्ले!

भयभीत माधो लड़खड़ाते पैर से चल पड़ा। उसका सिर चकरा रहा था। उसने मंदिर के सामने आकर भगवान को देखा। वह निश्चल प्रतिमा! ओह करुणा कहीं नहीं! भगवान के पास भी नहीं!

माधो किसी तरह सड़क पर आ गया। यहां मधुबन खड़ा था। उसने देखा कि माधो गिरना चाहता है। उसे सम्हालकर एक बार क्रूर-दृष्टि से उस चूने से पूते हुए झकाझक मंदिर की ओर देखा।

मधुबन गाढ़े की दोहर में अपना अंग छिपाए था। वह सबसे छिपना चाहता था। उसने धीरे से माधो को मिठाई की दूकान दिखाकर कुछ पैसे दिए और कहा—वहीं पर जल पीकर तुम बैठो। राजो के आने पर मैं तुमको बुला लूंगा।

मधुबन तो इतना कहकर सड़क के वृक्षों की अंधेरी छाया में छिप गया, और

माधो जल पीने चला गया।—आज उसको दिन-भर कुछ खाने के लिए नहीं मिला था।

उधर राजो चुपचाप महन्तजी के सामने खड़ी रही। उसके मन में भीषण क्रोध उबल रहा था; किंतु महन्तजी को भी न जाने क्या हो गया था कि उसे जाने के लिए तब तक नहीं कहा था! राजो ने पूछा—महाराज! यह सब किसलिए!

किसलिए? यह सब?—चौंककर महन्तजी बोले।

ठाकुरजी के घर में दुखियों और दीनों को आश्रय न मिले तो फिर क्या यह सब ढोंग नहीं? यह दरिद्र किसान क्या थोड़ी-सी भी सहानुभूति देवता के घर से भीख में नहीं पा सकता था? हम लोग गृहस्थ हैं, अपने दिन-रात के लिए जुटाकर रखें तो ठीक भी हैं। अनेक पाप, अपराध, छल-छन्द करके जो कुछ पेट काटकर देवता के लिए दिया जाता है, क्या वह भी ऐसे ही कामों के लिए है? मन में दया नहीं, सूखा-सा...

राजकुमारी तुम्हारा ही नाम है न? मैं सुन चुका हूं कि तुम कैसी माया जानती हो। अभी तुम्हारे ही लिए वह चौबे बिचारा पिट गया है। उसको मैं न रखता तो वह मर जाता। क्या यह दया नहीं है? तुमको भी, यहां रहो तो सब कुछ मिल सकता है। ठाकुरजी का प्रसाद खाओ, मौज से पड़ी रह सकती हो। सूखा-रूखा नहीं!

फिर कुछ रुककर महन्त ने एक निर्लज्ज संकेत किया। राजकुमारी उसे जहर के घूंट की तरह पी गई। उसने कहा—तो क्या चौबे यहीं हैं।

हां; यहीं तो है, उसकी यह दशा तुम्हीं ने की है। भला उस पर तुमको कुछ दया नहीं आई। दूसरे की दया सब लोग खोजते हैं और स्वयं करनी पड़े तो कान पर हाथ रख लेते हैं। थानेदार उसको खोजते हुए अभी आए थे। गवाही देने के लिए कहते थे!

राजकुमारी मन-ही-मन कांप उठी। उसने एक बार उस बीती हुई घटना का स्मरण करके अपने को सम्पूर्ण अपराधिनी बना लिया। क्षण-भर में उसके सामने भविष्य का भीषण चित्र खिंच गया। परंतु उसके पास कोई उपाय न था। इस समय उसको चाहिए रुपया, जिससे मधुबन के ऊपर आई हुई विपत्ति टले। मधुबन छिपा फिर रहा था, पुलिस उसको खोज रही थी। रुपया ही एक अमोघ अस्त्र था जिससे उसकी रक्षा हो सकती थी। उसका गौरव और अभिमान मानसिक भावना और वासना के एक ही झटके में, कितना जर्जर हो गया था। वही राजकुमारी! आज वह क्या हो रही है? और चौबेजी! कहां से यह दुष्ट-ग्रह के समान उसके सीधे-सादे जीवन में आ गया? अब वह भी अपना हाथ दिखावे तो कितनी आपत्ति बढ़ेगी?

सोचते-सोचते वह शिथिल हो गई। महन्त चुपचाप चतुर शिकार की तरह उसकी मुखाकृति की ओर ध्यान से देख रहा था।

इधर राजकुमारी के मन दूसरा झोंका आया! कलंक! स्त्री के लिए भयानक

समस्या—मैं ही तो इस काण्ड की जड़ हूं—उसने मलिन और दयनीय चित्र अपने सामने देखा। आज वह उबर नहीं सकती थी। वह मुंह खोलकर किसी से कुछ कहने जाती है, तो शक्तिशाली समर्थ पापी अपनी करनी पर हंसकर परदा डालता हुआ उसी के प्रवाद-मूलक कलंक का घूंघट धीरे-से उघार देता है। ओह! वह आंखों से आंसू बहाती हुई बैठ गई। उसकी इच्छा हुई कि जैसे हो, जो कुछ भी करना पड़े; मधुबन को इस बार बचा लेती। शैला के पास रुपया नहीं है, और वह मधुबन की सहायता करेगी ही क्यों। मधुबन कहता था कि उसने जाते-जाते लड़ाई-झगड़ा करने के लिए मना किया था। अब वह लज्जा से अपनी सब बातें कहना भी नहीं चाहता। मेरा प्रसंग वह कैसे कह सकता था। इसीलिए शैला की सहायता से भी वंचित! अभागा मधुबन!

राजकुमारी ने गिड़गिड़ाकर कहा—सचमुच मेरा ही सब अपराध है, मैं मर क्यों न गई? पर अब तो लज्जा आपके हाथ है। दुहाई है, मैं सौगंध खाती हूं, आपका सब रुपया चुका दूंगी। मेरी हड्डी-हड्डी से अपनी पाई-पाई ले लीजिएगा। मधुबन ने कहा है कि वह पहले वाला एक सौ का दस्तावेज और पांच सौ यह, सब मिलाकर सूद-समेत लिखा लीजिए।

और जमानत में क्या देती हो?—कहकर महन्त फिर मुस्कराया।

राजकुमारी ने निराश होकर चारों ओर देखा। उस एकांत-स्थान में सन्नाटा था महन्त के नौकर-चाकर खाने-पीने में लगे थे। वहां किसी को अपना परिचित न देखकर वह सिर झुकाकर बोली—क्या शेरकोट से काम न चल जाएगा?

नहीं जी, कह तो चुका, वह आज नहीं तो कल तुम लोगों के हाथ से निकला ही हुआ है। फिर तुम तो अभी कह रही थी कि मेरी हड्डी से चुका लेना। क्यों वह बात सच है?

अपनी आवशयकता से पीड़ित प्राणी कितनी ही नारकीय यंत्रणाएं सहता है। उसकी सब चीजों का सौदा मोल-तोल कर लेने में किसी को रुकावट नहीं। तिस पर वह स्त्री, जिसके संबंध में किसी तरह का कलंक फैल चुका हो। उसको मधुबन मना कर रहा था कि वहां तुम मत जाओ, मैं ही बात कर लूंगा। किंतु राजो का सहज तेज गया तो नहीं था। वह आज अपनी मूर्खता से एक नई विपत्ति खड़ी कर रही है, इसका उसको अनुमान भी नहीं हुआ था। वह क्या जानती थी कि यहां चौबे भी मर रहा है। भय और लज्जा, निराशा और क्रोध से वह अधीर होकर रोने लगी। उसकी आंखों से आंसू गिर रहे थे। घबराहट से उसका बुरा हाल था। बाहर मधुबन क्या सोचता होगा?

महन्त ने देखा कि ठीक अवसर है। उसने कोमल स्वर में कहा—तो राजकुमारी! तुमको चिंता करने की क्या आवश्यकता? शेरकोट न सही, बिहारीजी का मंदिर तो कहीं गया नहीं। यहीं रहो न ठाकुरजी की सेवा में पड़ी रहोगी। और मैं तो तुमसे

बाहर नहीं। घबराती क्यों हो?

महन्त समीप आ गया था; राजकुमारी का हाथ पकड़ने ही वाला था कि वह चौंककर खड़ी हो गई। स्त्री की छलना ने उसको उत्साहित किया। उसने कहा—दूर ही रहिए न! यहां क्यों!

कामुक महन्त के लिए दूसरा आमन्त्रण था। उसने साहस करके राजो का हाथ पकड़ लिया। मंदिर से सटा हुआ वह बाग एकांत था। राजकुमारी चिल्लाती, पर वहां सहायता के लिए कोई न आता! उसने शांत होकर कहा—मैं फिर आ जाऊंगी। आज मुझे जाने दीजिए। आज मुझे रुपयों का प्रबंध करना है!

सब हो जाएगा। पहले तुम मेरी बात तो सुनो।—कहकर वह और भी पाशव भीषणता से उस पर आक्रमण कर बैठा।

राजकुमारी अब न रुकी। उसका छल उसी के लिए घातक हो रहा था। वह पागल की तरह चिल्लाई। दीवार के बाहर ही इमली की छाया में मधुबन खड़ा था। पांच हाथ की दीवार लांघते उसे कितना विलम्ब लगता? वह महन्त की खोपड़ी पर यमदूत-सा आ पहुंचा। उसके शरीर का असुरों का-सा सम्पूर्ण बल उन्मत्त हो उठा। दोनों हाथों से महन्त का गला पकड़कर दबाने लगा। वह छटपटाकर भी कुछ बोल नहीं सकता था। और भी बल से दबाया। धीरे-धीरे महन्त का विलास-जर्जर शरीर निश्चेष्ट होकर ढीला पड़ गया! राजकुमारी भय से मूर्च्छित हो गई थी, और हाथ से निर्जीव देह को छोड़ते हुए मधुबन जैसे चैतन्य हो गया।

अरे यह क्या हुआ? हत्या!—मधुबन को जैसे विश्वास नहीं हुआ, फिर उसने एक बार चारों ओर देखा। भय ने उसे ज्ञान दिया, वह समझ गया कि महन्त को एक स्त्री के साथ जानकर यहां अभी कोई नहीं आया है, और न कुछ समय तक आवेगा। उसको अपनी जान बचाने की सूझी। सामने संदूक का ढक्कन खुला था, उसमें से रुपयों की थैली लेकर उसने कमर में बांधी। इधर राजकुमारी को ज्ञान हुआ तो चिल्लाना चाहती थी कि उसने कहा—चुप! वहीं दूकान पर माधो बैठा है। उसे लेकर सीधे घर चली जा। माधो से भी मत कहना। भाग! अब मैं चला!

मधुबन तो अंधकार में चला गया। राजकुमारी थर-थर कांपती हुई माधो के पास पहुंची।

सड़क पर सन्नाटा हो गया था। देहाती बाजार में पहर-भर रात जाने पर बहुत ही कम लोग दिखाई पड़ रहे थे। मिठाई की दूकान पर माधो खा-पीकर संतुष्टि की झपकी ले रहा था। राजकुमारी ने उसे उंगली से जगाकर अपने पीछे आने के लिए कहा। दोनों बाजार के बाहर आए। एक्के वाला एक तान छेड़ता हुआ अपने घोड़े को खरहरा कर रहा था। राजकुमारी ने धीरे-से शेरकोट की ओर पैर बढ़ाया। दोनों ही किसी तरह की बात नहीं कर रहे थे। थोड़ी ही दूर आगे बढ़े होंगे कि कई आदमी दौड़ते हुए आए। उन्होंने माधो को रोका। माधो ने कहा—क्यों भाई! मेरे पास क्या

धरा है, क्या है?

हम लोग एक स्त्री को खोज रहे हैं। वह अभी-अभी बिहारीजी के मंदिर में आई थी—उन लोगों ने घबराए हुए स्वर में कहा।

यह तो मेरी लड़की है। भले आदमी, क्या दरिद्र होने के कारण राह भी न चलने पावेंगे? यह कैसा अत्याचार? कहकर माधो आगे बढ़ा। उसके स्वर में कुछ ऐसी दृढ़ता थी कि मंदिर के नौकरों ने उसका पीछा छोड़कर दूसरा मार्ग ग्रहण किया।

6

मधुबन गहरे नशे से चौंक उठा था। हत्या! मैंने क्या कर दिया? फांसी की टिकठी का चित्र उसके कालिमापूर्ण आकाश में चारों ओर अग्निरेखा में स्पष्ट हो उठा। इमली के घने वृक्षों की छाया में अपने ही श्वासों से सिहर कर सोचता हुआ वह भाग रहा था।

तो, क्या वह मर गया होगा? नहीं—मैंने तो उसका गला ही घोंट दिया है। गला घोंटने से मूर्च्छित हो गया होगा। चैतन्य हो जाएगा अवश्य?

थोड़ा-सा उसके हृदय की धड़कन को विश्राम मिला। वह अब भी बाजार के पीछे-पीछे अपनी भयभीत अवस्था में सशंक चल रहा था। महन्त की निकली हुई आंखें जैसे उसकी आंखों में घुसने लगीं। विकल होकर वह अपनी आंखों को मूंदकर चलने लगा, उसने कहा—नहीं, मैं तो वहां गया भी नहीं था। किसने मुझको देखा? राजो! हत्यारिन! ओह उसी की बुलाई हुई यह विपत्ति है। यह देखो, इस वयस में उसका उत्पात! हां, मार डाला है मैंने, इसका दण्ड दूसरा नहीं हो सकता। काट डालना ही ठीक था। तो फिर मैंने किया क्या, हत्या? नहीं! और किया भी हो तो बुरा क्या किया।

उसके सामने महन्त की निकली हुई आखों का चित्र नाचने लगा। फिर—तितली का निष्पाप और भोला-सा मुखड़ा। हाय-हाय। मधुबन! तूने क्या किया! वह क्या करेगी? कौन उसकी रक्षा करेगा?

उसका गला भर आया। वह चलता जाता था और भीतर-ही-भीतर अपने रोने को, सांसों को, दबाता जाता था। उसे दूर से किसी के दौड़ने का और ललकारने का भ्रम हुआ।—अरे! पकड़ा गया तो...।

क्षण-भर के लिए रुका।—उसने पहचाना, यह तो मैना के घर के पीछे की फुलवारी की पक्की दीवार है। तो वह छिप जाए। यहीं न; अच्छा अब तो सोचने का समय नहीं है। लो, वह सब आ गए।

छोटी-सी दीवार फांदते उसको क्या देर लगती। मैना की फुलवारी में अंधकार

था। उसके कमरे की खिड़की की संधि से आलोक की पहली रेखा निकलकर उस विराट अंधकार में निष्प्रभ हो जाती थी।

मधुबन सिरस से ऊपर चढ़ी हुई मालती की छाया में ठिठक गया। पीछा करने वालों की आहट लेने लगा। किंतु मेरा भ्रम है। अभी कोई नहीं आया। उसने साहस भरे हृदय से विश्वास किया, यह सब मेरा भ्रम है। अभी कोई नहीं आया और न जानता है कि मैं कहां हूं। तो यह मैना का घर है।...कोई दूसरा भी तो यहां आ सकता है। कौन जाने वह किसी के साथ उस कोठरी में सुख लुटाती हो। वेश्या...रुपये की पुजारिन! है तो...मेरे पास भी।

उसने अपनी थैली पर हाथ रखा। फिर महन्त की आंखें उसके सामने आ गईं। धीरे-धीरे बड़ी होने लगीं। ओह! कितनी बड़ी। उनसे छिपकर वह बच नहीं सकता। समूचा आकाश केवल महन्त की आंख बनकर उसके सामने खड़ा था।

मधुबन ने आंख बंद करके अपना सिर एक बार दोनों हाथों से दबाया। उसने कहा—तो भय क्या! फांसी ही न पाऊंगा फिर इस समय तो, अच्छा देखूं कोई है तो नहीं।

वह धीरे-धीरे बिल्ली के-से दबे पांवों से मैना की खिड़की के पास गया। संधि में से भीतर का सब दृश्य दिखाई दे रहा था। आंगन में भीतर खुलने वाला किवाड़ बंद था। खिड़की से लगा हुआ मैना का पलंग था। वह लालटेन के उजाले में कोई पुस्तक पढ़ रही थी। मधुबन को विश्वास न हुआ कि वह अकेली ही है। उसने धीरे से खिड़की के पल्लों को खोला। मैना ध्यान से पढ़ रही थी। उसने फिर पल्लों को हटाया। अब मैना ने घूमकर देखा।

वह चिल्लाना ही चाहती थी कि मधुबन की अंगुली मुंह पर जा पड़ी। चुप रहने का संकेत पाकर वह उठ खड़ी हुई। धीरे से किवाड़ खोला। उसने चकित होकर मधुबन का उस रात में आना देखा। वह संदेह, प्रसन्नता और आश्चर्य से चकित हो रही थी।

मधुबन ने भीतर आकर किवाड़ बंद कर दिया। मैना सोच रही थी—मधुबन बाबू सबसे छिपकर मुझ वेश्या के यहां इस एकांत रजनी में अभिसार करने आए हैं!—उसे न जाने क्यों विरक्ति-सी हुई। उसने मधुबन को पलंग पर बैठाते हुए कहा—भला इधर से आने की...

उसके मुंह पर हाथ रखकर मधुबन ने कहा चुप रहो। पहले यह बताओ कि तुम्हारे यहां इस समय कौन-कौन है। यहां कोई हम लोगों की बात सुनता तो नहीं है?

वह मुस्कराने लगी। वेश्या के यहां आने में इतने भयभीत। क्यों? यहां तो कोई नहीं सुन सकता। मां और निद्धू तो आंगन के उस पार सड़क वाले कमरे में हैं। रधिया सोई होगी। वह तो संध्या से ही ऊंघने लगती है। इधर तो मैं ही हूं।

फिर इतना डर काहे का? कुछ चोरी तो नहीं कर रहे हैं। एक रात मेरे घर रहने से बहू रूठ न जाएगी। मैं...

मधुबन ने फिर उसको चुप रहने का संकेत किया। मैना ने देखा कि मधुबन का मुंह विवर्ण और भयभीत है। उसने मधुबन के शरीर से सटकर पूछा—बात क्या है?

मधुबन का हाथ अपने कमर में बंधी थैली पर जा पड़ा। ओह! हत्या का प्रमाण तो उसी के पास है। उसने धीरे से उसे कमर से खोल कर पलंग पर रख दिया। थैली का रंग लाल था। उसे देखते-ही-देखते मधुबन की आंखें चढ़ गईं।

मैना ने देखा कि मधुबन उन्मत्त-सा हो गया है। उसे झिंझोड़कर उसने हिला दिया, क्योंकि मधुबन का वह रूप देखकर मैना को भी भय लगा।—उसने पूछा—क्यों बोलते नहीं?

मधुबन को सहसा चेतना हुई। उसने धीरे-से थैली खोलकर उसमें सी गिन्नियां और रुपये पलंग पर रख दिए। मैना को तो चकाचौंध-सी लग गई।

मधुबन ने धीरे-से लैम्प की चिमनी उतारकर उसकी लौ से थैली लगा दी। वह भक-भक करके जर उठी।

अब तो मैना से न रहा गया। उसने मधुबन का हाथ पकड़कर कहा—तुम कुछ न कहोगे तो मैं मां को बुलाती हूं। मुझे डर लग रहा है।

मैंने खून किया है—मधुबन ने अविचल भाव से कहा।

बाप रे! यह क्यों? मुझे रुपये देने के लिए?

मैना का श्वास रुकने लगा। उसने फिर संभलकर कहा—मैं तो बिना रुपये की तुम्हारी ही थी। यह भला तुमने क्या किया?

जो करना था कर दिया। अब बताओ, तुम मुझे यहां छिपा सकती हो कि नहीं? मैं कल यहां से जाऊंगा। रात भर में मुझे जो कुछ करना है, उसे सोच लूंगा। बोलो!

मधुबन बाबू! प्राण देकर भी आपकी सेवा करूंगी; पर आप यह तो बताइए कि ऐसा क्यों?

क्यों—मत पूछो। इस समय मुझे अकेले छोड़ दो। मैं सोना चाहता हूं।

मैना ने स्थिर होकर कुछ विचार किया। उसने कहा—तो मेरी बात मानिए। जैसा भी कहती हूं। वैसा कीजिए।

मधुबन ने कहा—अच्छा, जो तुम कहो वही करूंगा।

मैना ने पलंग पर से चादर को रुपया समेत बटोर लिया और धीरे से दूसरी छोटी कोठरी में चली गई।

थोड़ी देर के बाद जब वह उसमें से निकली तो उसके मुंह पर चंचलता न थी। हाथ में एक कटोरा दूध था। मधुबन के मुंह से लगाकर उसने कहा—पी जाइए।

मधुबन बच्चों की तरह पीने लगा—उसका कंठ प्यास से सूख रहा था। दूध पीकर मधुबन ने मैना से कहा—मैं कुछ दिनों के लिए धामपुर छोड़ देना चाहता हूं। रामजस वाले मामले में पुलिस मेरे पीछे पड़ी है। अब एक और काण्ड हो गया है। मैना! तुम वेश्या हो तो क्या, न जाने क्यों मैं तुम्हारे ऊपर विश्वास करता हूं। तुम तितली की रक्षा करना, वह निरपराध!

इसके आगे मधुबन कुछ न कह सका। वह सिसककर रोने लगा। मैना की आंखों से भी आंसू बहने लगे। उसने बड़ी देर तक मधुबन को समझाया—और कहा कि—घबराने की कोई बात नहीं। तुम सीधे गंगा के किनारे-किनारे भागो, फिर चुनार जाकर रेल पर चढ़ना। इधर कोई तुम्हारा पता न पावेगा। एक पहर रात रहते मैं तुम्हें जगा दूंगी। इस समय सो जाओ।

मधुबन आज्ञाकारी बालक के समान सोने की चेष्टा करने लगा पर उसे नींद कहां आती थी!

मैना ने उसके पास जाकर समय बिताया। जब पीपल पर पहला कौआ अपने आलस भरे स्वर में बोल उठा, तो उसने मधुबन को जाने के लिए कहा। मधुबन के हृदय में एक टीस हुई। अपनी जन्मभूमि छोड़ने का यह पहला अवसर था।

मैना ने उसे समझाया कि तुम कुछ दिन कलकत्ते रहो; फिर यहां सब ठीक हो जाएगा तो तुमको पत्र लिखूंगी।

उस पिछली रात में मधुबन चल पड़ा। कच्ची सड़क, जो गंगा के घाट पर जाती थी, सुनसान पड़ी थी—धूल ठंडी थी, चांदनी फीकी। मधुबन अपनी धुन में चल रहा था। घाट पर पहुंचते-पहुंचते उजेला हो चला। एक नाव बनारस जाने के लिए थी। मांझी मधुबन की जान-पहचान का था। उसने पूछा—मधुबन बाबू इतना सवेरे?

तुम कहां—मधुबन ने नाव पर बैठते हुए कहा—जानते नहीं हो? रामजस के मुकदमे में पुलिस मुझको भी चाहती है। मैं बनारस जा रहा हूं। वकील से सलाह करने।

7

बरना के उत्तरी तट पर, सुंदर वृक्षों से घिरा हुआ एक छोटा-सा बंगला है। वहां पर आस-पास में ऐसी बहुत-सी कोठियां हैं जिसमें सरकारी उच्च कर्मचारी रहते हैं। बैरिस्टर, वकील और डॉक्टर-जैसे स्वतंत्र व्यवसायी अपने सुखी परिवार को लेकर नगर से बाहर और अधिकारियों के समीप रहना अधिक पसंद करते हैं। इसी स्थान पर बाबू मुकुंदलाल भी रहते हैं। उनके पास तीन छोटे-बड़े बंगले हैं जिनमें से एक में तो

वह स्वयं रहते हैं और बाकी दोनों के किराए से उनकी गृहस्थी का सारा खर्च चलता है। दोनों का भाड़ा 200) मिलता है। परंतु मुकुन्दलाल का तो उतना बाहरी खर्च है। गृहस्थी का आवश्यक व्यय तो कर्ज के बल पर चल रहा है। आज से नहीं, कई बरस से।

नंदरानी चुपचाप अपने बंगले से सटकर बहती हुई बरना की क्षीण धारा को देख रही है। उसके सुंदर मुख पर तृप्ति से भरी हुई निराशा थी। तृप्ति इसलिए कि उसका कोई उपाय न था, और निराशा तो थी ही। उसका भविष्य अंधकारपूर्ण था। संतान कोई नहीं। पति निश्चिंत भाग्यवादी कुलीन निर्धन, जिसके मस्तिष्क में भूतकाल की विभव-लीला स्वप्न-चित्र बनाती रहती है।

कत्थई रंग की ऊनी चादर, जिसे वह कंधों से लपेटे थी, खिसककर गिर रही थी। किंतु वह तल्लीन होकर बरना की अभावमयी धारा को देख रही थी। और उसका समय भी वैसा ही ढक् रहा था; जैसा गोधूलि से मलिन दिन।

दो वृक्षों की ऊंची चोटियां पश्चिम के धुंधले और पीले आकाश की भूमिका पर एक उदास चित्र का अंश बना रही थीं। उसके पैरों के समीप बड़ी मटर और शलजम की छोटी-सी हरियाली थी, किंतु नंदरानी बरना के ढालुवे करारे पर दृष्टि गड़ाए थी, इंद्रदेव का आना उसे मालूम नहीं हुआ।

इंद्रदेव ने 'भाभी' कहकर उसे चौंका दिया। वह कपड़े को सम्हालती हुई घूम पड़ी। इंद्रदेव ने कहा—आज मेरे यहां कुछ लोग बाहर के आ गए हैं। उनके लिए थोड़ी-सी मटर चाहिए

और बनावेगा कौन? वही आपका मिसिर न!—रानी ने मुस्कराते हुए कहा।

तो फिर दूसरा कौन है?—हताश होकर इन्द्रदेव ने उत्तर दिया।

सुनूं भी, कौन आये हैं? कितने हैं, कैसे हैं?

मिस शैला का नाम तो आपने सुना होगा?—संकोच से इंद्रदेव ने कहा।

ओहो? यह तो मुझे मालूम ही नहीं! तब तुम लोगों को आज यहीं ब्यालू करना पड़ेगा। मैं अपने मटर की बदनामी कराने के लिए तुम्हारे मिसिर को उसे जलाने न दूंगी। मिस साहिबा किस समय भोजन करती है? अभी तो घंटे भर का समय होगा ही।

इंद्रदेव भीतर के मन से तो यही चाहते थे। पर उन्होंने कहा—उनको यहां....

मैं समझ गई! चलो, तुम्हारे साथ चलकर उन्हें बुला लाती हूं। भला मुझे आज तुम्हारी मिस शैला की...कहकर नंदरानी ने परिहासपूर्ण मौन धारण कर लिया।

इंद्रदेव नंदरानी के बहुत आभारी और साथ ही भक्त भी थे। उसकी गरिमा का बोझ इंद्रदेव को सदैव ही नतमस्तक कर देता। गुरुजनोचित स्नेह की आभा से

नंदरानी उन्हें आप्लावित किया ही करती।

भाभी–कहकर वह चुप रह गये।

क्यों, क्या मेरे चलने से उसका अपमान होगा। एक दिन तो वही मेरी देवरानी होने वाली है, क्या यह बात मैंने झूठ सुनी है?

वास्तविक बात तो यह थी कि इंद्रदेव शैला के आ जाने से बड़े असमंजस में पड़ गये थे, उनकी भी इच्छा थी। कि नंदरानी से उसका परिचय कराकर वह छुट्टी पा जाएं। उन्होंने कहा–वाह भाभी, आप भी...

अच्छा-अच्छा, चलो। मैं सब जानती हूं, कहती हुई नंदरानी बगल के बंगले की ओर चली। इंद्रदेव पीछे-पीछे थे।

छोटे-से बंगले के एक सुंदर कमरे के बाहर दालान में आरामकुर्सी पर बैठी हुई शैला तन्मय होकर हिमालय के रमणीय दृश्यवाला चित्र देख रही थी। सहसा इंद्रदेव ने कहा–मिस शैला! मेरी भाभी श्रीमती नंदरानी।

शैला उठ खड़ी हुई। उसने सलज्ज मुसकान के साथ नंदरानी को नमस्कार किया।

नंदरानी उसके व्यवहार को देखकर गद्गद हो गई। उसने शैला का हाथ पकड़ कर बैठाते हुए कहा–बैठिए, इतने शिष्टाचार की आवश्यकता नहीं।

नंदरानी और इंद्रदेव दोनों ही कुर्सी खींचकर बैठ गए! तीनों चुप थे।

नंदरानी ने कहा–आज आपको मेरा निमंत्रण स्वीकार करना होगा। देखिए, बिना कुछ-पूर्व परिचय के मेरा निमंत्रण स्वीकार करना होगा। देखिए, बिना कुद पूर्व-परिचय के मेरा ऐसा करना चाहे आपको न अच्छा लगे; किंतु मेरा इंद्रदेव पर इतना अधिकार अवश्य है और मैं शीघ्रता में भी हूं। मुझे ही सब प्रबंध करना है। इसलिए मैं अभी तो छुट्टी मांग कर जा रही हूं। वहीं पर बातें होंगी।

शैला को कहने का अवसर बिना दिए ही वह उठ खड़ी हुई। शैला ने इंद्रदेव की ओर जिज्ञासा-भरी दृष्टि से देखा।

नंदरानी ने हंसकर कहा–इन्हें भी वहीं ब्यालू करना होगा।

शैला ने सिर झुकाकर कहा–जैसी आपकी आज्ञा।

नंदरानी चली गई। शैला अभी कुछ सोच रही थी कि मिसिर ने आकर पूछा–ब्यालू के लिए...।

उसकी बात काटते हुए इंद्रदेव ने कहा–हम लोग आज बड़े बंगले में ब्यालू करेंगे। वहां, घीसू से कह दो कि मेरे बगल वाले कमरे में मेम साहब के लिए पलंग लगा दे।

मिसिर के जाने पर शैला ने कहा–मैं तो कोठी पर चली जाऊंगी। यहां झंझट बढ़ाने से क्या काम है। मुझे तो यहां आए दो सप्ताह से अधिक हो गया। वहां तो मुझे कोई असुविधा नहीं है।

इंद्रदेव ने सिर झुका लिया। क्षोभ से उनका हृदय भर उठा। वह कुछ कड़ा उत्तर देना चाहते थे। परंतु सम्हलकर कहा—हां शैला! तुमको मेरी असुविधा का बहुत ध्यान रहता है। तुमने ठीक ही समझा है कि यहां ठहरने में दोनों को कष्ट होगा।

किंतु यह व्यंग्य शैला के लिए अधिक हो गया। इंद्रदेव को वह मना लेने आई थी। वह इसी शहर में रहने पर भी आज कितने दिनों पर उनसे भेंट करने आई, इस बात का क्या इंद्रदेव को दुख न होगा? आने पर भी वह यहां रहना नहीं चाहती। इंद्रदेव ने अपने मन में यही समझा होगा कि वह अपने सुख को देखती है। शैला ने हाथ जोड़कर कहा—क्षमा करो इंद्रदेव! मैंने भूल की है।

भूल क्या? मैं तो कुछ न समझ सका।

मैंने अपराध किया है। मुझे सीधे यहीं आना चाहिए था। किंतु क्या करूं, रानी साहिबा ने मुझे वहीं रोक लिया। उन्होंने बीबी-रानी के नाम अपनी जमींदारी लिख दी है। उसी के लिखाने-पढ़ाने में लगी रही। और मैंने उसके लिए आकर तुम्हारी सम्मति नहीं ली, ऐसा मुझे न करना चाहिए था।

मैं तो समझता हूं कि तुमने कुछ भूल नहीं की। मुझे उसके संबंध में कुछ कहना नहीं था। हां, यह बात दूसरी है कि तुम यहां क्यों नहीं आ पायीं। उसे लिखाते-पढ़ाते रहने पर भी तुम एक बार यहां आ सकती थीं। किंतु तुमने सोचा होगा कि इंद्रदेव स्वयं अपने लिए तंग होगा, मैं वहां चलकर उसे और भी कष्ट दूंगी। यही न? तो ठीक तो है। अभी मेरी बैरिस्टरी अच्छी तरह नहीं चलती, तो भी इन कई महीनों में सादगी से जीवन-निर्वाह करने के लिए मैं रुपये जुटा लेता हूं। मुझे सम्पत्ति को आवश्यकता नहीं शैला!

शैला ने देखा, इंद्रदेव के मुंह पर दृढ़ उदासीनता है। वह मन-ही-मन कांप उठी। उसने सोचा कि इंद्रदेव को आर्थिक हानि पहुंचाने में मेरा भी हाथ है। वह कुछ कहना ही चाहती थी कि इंद्रदेव बीच में ही उसे रोककर कहने लगे—मैं संकुचित हो रहा था। मुझे यह कहकर मां का जी दुखाने में भय होता था कि—मैं संपत्ति और जमींदारी से कुछ संसर्ग न रखूंगा। अच्छा हुआ कि उन्हीं लोगों ने इसका आरम्भ किया है। तुमको अब यहां कुछ दिनों तक और ठहरना होगा; क्योंकि नियमपूर्वक लिखा-पढ़ी करके मैं समस्त अधिकार और अपनी सम्पत्ति मां को दे देना चाहता हूं। मेरे परम आदर की वस्तु 'मां का स्नेह' जिसे पाकर खोया जा सके, वह सम्पत्ति मुझे न चाहिए। और मैं उसे लेकर भी क्या करूंगा? अधिक धन तो पारस्परिक बंधन में रहने वाले को...

शैला चौंककर बोल उठी—तो क्या तुम संन्यासी होना चाहते हो? इंद्रदेव! अंत में यह क्या कलंक भी मुझको मिलेगा।

इंद्रदेव इस अप्रिय प्रसंग से ऊब उठे थे। इसे बंद करने के लिए कहा—अच्छा, इस पर फिर बातें होंगी। अभी तो चलो, वह देखो, भाभी का नौकर बुलाने के लिए

आ रहा होगा। आओ, कपड़ा बदलना हो तो बदलकर झटपट तैयार हो लो।

शैला हंस पड़ी। उसने पूछा—तो क्या यहां किसी की साड़ियां भी मिल जाएंगी? मुझे तो तुम्हारी गृहस्थ-बुद्धि पर इतना भरोसा नहीं!

इंद्रदेव लज्जित-से खीझ उठे। शैला हाथ-मुंह धोने के लिए चली गई। इंद्रदेव क्रमशः उस घने होते हुए अंधकार में निश्चेष्ट बैठे रहे। शैला भी आकर पास ही कुर्सी पर बैठकर तितली की छोटी-सी सुंदर गृहस्थी का काल्पनिक चित्र खींच रही थी। दासी लालटेन लेकर शैला को बुलाने के लिए ही आई।

इंद्रदेव ने कहा—चलो शैला!

दोनों चुपचाप नंदरानी के बंगले में पहुंचे। दालान में कम्बल बिछा था। मुकुंदलाल कम्बल के लिए सिरे पर बैठे हुए छोटी-सी सितारी पर ईमन का मधुर राग छेड़ रहे थे। दमचूल्हे पर मटर हो रही थी। उसके नीचे लाल-लाल अंगारों का आलोक फैल रहा था। लालटेन आड़ में कर दी गई थी, बाबू मुकुंदलाल को उसका प्रकाश अच्छा नहीं लगता था।

नंदरानी उस क्षीण आलोक में थाली सजा रही थी। सरूप निःशब्द काम करने में चतुर था। वह नंदरानी के संकेत से सब आवश्यक वस्तु भण्डार में से लाकर जुटा रहा था।

शैला और इंद्रदेव को देखते ही मुकुंदलाल ने सितारी रखकर उनका स्वागत किया। शैला ने नमस्कार किया। सब लोग कम्बल पर बैठे। नंदरानी ने थाली लाकर रख दी। इंद्रदेव ने शैला का परिचय देते हुए यह भी कहा कि—आप हिंदू-धर्म में दीक्षित हो चुकी हैं। आपने धामपुर में गांव के किसानों की सेवा करना अपने जीवन का उद्देश्य बना लिया है।

नंदरानी विस्मित होकर शैला के मौन गौरव को देख रही थी। किंतु मुकुंदलाल का ललाट, रेखा-रहित और उज्ज्वल बना रहा। जैसे उनके लिए यह कोई विशेष ध्यान देने की बात न थी। उन्होंने मटर का एक पूरा ग्रास गले से उतारते हुए कहा—भाई इंद्रदेव, तुम जो कह रहे हो, उसे सुनकर मिस शैला की प्रशंसा किए बिना नहीं रह सकता। यह भी एक तरह का संन्यास-धर्म है। किंतु मैं तो गृहस्थ नारी की मंगलमयी कृति का भक्त हूं। वह इस साधारण संन्यास से भी दुष्कर और दम्भ-विहीन उपासना है।

नंदरानी ने कुछ सजग होकर अपने पति की वह बात सुनी। उसके अधर कुछ खिल उठे। उसने कहा—इंद्रदेव जी, और क्या दूं?

मुकुंदलाल ने थोड़ा-सा हंसकर कहा—अपनी-सी एक सुंदर सह-धर्मिणी। शैला के कर्णमूल लाल हो उठे। और इंद्रदेव ने बात टालते हुए कहा—मैं समझता हूं कि भाभी जानती होंगी कि इस अपने पेट के लिए जुटाने वाले मनुष्य को, उनकी-स्त्री

की आवश्यकता नहीं हो सकती।

शैला और भी कटी जा रही थी। उसको इंद्रदेव की सब बातें निराश हृदय की संतोष-भरी सांस-सी मालूम होती थीं। वह देख रही थी नंदरानी को और तुलना कर रही थी तितली से। एक की भरी-पूरी गृहस्थी थी और दूसरी अभाव से अकिंचन; तिस पर भी दोनों परिवार सुखी और वास्तविक जीवन व्यतीत कर रहे थे।

नंदरानी ने कहा—इतना पेटू हो जाना भी अच्छा नहीं होता इंद्रदेव! अपना ही स्वार्थ न देखना चाहिए!

कहां भाभी! मैंने तो अभी कुछ भी नहीं खाया। अभी मिठाइयां तो बाकी ही हैं। तिस पर भी मैं पेटू कहा जाऊं? आश्चर्य!

अरे राम! मैं खाने के लिए थोड़े ही कह रही हूं। अभी तो तुमने कुछ खाया ही नहीं! मेरा तात्पर्य था तुम्हारे ब्याह से।

ओहो! तो मैं देखता हूं कि कोई मूर्ख कुमारी मुझसे ब्याह करने की भीख मांगने के लिए तुम्हारे पास पल्ला पसार कर आई थी न! उसको समझा दो भाभी! मैं तो उसके लिए कुछ न कर सकूंगा।

नंदरानी हंसने लगी। शैला से उसने पूछा—क्यों, आप तो कुछ? जी नहीं; मुझे कुछ न चाहिए! कहकर शैला ने उसकी ओर दीनता से देखा।

मुकुंदलाल ने इंद्रदेव से कहा—तुम ठीक कहते हो इंद्रदेव, मैं भूल कर रहा था। स्त्री के लिए पर्याप्त रुपया या सम्पत्ति की आवश्यकता है! पुरुष उसे घर में लाकर जब डाल देता है तब उसकी निज की आवश्यकताओं पर बहुत कम ध्यान देता है। इसलिए मेरा भी अब यही मत हो गया है कि स्त्री के लिए सुरक्षित धन की व्यवस्था होना चाहिए! नहीं तो तुम्हारी भाभी की तरह वह स्त्री अपने पति को दिन-रात चुपचाप कोसती रहेगी।

नंदरानी अप्रतिभ-सी होकर बोली—यह लो, अब मुझी पर बरस पड़े।

मुकुंदलाल ने और भी गंभीर होकर कहा—अच्छा इंद्रदेव! तुमसे एक बात कहूं? मिस शैला के सामने भी वह बात करने में मुझे संकोच नहीं। यह तो तुम जानते हो कि मैं धीरे-धीरे ऋण में डूब रहा हूं। और जीवन के भोग के प्याले को, उसका सुख बढ़ाने के लिए, बहुत धीरे-धीरे दस-बीस बूंद का घूंट लेकर खाली कर रहा हूं। होगा सो तो होकर ही रहेगा। किंतु तुम्हारी भाभी क्या कहेंगी। मैं चाहता हूं कि ये दोनों छोटे बंगले मैं नंदरानी के नाम लिख दूं। और फिर एक बार विस्मृति की लहर में धीरे-धीरे डूबूं और उतराऊं।

नंदरानी की आंखों से दो बूंद आंसू टपक पड़े। न जाने कितनी अमंगल और मंगल की कोमल भावनाएं संसार के कोने-कोने से खिलखिला पड़ीं। उसने मुकुंदलाल का प्रतिवाद करना चाहा; परंतु नारी-जीवन का कैसा गूढ़ रहस्य है कि वह स्पष्ट

विरोध न कर सकी। इतने में इंद्रदेव ने कहा—भाई साहब मुझे एक रजिस्ट्री करानी है! मैं अपनी समस्त सम्पत्ति मां के नाम लिख देना चाहता हूं। क्योंकि...

शैला ने तौलिए से हाथ पोंछते हुए इंद्रदेव की ओर देखा। उसने अभी-अभी इंद्रदेव के अभावों का दृश्य देखा है। उसने सम्पत्ति से और उसकी आशा से भी वंचित होने की मन में ठानी है।

मुकुंदलाल ने कहा—हां, हां, कहो क्योंकि स्त्रियों को ही धन की आवश्यकता है। और संभवतः वे ही इसकी रक्षा भी कर सकती हैं। तो फिर ठीक रहा। कल ही इसका प्रबंध कर दो।

सब लोग हाथ-मुंह धोकर अपनी कुर्सियों पर आराम से बैठे ही थे कि सरूप ने आकर कहा—बैरिस्टर साहब से मिलने के लिए एक स्त्री आई है। उसका कोई मुकद्दमा है।

सब लोग चुप रहे। शैला सोच रही थी कि क्या स्त्रियां सचमुच धन की लोलुप हैं। फिर उसने अपने ही उत्तर दिया—नहीं, समाज का संगठन ही ऐसा है कि प्रत्येक प्राणी को धन की आवश्यकता है। इधर स्त्री को स्वावलम्बन से जब पुरुष लोग हटाकर, उसके भाव और अभाव का दावित्व अपने हाथ में ले लेते हैं, तब धन को छोड़कर दूसरा उनका क्या सहारा है?

इतने में सरूप गरम कमरे में चाय की प्याली सजाने लगा।

नंदरानी भोजन करने बैठी। उससे खाया न गया।

दालान में परदे गिरा दिए गये थे। ठंडी हवा चलने लगी थी। किंतु नंदरानी झटपट हाथ-मुंह धोकर पान मुख में रखकर वहीं एक आरामकुर्सी पर अपनी ऊनी चादर में लिपटी हुई पड़ी रही; उसके मन में संकल्प-विकल्प चल रहा था। आज तक का त्याग, कुछ मूल्य पर बिकने जा रहा है। उसका मन यह मूल्य लेने से विद्रोह कर रहा था। तब भी जीवन के कितने निराशा भरे दिन काटने होंगे। ज्योतिषी ने कह दिया है कि बाबू मुकुंदलाल अब अधिक दिन जीने के नहीं हैं—उनका भीतरी शरीर भग्न पोत की तरह काल-समुद्र में धीरे-धीरे धंसता जा रहा है, फिर भी, उस ऊर्जस्वित आत्मा का सेतु अभी डुबा देने वाले जल के ऊपर ही है। उनकी अवस्था पचास वर्ष की और नंदरानी की चालीस की है। किंतु संसार जैसे उनके सामने अंतिम घड़ियां गिन रहा है। गार्हस्थ्य जीवन के मंगलमय भविष्य में उनका विश्वास नहीं। उसमें रहते हुए भी पुराना संस्कार, उन्हें थके हुए घोड़े के लिए टूटा हुआ छकड़ा बन रहा है, वह जैसे उसे घसीट रहे हैं।

किंतु मुकुंदलाल के लिए यह अवस्था तभी होती है जब वह नंदरानी को अपने जीवन के साथ मिलाकर देखते हैं। फिर जैसे अपने स्थान को लौटकर सितारी, मित्र वर्ग और उनके आतिथ्य-सत्कार में लग जाते हैं।

नंदरानी खिन्न होकर सो गई। उसने नहीं जाना कि कब शैला और इंद्रदेव दूसरी ओर चले गए।

मुकुंदलाल ने सोने के कमरे में जाते हुए देखा कि नंदरानी अभी वहीं पड़ी है। वह एक क्षण तक चुपचाप खड़े रहे। फिर दासी को बुलाकर धीरे-से कहा—कुछ और ओढा दो। न जागें तो यहां आग भी सुलगा दो। देखो, परदे ठीक से बांध देना। यहां गरम रहे, तुम्हारी मालकिन थक गई हैं।—फिर सोने चले गए।

दूसरे दिन, बरकतअली ने स्टाम्प इंद्रदेव के पास भेज दिया और बाहर मिलने की आशा में बैठा रहा। जब बारह बजने लगा तब घबरा कर कोठी के बाहर निकल आया और आम के पेड़ के नीचे बैठी हुई एक स्त्री से उसने कहा—मां जी! आज बैरिस्टर साहब एक काम में फंसे हुए हैं। आप जाइए, कल आपका काम हो जाएगा।

वह सिर झुकाए हुए बोली—कल कब आऊं?

आठ बजे।

तब मैं जाती हूं—कहकर स्त्री धीरे-से उठी और बंगले के बाहर हो गई।

अभी वह थोड़ी दूर सड़क पर पहुंची होगी कि उसी फाटक से एक मोटर उसके पीछे से निकली। उसका शब्द सुनकर, मोटर की ओर देखती हुई, वह एक ओर हटी और उसने पहचान लिया इंद्रदेव और शैला। उसने साहस से पुकारा—बहन शैला।

किंतु शैला ने सुना नहीं। इंद्रदेव मोटर चला रहे थे। वह करुण पुकार दोनों के कान में नहीं पड़ी।

वह स्त्री धीरे-धीरे फाटक में लौट आई, और आम के नीचे जाकर बैठ रही।

शैला जब रजिस्ट्री पर गवाही करके इंद्रदेव के साथ उस बंगले पर लौटी, तो उसे न जाने क्यों मानसिक ग्लानि होने लगी। वह हाथ-मुंह पोंछकर बगीचे में घूमने के लिए चली। एक छोटा-सा चमेली का कुञ्ज था। उसमें फूल नहीं थे। पत्तियां भी विरल हो चली थीं; वह रूखी-रूखी लता, लोहे के मोटे तारों से लिपट गई थी; तीव्र धूप में चाहे उसे कितना ही जलाता हो, फिर भी उसके लिए वही अवलम्ब था। किरणें उसमें प्रवेश करके उसे हंसाने का उद्योग कर रही थीं। शैला उस निस्सहाय अवस्था को तल्लीन होकर देख रही थी।

सहसा तितली ने उसके सामने आकर पुकारा—बहन! मैं कब से तुमको खोज रही हूं। तुमको देखा और पुकारा भी; पर तुमने न सुना। सच है, संसार में सब मुंह मोड़ लेते हैं! विपत्ति में किससे आशा की जाय।

शैला ने घूमकर देखा। यह वही तितली है? कई पखवारों में ही वह कितनी दुर्बल और रक्त-शून्य हो गई है। आंखें जैसे निराशा-नदी के उद्गम-सी बन गई हैं। बाहरी रूप-रेखा जैसे शून्य में विलीन होने वाले इंद्रधनुष-सी अपना वर्ण खो रही है। उसे अभी अपने मानसिक विप्लव से छुट्टी नहीं मिली थी। फिर भी उसने सम्हलते

हुए पूछा—तितली! क्या हुआ है बहन! तुम यहां कैसे!

बडे दुःख में पड़कर मैं यहां आई हूं बहन! मैं लुट गई!—तितली की रूखी आंखों से आंसू निकल पड़े।

क्यों मधुबन कहां है। सुनते ही शैला ने पूछा।

पता नहीं। उस दिन गांव में लाठी चली। रामजस को लोग मारने लगे। उन्होंने जाकर रामजस को बचाया, जिसमें छावनी के कई नौकर घायल हो गए। पुलिस की तहकीकात में सब लोगों ने उन्हीं के विरुद्ध गवाही दी। थानेदार ने रुपया मांगा। और मुकद्दमे के लिए भी रुपया की आवश्यकता थी। महंतजी के पास उन्होंने राजो को भेजा। राजो कहती थी कि महंत ने उसके साथ अनुचित व्यवहार करना चाहा। इस पर वहीं छिपे हुए उन्होंने महंत का गला घोंट दिया। राजो तो चली आई। पर उनका पता नहीं!

यहां तक! और जब लड़ाई हुई। तब तुमने मुझे क्यों नहीं कहला भेजा?—शैला ने पूछा।

परंतु तितली चुप रही। मैना के संबंध की बात, अपनी उदासी और राजो की सब कथा कहने के लिए जैसे उसके हृदय में साहस नहीं था।

तब क्या किया जाय? उनका पता कैसे लगेगा बहन! इधर शेरकोट पर बेदखली हो गई है। और बनजरिया पर भी डिग्री हुई है, कोई रुपया देता नहीं। मुकदमा कैसे लड़ा जाय? मुझे कोई सहायता नहीं देना चाहता। मैं तो सब ओर से गई। यहां कई वकीलों के पास गई। वे कहते हैं, पहले रुपया ले आओ, तब तुम्हारी बात सुनेंगे। फिर एक सज्जन ने बताया कि यहीं कहीं मिस्टर देवा नाम के एक सज्जन बैरिस्टर रहते हैं। वे प्रायः दीन-दुखियों के मुकदमे बिना कुछ लिये लड़ देते हैं। मैं उन्हीं को खोजती हुई यहां तक पहुंची।

शैला घबरा गई। वह अभी तो इंद्रदेव के सर्वस्व-त्याग करने का दृश्य देखकर आई थी। उसके मन में रह-रहकर यही भावना हो रही थी, कि यदि मैं इंद्रदेव को थोडत्र-सा भी विश्वास दिला सकती, तो उनके हृदय में यह भीषण विराग न उत्पन्न होता। वह फिर अपने को ही इंद्रदेव की सांसारिक असफलता मानती हुई मन-ही-मन कोस रही थी कि तितली का यह दुख से दग्ध संसार उसके सामने अनुनय की भीख मांगने के लिए खड़ा था। वह किस मुंह से इंद्रदेव से उसकी सहायता के लिए कहे। यदि नहीं कहती है तो अपनी सब दुर्बलताएं तितली से स्वीकार करनी होंगी। जिसको हम प्यार करते हैं, जिसके ऊपर अभिमान करने का ढोंग कई बार संसार में प्रचलित कर चुके हैं, उसके लिए यह कहना कि 'वह मुझसे अप्रसन्न है, मैं नहीं...' कितनी छोटी बात है! वह कैसे निराश करती। उसने तितली से कहा—अच्छा, ठहरो। मैं आज इसका कोई उपाय करूंगी! तितली! क्या यह जानती हो कि यह मिस्टर देवा

कोई दूसरे नहीं, तुम्हारे जमींदार इंद्रदेव ही हैं।

तितली सन्न हो गई। उसने चारों ओर निराशा के सिंधु को लहराते हुए देखा। वह रो पड़ी और बोली—बहिन! तब मुझे छुट्टी दो। मैं जाऊं, कहीं दूसरी शरण खोजूं!

प्यार से उसकी पीठ थपथपाते हुए शैला ने कहा—नहीं, तुम दूसरी जगह न जाओ, मैं आज अपनी ही परीक्षा लूंगी। तुमको यह नहीं मालूम कि आज ही उन्होंने अपनी जमींदारी का स्वतत्व त्याग दिया है।

क्या कहती हो बहन!

हां तितली! इंद्रदेव ने अपने ऐश्वर्य का आवरण दूर फेंक दिया है। वह भी आज हमीं लोगों के-से श्रमजीवी-मात्र हैं। मुझे तुम्हारे लिए बहुत-कुछ करना होगा। गांव का सुधार करने मैं गई थी। क्या एक कुटुंब की भी रक्षा न कर सकूंगी? चलो तुम मेरे कमरे में नहा-धोकर स्वस्थ हो जाओ। मैं इंद्रदेव से पूछकर तुमको बुलाती हूं।

इतना कहकर शैला ने तितली का हाथ पकड़कर उठाया और अपनी कोठरी में ले गई।

उधर इंद्रदेव चाय की टेबल पर बैठे हुए शैला की प्रतीक्षा कर रहे थे। उनका हृदय हल्का हो रहा था। त्याग का अभिमान उनके मुंह पर झलक रहा था और उसमें छिपा था एक व्यंग्य भरा रूठने का प्रसंग। शैला भी क्या सोचेगी। मन में मनुष्य अपने त्याग से जब प्रेम को आभारी बनाता है तब उसका रिक्त कोश बरसे हुए बादलों पर पश्चिम के सूर्य के रत्नालोक के समान चमक उठता है। इंद्रदेव को आज आत्मविश्वास था और उसमें प्रगाढ़ प्रसन्नता थी।

शैला आई और धीरे-से एक कुर्सी खींचकर बैठ गई। दोनों ने चुपचाप चाय की प्याली खाली कर दी। फिर भी चुप! दोनों किसी प्रसंग की प्रतीक्षा में थे।

परंतु इंद्रदेव का हृदय तो स्पष्ट हो रहा था। उन्होंने चुप रहने की आवश्यकता न समझकर सीधा प्रश्न किया—तो मैं समझता हूं कि, कल तुम धामपुर जाओगी? आज तो यहीं कोठी पर रुकना पड़ेगा! क्योंकि मैंने तुम्हारा अधूरा काम पूरा कर दिया है। उसे तो जाकर मां से कहोगी ही! फिर समय कहां मिलेगा। कल सवेरे जाओगी। एं!

शैला मेज के फूलदार कपड़े पर छपे हुए गुलाब की पंखुरियां नोच रही थी? सिर नीचा था और आंखें डबडबा रही थीं। वह क्या बोले?

इंद्रदेव ने फिर कहा—तो आज यहीं रहना होगा!

क्या तुम चाहते हो कि मैं अभी चली जाऊं?—बड़े दुःख से शैला ने उत्तर दिया।

यह लो, मैं पूछ रहा हूं। नहीं-नहीं—मैं तो तुम्हारी ही बात कर रहा हूं। तुम

तो उसी दिन चली जा रही थीं। मैंने देखा कि तुम अपना काम अधूरा ही छोड़कर चली जा रही हो, इसीलिए रोक लिया था। अब तो मैं समझता हूं कि तुम अपने ग्राम-सुधार की योजना अच्छी तरह चला लोगी। मां को समझा देना कि जब इंद्रदेव को ही अपने लिए सम्पत्ति की आवश्यकता नहीं रही, तब उन्हें चाहिए कि यह संचित सम्पत्ति अधिक-से-अधिक दीन-दुःखियों के उपकार में लगाकर पुण्य और यश की भागी बनें।

तो, तुम अब भी गांव के सुधार में विश्वास रखते हो?

मेरे इस त्याग में इस विचार का भी एक अंश है शैला कि जब तक उस एकाधिपत्य से मैं अपने को मुक्त नहीं कर लेता, मेरी ममता उसके चारों ओर प्रेम की छाया की तरह घूमा करती। अब मेरा स्वार्थ उससे नहीं रहा। मैं तो समझता हूं कि गांवों का सुधार होना चाहिए। कुछ पढ़े-लिखे सम्पन्न और स्वस्थ लोगों को नागरिकता के प्रलोभनों को छोड़कर देश के गांव में बिखर जाना चाहिए। उनके सरल जीवन में—जो नागरिकों के संसर्ग से विषाक्त हो रहा है।—विश्वास, प्रकाश और आनन्द का प्रचार करना चाहिए। उनके छोटे-छोटे उत्सवों में वास्तविकता, उनकी खेती में संपन्नता और चरित्र में सुरुचि उत्पन्न करके उनके दारिद्र्य और अभाव को दूर करने की चेष्टा होनी चाहिए। इसके लिए सम्पत्तिशालियों को स्वार्थ-त्याग करना अत्यन्त आवश्यक है।

किंतु अधिकार रखते हुए तो उसे तुम और भी अच्छी तरह कर सकते थे। शक्ति-केन्द्र यदि अधिकारों के संचय का सदुपयोग करता रहे, तो नियंत्रण भली-भांति चल सकता है, नहीं तो अव्यवस्था उत्पन्न होगी। तुम्हारे इस त्याग का अच्छा ही फल होगा, इसका क्या प्रमाण है? मैं तो समझती हूं कि तुमने किसी झोंक में आकर यह कर डाला।

शैला की यह बात सुनकर इंद्रदेव हंसने लगे। उसी हंसी में अवहेलना भरी थी। फिर उन्होंने कहा—संसार के अच्छे-से-अच्छे नियम और सिद्धांत बनते और बिगड़ते रहेंगे। मैं सबको प्रसन्न और संतुष्ट रखने के लिए अपने-आपको जकड़कर रखना नहीं चाहता। जो होना हो वह हो ले। मैंने जो अच्छा समझा, वही किया। अच्छा, तो अब अपनी कहो। क्या निश्चय हुआ?

मैं कल जाना चाहती थी। पर अब तो कुछ दिनों के लिए रुकना पड़ा।

क्यों—कोई आवश्यक काम आ पड़ा क्या?

हां, पहले मैं तुम्हारे त्याग की ही परीक्षा करूंगी, फिर दूसरों के किवाड़ खटखटाऊंगी।

शैला! सुनूं भी। मुझे क्या परीक्षा देनी है?

तितली बड़ी विपत्ति में पड़कर सहायता के लिए आई है। उसका शेरकोट बेदखल

हो रहा है। बनजरिया पर भी लगान की डिग्री हो गई है। उधर आपके तहसीलदार ने एक फौजदारी करवा दी है, जिसमें मधुबन पर पुलिस ने वारण्ट निकलवाया है। और भी, बिहारीजी के महंत ने डाके का मुकदमा भी उस पर चलाया है। मधुबन का पता नहीं। तितली का कोई सहायक नहीं। उसके ब्याह के बाद ही गांव वालों का एक विरोधी-दल इन लोगों के विनाश का उपाय सोच रहा था। हम लोगों के हटते ही यह सब हो गया। क्या उसको तुम कानूनी सहायता दे सकोगे?

एक सांस में यह सब कहकर शैला उत्सुकता से उत्तर की प्रतीक्षा करने लगी। इंद्रदेव चुप रहे। फिर धीरे-धीरे उन्होंने कहा—मैं अब उस गांव के संबंध में कुछ करना नहीं चाहता! शैला! तुम जानती ही हो इसका क्या फल होगा?

मैं सब जानती हूं। पर तुम अभी कह रहे थे कि मैं जाकर वहां सुधार का काम अधिक वेग से आरम्भ करूं। यदि मेरे कुछ समर्थकों का इस तरह दमन हो जाएगा, तो मैं क्या कर सकूंगी? अभी तो चकबंदी के लिए कितने झगड़े उठाए जाएंगे। तो मैं समझ लूं कि तुम मुझे कानूनी सहायता भी न दोगे!

मैं तो श्रमजीवी हूं शैला! मुझे जो भी फीस देगा, उसी का काम करने के लिए मुझे परिश्रम करना पड़ेगा।

तुमको फीस चाहिए! क्या कहते हो इंद्रदेव! इसीलिए तितली की सहायता करने में तुम आनाकानी कर रहे हो न?—शैला की वाणी में वेदना थी।

अपनी जीविका के लिए मैं अब दूसरा कोई काम खोज लूं। फिर और लोगों का काम बिना कुछ लिये ही कर दिया करूंगा। तब तक के लिए क्या तुम क्षमा नहीं कर सकती हो?—इंद्रदेव की मुक्तिमयी निश्चिंत अवस्था व्यंग्य कर उठी।

शैला के हृदय में जो आंदोलन हो रहा था उसे और भी उद्वेलित करते हुए इंद्रदेव ने फिर कहा—और यह पाठ भी तो तुम्हीं से मैंने पढ़ा है। उस दिन, तुमने जब मेरा प्रस्ताव अस्वीकार करते हुए कहा था कि 'काम किए बिना रहना मेरे लिए असंभव है, अपनी रियासत में मुझे एक नौकरी और रहने की जगह देकर बोझ से तुम इस समय के लिए छुट्टी पा जाओ,' तब तुम्हारी जो आज्ञा थी, वही तो मैंने किया। अपने इस त्यागपत्र में नील-कोठी को सर्वसाधारण कामों—अर्थात् औषधालय, पाठशाला और हो सके तो ग्रामसुधार संबंधी अन्य कार्यालय—के लिए, दान करते हुए मैंने एक निधि उसमें लगा दी है; जिसका निरीक्षण तुमको ही आजीवन करना होगा। उसके लिए तुम्हरा वेतन भी नियत है। इसके अतिरिक्त...।

ठहरो इंद्रदेव! क्या तुम मुझे बंदी बनाना चाहते हो? मैं यदि अब वह काम न करूं तो?—बीच ही में रोककर शैला ने पूछा।

नहीं क्यों? तुमने मुझे जो प्रेरणा दी है, वही करके भी मैं क्या भूल कर गया?

और तुमने तो उस दिन दीक्षा लेते हुए कहा था कि 'तुम्हारे और समीप होने का प्रयत्न कर रही हूं,' तो क्या यह सब करके भी मैं तुम्हारे समीप होने नहीं पाऊंगा?

क्यों नहीं?—कहते हुए सहसा नंदरानी ने उसी कमरे में प्रवेश किया।

शैला और इंद्रदेव दोनों ही जैसे एक आशचर्यजनक स्वप्न देखकर ही चौंक उठे।

फिर नंदरानी ने हंसते हुए कहा—मिस शैला, आप मुझे क्षमा करेंगी। मैं अनधिकार प्रवेश कर आई हूं। इंद्रदेव से क्षमा मांगने की तो मैं आवश्यकता नहीं समझती।

इंद्रदेव जैसे प्रकृतिस्थ होकर बोले—बैठिए भाभी! आप भी क्या कहती हैं!

शैला ने लज्जा से अब अवसर पाकर नंदरानी को नमस्कार किया। नंदरानी ने हंसकर कहा—तो मैं तुम दोनों को ही आशीर्वाद देती हूं, यह जोड़ी सदा प्रसन्न रहे।

अभिमान से भरा हुआ शैला का हृदय अपने को ही टटोल रहा था—क्या मेरे समीप आने के लिए ही इंद्रदेव का वह त्याग है?—यह प्रश्न भीतर-भीतर स्वयं उत्तर बन गया।

शैला ने नंदरानी की प्रसन्न आकृति में विनोद की मात्रा देखी, वह क्षण-भर के लिए अपने को वास्तविक जगत में देख सकी। उसने एक सांस में निश्चय किया कि 'हां' कह दूं। किंतु अब प्रस्ताव करने में कौन आगे बढ़े? वह लज्जा और आनन्द से मुस्कुरा उठी।

नंदरानी ने भाव पहचानते ही कहा—मिस शैला! जब तुम इंद्रदेव को बहुत दूर तक अपने पथ पर खींच लाई हो, तब यों अकेले छोड़ देना क्या कायरता नहीं? बोलो, मैं किसी दिन अपने इष्ट-मित्रों को निमंत्रित करूं? मुझे इंद्रदेव का ब्याह करने का अधिकार है। मैं उनकी कुटुम्बिनी हूं। अब मुझे केवल तुम्हारी स्वीकृति चाहिए।

शैला का सिर नीचे झुका हुआ था। उसकी ठुड्डी उठाकर नंदरानी ने कहा—अब बहाना करने से काम नहीं चलेगा। कहो 'हां', बस मैं कर लूंगी।

बहन! मैं स्वीकार करती हूं। परंतु इधर मेरे मन की जो दशा है, वह जब तक तितली का कुछ उपाय...।

चुप भी रहो तितली; बुलबुल, कोयल, सबों का स्वागत होगा। पहले वसंत का उत्सव तो होने दो। मैं तितली को अपने पास रखूंगी और इंद्रदेव को उसकी सहायता करनी होगी।

शैला को चुप देखकर फिर नंदरानी ने कहा। इंद्रदेव! तुम बोलते क्यों नहीं? क्या मैं तुम्हारी वकालत करूं और तुम बुद्ध बैरिस्टर बनकर बैठे रहो?

इंद्रदेव हंसकर बोले—भाभी! संसार में कई तरह के न्यायालय होते हैं। आज

जिस न्यायालय में खड़ा हूं, वहां आप जैसे वकीलों का ही अधिकार है।

तो फिर मैं तुम्हारी ओर स्वीकृति देती हूं। कल अच्छा दिन है। यहीं मेरे बंगले में यह परिणय होगा। इंद्रदेव, तुम्हारा महत्त्वपूर्ण आडम्बर हट गया है, तब तुम अपने मनुष्य के रूप में वास्तविक स्वतंत्रता का सुख लो। केवल स्त्री और पुरुष ही का संयोग जटिलताओं से नहीं भरा है। संसार के जितने संबंध-विनिमय हैं, उनमें निर्वाह की समस्या कठिन है। तुम जानते हो कि मैंने उसका त्यागपत्र फाड़कर फेंक दिया और रजिस्ट्री कराने के लिए उन्हें नहीं जाने दिया। उनसे सब अधिकार लेकर मैं उनको अपदस्थ करके नहीं रखना चाहती। वे मेरे देवता हैं। उनकी बुराइयां तो मैं देख ही नहीं पाती हूं। हां, अर्थ-संकट है सही, पर यही उनकी मनुष्यता है। धोखा देकर कई बार उनसे कुछ झंस लेने वाले मित्र भी फिर उनसे कुछ ले लेने की आशा रखते हैं। क्या यह मेरे गौरव की वस्तु नहीं है? मैंने उसका त्यागपत्र अस्वीकार कर दिया है; परंतु अब मैं अर्थ-सचिव बन गई हूं। अब वे सीधे मेरे पास कुछ भेज देते हैं। मैं कहती हूं कि पुरुष और स्त्री को ब्याह करना ही चाहिए। एक-दूसरे के सुख-दुख और अभाव-आपदाओं को प्रसन्नता में बदलने के लिए सदैव प्रयत्न करना चाहिए। इसीलिए तुम दोनों को मैं एक में बांध देना चाहती हूं।

शैला ने इंद्रदेव की ओर जिज्ञासा भरी दृष्टि से देखा। इंद्रदेव ने मिसिर को पुकारकर कहा—देखो, तितली नाम की एक स्त्री बाहर है, उसे बुला लाओ। तितली आई। उसने नमस्कार किया। इंद्रदेव ने कुर्सी दिखलाकर कहा—बैठो।

सहसा उनके मन में वह बात चमक गई जो उनके और तितली के ब्याह के लिए धामपुर में एक बार अदृश्य का उपहास बनकर फैल गई थी। फिर प्रकृतिस्थ होकर, तितली के बैठ जाने पर, इंद्रदेव ने कहा—मुझे तुम्हारी सब बातें मालूम हैं। मैं सब तरह की सहायता करूंगा। किंतु जब मधुबन इस समय कहीं जाकर छिप गया है, तब सोच-समझकर कुछ करना होगा। मैं उसका पता लगाने का प्रयत्न करूंगा। और रह गया शेरकोट, उसका कागज मैं देख लूंगा तब कहूंगा! बनजरिया का लगान जमा करवा दूंगा। फिर उसका भी प्रबंध कर दिया जाएगा। तब तक तुम यहीं रहो। क्यों शैला! कल के लिए तुम तितली को निमंत्रित न करोगी?

तितली ने चुपचाप सुन लिया। शैला ने कहा—तितली! कल के लिए, मेरी ओर से निमंत्रण है, तुमको यहीं रहना होगा।

तितली के मुंह पर उस निरानंद में भी एक स्मित-रेखा झलक उठी। दूसरे दिन वैवाहिक उत्सव के समाप्त हो जाने पर, तितली वहां से बिना कुछ कहे-सुने कहीं चली गई! शैला और इंद्रदेव दोनों ही उसको बहुत खोजते रहे।

8

चुनार की एक पहाड़ी कंदरा में रहते हुए, मधुबन को कई सप्ताह हो चुके थे। वह निस्तब्ध रजनी में गंगा की लहरों का, पहाड़ी के साथ टकराने का, गंभीर शब्द सुना करता। उसके हृदय में भय, क्रोध और घृणा का भयानक संघर्ष चला करता। उसके जीवन में आरंभ से ही अभाव था, पर वह उसे उतना नहीं अखरता था जितना चह एकांतवास। सब कुछ मिलाकर भी जैसे उसके हाथ से निकल गया। छोटी-सी गृहस्थी; उसमें तितली-सी युवती का सावधानी से भरा हुआ मधुर व्यवहार; और भी भविष्य की कितनी ही मधुर आशाएं सहसा जैसे आने वाले पतझड़ के झपेटे में पड़कर पत्तियों की तरह बिखरकर तीन-तेरह हो गईं।

वह अपने ही स्वार्थ को देखता, दूसरों के पचड़े में पड़ा होता, तो आज यह दिन देखने की बारी न आती। उसने मन-ही-मन विचार किया कि समूचा जगत मेरे लिए एक षड्यंत्र रच रहा था। और मूर्ख मैं, एक भावना में पड़कर, एक काल्पनिक महत्त्व के प्रलोभन में फंसकर, आज इस कष्ट में कदर्थित हो रहा हूं।

उसके जीवन का गणित भ्रामक नहीं था। और फल अशुद्ध निकलता दिखाई पड़ रहा है। तब यह दोष उसका हो ही नहीं सकता। नहीं, इसमें अवश्य किसी दूसरे का हाथ है!

मुझे पिशाच के भयानक चंगुल में फंसाकर सब निर्विघ्न आनन्द ले रहे हैं। कौन। राजो...तितली...मैना...सुखदेव...तहसीलदार...और शैला! सब चुप चाप? तब मैं कितने दिनों तक छिपा-छिपा फिरूंगा? और शेरकोट, बनजरिया, उसमें तितली का सुंदर-सा मुख—सोचते-सोचते उसे झपकी आ गई। भूख से भी वह पीड़ित था। दिन ढल रहा था; परंतु जब तक रात न हो जाए, बाजार तक जाने में वह असमर्थ था। उसकी निद्रा स्वप्न को खींच लाई।

उसने देखा—तितली हंसती हुई अपनी कुटिया के द्वार पर खड़ी है। उधर से इंद्रदेव घोड़े पर उसी जगह आकर उतर गए। उन्होंने तितली से कुछ पूछा और तितली ने मंद मुस्कान के साथ न जाने क्या उत्तर दिया। इंद्रदेव प्रसन्न-से फिर घोड़े पर चढ़कर चले गए।

उस समय अपने को उसने घुमची की लता की आड़ में पाया। वह छिपकर देख रहा है।—हां।

फिर सुखदेव आता है। वह भी तितली से बात करके चला जाता है। स्वप्न की संध्या दिन को ढुकलाकर रात को बुला लाई। अंधेरा हो गया। तारे निकल आए। उसे फुसफुसाहट सुनाई पड़ी। तितली अपने अंचल में दीप लिये किसी को पथ दिखलाने के लिए खड़ी है। उसका मुख धूमिल है। वह घबराई-सी जान पड़ती है।

दूसरा दृश्य, अंधकार में और भी मलिन, कलुषपूर्ण हृदय की भूमिका में अत्यन्त विकृति होकर प्रतिभासित हो उठा। शेरकोट—खंडहर, उसमें भीतरी यह लिपी-पुती चूने से चमकीली एक छोटी-सी कोठरी! और राजो बन ठनकर बैठी है। क्यों? किवाड़ बंद है। भीतर ही वह शीशे में अपना रूप देख रही है। बाहर किवाड़ों पर खट-खट का शब्द होता है। वह मुस्कुराकर उठ खड़ी होती है।

स्वप्न देखते हुए भी मधुबन और बलपूर्वक पलकों को दबा लेता है। आंखें जो बंद थीं। वह मानों फिर से बंद हो जाती हैं। आगे का दृश्य देखने में वह असमर्थ है।

तब, वह पुरुष है। उसको मान के लिए मर मिटना चाहिए; परंतु यह नीच व्यापार यों ही चलता रहे। कुत्सित प्राणियों का कालिमापूर्ण...नहीं...अब नहीं। संसार उसको अपने एक कोने में सुख नहीं, आनन्द नहीं, किसी तरह जीवन को बिता लेने के लिए भी अवसर नहीं देना चाहता। तो जिनको मैं परम प्रिय मानता हूं, उनका अपमान चाहे, वह उन्हीं की स्वीकृति से हो रहा हो—नहीं होने दूंगा। नहीं—वह सपने का वीर हुंकार कर उठा।

पहले तितली ही-हां, उसी का गला घोंटना होगा। उसे प्यार करता हूं। नहीं तो संसार में न जाने क्या कहां हो रहा है, मुझे क्या? नहीं, तितली को मेरी रक्षा के बाहर संसार में जाने से अपमान, कुत्सा और दुःख भोगना पड़ेगा। मैं चढ़ूंगा फांसी पर। चढ़ने के पहले एक बार सबको जी खोलकर गाली दूंगा। संसार को—हां, इसी पाजी, नीच और कृतघ्न संसार को—जिसने मेरा मूल्य नहीं समझा और हाहाकार में व्यथित देखकर धीरे-धीरे मुस्कुराता हुआ अपनी चाल पर चला जा रहा है...यह क्या रहने के उपयुक्त है? तब...ठीक तो...अंधकार है।

वह फिर उसी बनजरिया में घुसता है।

फिर तितली का भोला-सा सुंदर मुख!

उसका साहस विचलित होता है। शरीर कांपने लगता है और आंखें खुल जाती हैं। वह पसीने से तर उठ बैठता है।

दिन ढल चुका है। वह धीरे-धीरे अपनी कंदरा से बाहर आया। गंगा की तरी में खेत सुनसान पड़े थे। फसल कट चुकी थी। दूर पर किले की भद्दी प्राचीर ऊंची होकर दिखाई पड़ी। वह धीरे-धीरे बाजार की ओर न जाकर किले की ओर चला। सूर्य डूब रहे थे। अभी कोयले से भरी हुई छोटी-छोटी हाथ-गाड़ियां रिफार्मेटरी के लड़के ढकेल रहे थे। मधुबन ने आंख गड़ाकर देखा; वह, वह रामदीन तो नहीं है। है तो वही।

वह वेग से चलने लगा और रामदीन के पास जा पहुंचा। उसने कहा—रामदीन!

रामदीन ने एक बार इधर-उधर देखा, फिर जैसे प्रकृतिस्थ हो गया। इधर कई

महीनों से वह धामपुर को भूल गया था। उसे अच्छा खाना मिलता। काम करना पड़ता। तब अन्य बातों की चिंता क्यों करे? आज सामने मधुबन! क्षण भर में उसे अपने बंदी-जीवन का ज्ञान हो गया। वह स्वतंत्रता कि लिए छट-पटा उठा।

मधुबन बाबू!—वह चीत्कार कर उठा।

क्या तू छूट गया रे, नौकरी कर रहा है?

नहीं तो, वही जेल का कोयला ढो रहा हूं।

और कौन है तेरे साथ?

कोई नहीं, यही अंतिम गाड़ी थी। मैं ले जा रहा हूं और लोग आगे चले गये हैं।

दूर पर प्रशांत संध्या की छाती को धड़काते हुए कोई रेलगाड़ी स्टेशन की ओर आ रही थी। बिजली की तरह एक बात मधुबन के मन में कौंध उठी।

उसने पूछा—मैं कलकत्ता जा रहा हूं—तू भी चलेगा?

रामदीन—नटखट! अवसर मिलने पर कुछ उत्पात—हलचल—उपद्रव मचाने का आनन्द छोड़ना नहीं चाहता। और मधुबन तो संसार की व्यवस्था के विरुद्ध हो ही गया था। रामदीन ने कहा—सच! चलूं?

हां, चल!

रामदीन ने एक बार किले की धुंधली छाया को देखा और वह स्टेशन की ओर भाग चला। पीछे-पीछे मधुबन!

गाड़ी के पिछले डिब्बे प्लेटफार्म के बाहर लाइन में खड़े थे। प्लेटफार्म के ढालुवें छोर पर खड़े होकर गार्ड ने धीरे-धीरे हरी झंडी दिखाई। उस जगह पहुंचकर भी मधुबन और रामदीन हताश हो गए थे। टिकट लेने का समय नहीं। गाड़ी चल चुकी है, उधर लौटने से पकड़े जाने का भय। गार्ड वाला डिब्बा गार्ड के समीप पहुंचा। दूर खड़े स्टेशन-मास्टर से कुछ संकेत करते हुए अभ्यस्त गार्ड का पैर, डब्बे की पटरी पर तो पहुंचा; पर वह चूक गया! दूसरा पैल फिसल गया। दूसरे ही क्षण कोई भयानक घटना हो जाती, परंतु मधुबन ने बड़ी तत्परता से गार्ड को खींच लिया। गाड़ी खड़ी हुई। स्टेशन पर आकर गार्ड ने मधुबन को दस रुपये का एक नोट देना चाहा। उसने कहा—नहीं, हम लोग देहाती हैं, कलकत्ता जाना चाहते हैं। गार्ड ने प्रसन्नता से उन दोनों को अपने डिब्बे में बिठा लिया।

गाड़ी कलकत्ता के लिए चल पड़ी।

उसी समय बनजरिया में उदासी से भरा हुआ दिन ढल रहा था। सिरिस के वृक्ष के नीचे, अपनी दोनों हथेलियों पर मुंह रखे हुए, राजकुमारी, चुपचाप आंसू की बूंदें

गिरा रही थी। उसी के सामने, बटाइ के खेत में से आये हुए, जौ-गेहूं के बोझ पड़े थे। गऊ उसे सुख से खा रही थी। परंतु राजकुमारी उसे हांकती न थी।

मलिया भी पीठ पर रस्सी और हाथ में गगरी लिये पानी भरने के लिए दूसरी ओर चली जा रही थी।

राजकुमारी मन-ही-मन सोच रही थी—मैं ही इन उपद्रवों की जड़ हूं। न जाने किस बुरी घरी में, मेरे सीधे-सादे हृदय में, संसार की अप्राप्त सुखलालसा जाग उठी थी, जिससे मेरे सुशील मधुबन के ऊपर यह विपत्ति आई। तितली भी चली गई। उसका भी कुछ पता नहीं। सुना है कि कल तक लगान का रुपया न जमा हो जाएगा, तो बनजरिया भी हम लोगों को छोड़ना पड़ेगा। हे भगवन!

वैशाख की संध्या आई। नारंगी के हल्के रंग वाले पश्चिम के आकाश के नीचे, संध्या का प्राकृतिक चित्र मधुर पवन से सजीव हो हिल रहा था। पवन अस्पष्ट गति से चल रहा था। उसमें अभी कुछ-कुछ शीतलता थी! सूर्य की अंतिम किरणें भी डूब चुकी थीं; किंतु राजकुमारी की भावनाओं का अंत नहीं!

सहसा तितली ने पास आकर कहा—मलिया कहां गई? जीजी! क्या तुमने गऊ के ही खाने के लिए इतना-सा बोझ यहां डाल दिया है?

वही दृढ़ स्वर! वही अविचल भाव!

राजो ने चौककर उसकी ओर देखा—तितली! तू आ गई! मधुबन का पता लगा? मुकदमे में क्या हुआ?

कहीं पता नहीं लगा। और न तो उसके बिना आए मुकदमा ही चलता है। तब तक हम लोगों को मुंह सीकर तो रहना नहीं होगा जीजी! जीना तो पड़ेगा ही; जितनी सांसें आने-जाने को हैं, उतनी चल कर ही रहेंगी। फिर यह क्या हो रहा है? कहकर उसने गऊ को हांकते हुए अपनी छोटी-सी गठरी रख दी।

आग लगे ऐसे पेट में। जीकर ही क्या होगा। भगवान मुझे उठा ही लेते, तो क्या कोई उनको अपराध लगता! मैं तो...!

मैं भी तुम्हारी-सी बात सोचकर छुट्टी पा जाती जीजी! पर क्या करूं। मैं वैसा नहीं कर सकती। मुझे तो उनके लौटने के दिन तक जीना पड़ेगा। और जो कुछ वे छोड़ गए हैं, उसे सम्हालकर उसके सामने रख देना होगा।

तितली की प्रशांत दृढ़ता देखकर राजो झल्ला उठी। वह मन-ही-मन सोचने लगी—पढ़ी-लिखी स्त्रियां क्या ऐसी ही होती हैं? इतनी विपत्ति में भी जैसे इसको कुछ दुख नहीं! न जाने इसके मन में क्या है!

मनुष्य इसी तरह प्रायः दूसरे को समझा करता है। उसके पास थोड़ा-सा सत्यांश और उस पर अनुमानों का घटाटोप लादकर वह दूसरे के हृदय की ऐसी मिथ्या मूर्ति गढ़कर संसार के सामने उपस्थित करते हुए निस्संकोच भाव से चिल्ला उठता है कि

लो यही है वह हृदय, जिसको तुम खोज रहे थे। मूर्ख मानवता!

राजकुमारी ने एक बार और भी किया—तितली! कल लगान का रुपया न जमा होने से बनजरिया भी जाएगी।

तितली ने गठरी खोलकर अपना कड़ा, और भी दो-एक जो अंगूठी-छल्ला था, राजकुमारी के सामने रख दिया।

राजो ने पूछा—यह क्या?

इसको बेचकर रुपये लाओ जीजी। लगान का रुपया देकर जो बचे उससे एक दालान यहीं बनवाना होगा। मैं यहां पर कन्या-पाठशाला चलाऊंगी और खेती के सामान में जो कुछ कमी हो, उसे पूरा करना होगा। गायें बेच दो। आवश्यकता हो तो बैल खरीद लेना। तुम देखो खेती का काम, और मैं पढ़ाई करूंगी। हम लोगों को इस भीषण संसार से तब तक लड़ना होगा, जब तक वे लौट नहीं आते।

फिर ठहरकर तितली ने कहा—जी मिचलाता है, थोड़ा जल दो जीजी!

अंततोगत्वा तितली के उस उत्साह भरे पीले मुंह को राजो आश्चर्य से देख रही थी। मलिया ने आकर उसका पैर छू लिया। बनजनिया में दिया जल उठा।

चतुर्थ खण्ड

1

मधुबन और रामदीन दोनों ही, उस गार्ड की दया से, लोको ऑफिस में कोयला ढोने की नौकरी पा गए। हबड़ा के जनाकीर्ण स्थान में उन दोनों ने अपने को ऐसा छिपा लिया, जैसे मधु-मक्खियों के छत्ते में कोई मक्खी। उन्हें यहां कौन पहचान सकता था। सारा शरीर काला, कपड़े काले और उनके लिए संसार भी काला था। अपराध करके वे छिपना चाहते थे।

संसार में अपराध करके प्रायः मनुष्य अपराधों को छिपाने की चेष्टा नित्य करते हैं। जब अपराध नहीं छिपते तब उन्हें ही छिपना पड़ता है और अपराधी संसार उनकी इसी दशा से संतुष्ट होकर अपने नियमों की कड़ाई की प्रशंसा करता है। वह बहुत दिनों से सचेष्ट है कि संसार से अपराध उन्मूलित हो जाए। किंतु अपनी चेष्टाओं से वह नये-नये अपराधों की सृष्टि करता जा रहा है।

हां, तो वे दोनों अपराधी थे। कोयले की राख उनके गालों और मस्तक पर लगी रहती, जिसमें आंखें विलक्षणता से चमका करतीं। मधुबन प्रायः रामदीन से कहा करता—जैसा किया उसका फल तो खूब मिला। मुंह में कालिख लगाकर देश-निकाला इसी को न कहते हैं?

भइया, सबका दिन बदलता है! कभी हम लोगों का दिन पलटेगा—रामदीन ने कहा।

उस दिन दोनों को छुट्टी मिल गई थी। उनके टीन से बने मुहल्ले में अभी सन्नाटा था। अन्य कुली काम पर से नहीं आए थे। सूर्य की किरणें उनकी छाजन के नीचे हो गई थीं। उनका घर पूर्व के द्वार वाला था। सामने एक छोटा-सा गढ़ा था, जिसमें गंदला पानी भरा था। उसी में वे लोग अपने बरतन मांजते थे। एक बड़ा-सा ईंटों का ढेर वहीं पड़ा था, जो चौतरे का काम देता है। मधुबन मुंह साफ करने के लिए उसी गढ़े के पास आया। घृणा से उसको रोमांच हो आया। उसकी आंखों में ज्वाला थी। शरीर भी तप रहा था। ज्वर के पूर्व लक्षण थे। वह अंजलि

में पानी भरकर उंगलियों की संधि से धीरे-धीरे गिराने लगा। रामदीन एक पीतल का तसला मांज रहा था। वहां चार ईंटों की एक चौकी थी। चिरकिट उस चौकी पर अपना पूर्ण अधिकार समझता था। वह जमादार था। आज उसके न रहने पर ही रामदीन वहीं बैठकर तसला धो रहा था।

मधुबन ने कहा—रामदीन, उस बम्बे से आज एक बाल्टी पानी ले आओ। मुझे ज्वर हो आया है। उसमें से एक लोटा गरम करके मेरे सिरहाने रख देना! मैं सोने जाता हूं।

भइया, अभी तो किरन डूब रही है। तनिक बैठे रहो। अभी दीया जल जाने दो।—रामदीन ने अभी इतना ही कहा कि चिरकिट ने दूर से ललकारा—

कौन है रे चौतरिया पर बैठा?

रामदीन उठने लगा था। मधुबन ने उसे बैठे रहने का संकेत किया। वह कुछ बोला भी नहीं, उठा भी नहीं। चिरकिट यह अपमान कैसे सह सकता। उसने आते ही अपना बरतन रामदीन के ऊपर दे मारा। मधुबन को कायले की कालिमा से जितनी घृणा थी, उससे अधिक थी चिरकिट के घमंड से। वह आज कुछ उत्तेजित था। मन की स्वाभाविक क्रिया कुछ तीव्र हो उठी। उसने कहा—यह क्या चिरकिट! तुमने उस बेचारे पर अपने जूठे बरतन फेंक दिए!

फेंक तो दिए, जो मेरे चौतरिया पर बैठेगा वही इस तरह...वह आगे कुछ कह न सके, इसलिए मधुबन ने कहा—चुप रहो—चिरकिट तुम पाजीपन भी करते हो और सबसे टर्राते हो! वह बरतन मांजकर ईंटें नहीं उठा ले जाएगा। हट जाता है तो तुम भी मांज लेना।

नहीं, उसको अभी हटना होगा।

अभी तो न हटेगा। गरम न हो। बैठ जाओ। वह देखो, तसला धुल गया।

क्रोध से उन्मत्त चिरकिट ने कहा—यहां धांधली नहीं चलेगी। ढोएंगे कोयला, बनेंगे ब्राह्मण-ठाकुर। तुम्हारा उनेऊ देखकर यहां कोई न डरेगा। यह गांव नहीं है, जहां घास का बोझ लिये जाते भी तुमको देखकर खाट से उठ खड़ा होना पड़ेगा!

मधुबन ने अपने छोटे कुर्ते के नीचे लटकते हुए जनेऊ को देखा, फिर उस चिरकिट के मुंह की ओर। चिरकिट उस विकट दृष्टि को न सह सका। उसने मुंह नीचे कर लिया था, तब भी झापड़ लगा ही। वह चिल्ला उठा—अरे, मनवा, दौड़ रे! मार डाला रे!

कुली इकट्ठे हो गए। मधुबन उन सबों में अविचल खड़ा रहा। उसने सोचा कि ''अभी समय है। यदि झगड़ा बढ़ा और पुलिस तक पहुंचा तो फिर...? क्षण-भर में उसने कर्त्तव्य निश्चित कर लिया। कड़ककर बोला—सुनो चिरकिट! समय पड़ने पर मेहनत-मजूरी करके खाने से जनेऊ नीचा नहीं हो जाएगा। आज से फिर कभी तुम ऐसी बात न बोलना; और तुमको मेरा यहां रहना बुरा लगता हो तो लो, हम

लोग चले। जहां हाथ-पैर चलावेंगे वहीं पैसा लेंगे।

रामदीन समझ चुका था। उसने कम्बल की गठरी बांधी; दोनों चले। मधुबन को रोककर कुलियों को उससे झगड़ा करने का उत्साह न हुआ। उसकी भी कलकत्ते में रहने की इच्छा थी। हावड़ा के पुल पर आकर उसने एक नया संसार देखा। जनता का जंगल! सब मनुष्य जैसे समय और अवकाश का अतिक्रमण करके, बहुत शीघ्र, अपना काम कर डालने में व्यस्त हैं। वह चकित-सा चला जा रहा था। घूमता हुआ जब मछुआ बाजार के भीड़ से आगे बढ़ा तो उसको ज्वर अच्छी तरह हो आया था। फिर भी उसे विश्राम के लिए इस जनाकीर्ण नगर में कहीं स्थान न था।

पटरी पर एक जगह भीड़ लग रही थी। एक लड़का अपनी भद्दी संगीत-कला से लोगों का मनोरंजन कर रहा था। रामधारी पांडे एक मारवाड़ी कोठी का जमादार था। उसके साथ दस-बारह बलिष्ठ युवक रहते थे। उसके नाम के लिए तो नौकरी थी, परंतु अधिक लाभ तो उसको इन नवयुवकों के साथ रहने का था। सब लोग, इस कानून के युग में भी, बाहुबल से कुछ आशा, भय और सहानुभूति रखते थे। सुरती-चूना मलते हुए प्रायः तमोली की दूकान पर वह बैठा दिखाई पड़ता और एक-न-एक तमाशा लगाए रहने से बाजार उसके बहुत-से काम सधा करते थे। रहीम नाम का एक बदमाश मछुआ में उन दिनों बहुत तप रहा था। इसीलिए रामधारी की पांचों उंगलियां घी में थीं!

रहीम के दल का ही वह लडका था। उसका काम था कहीं भी खड़े होकर नाच-गाकर कुछ भीड़ इकट्ठी कर लेना। उसी समय उसके अन्य साथी गिरहकट लड़के जेब कतरते थे। उन सबों की रक्षा के लिए रहीम के दो-एक चर भी रहते थे, जो आवश्यकता होने पर दो-चार हाथ इधर-उधर चलाकर लड़कों के भागने में सहायता करते थे। रामधारी और रहीम में संधि थी। साधारण बातों पर वे लोग कभी झगड़ते न थे। जिससे पूरी थैली मिलती, उनके लिए कभी-कभी दो-चार खोपड़ियों का रक्त निकाल दिया जाता था, वह भी केवल दिखाने के लिए!

कलकत्ता में यह व्यापार खुली सड़क पर चला करता। हां, तो वह लड़का गा रहा था। भीड़ इकट्ठी थी। कोई अच्छी-सी ठुमरी का टुकड़ा, उसके कोमल कंठ से निकलकर, लोगों को उलझाए था। इतने ही में भीड़ के उसी ओर, जिधर मधुबन खड़ा था, गड़बड़ी मची। किसी मारवाड़ी युवक का जेब कटा। उसने गिरहकट का हाथ नोट के पुलिंदों के साथ पकड़ा, साथ ही चमड़े के हंटर की गांठ उसके सिर पर बैठी। वह अभी तिलमिला ही रहा था कि रामधारी ने देखा कि उसे युवक की कोठी से कुछ मिलता है। अब उसका बोलना धर्म हो गया। उसने 'हां-हां' करते हुए उछलकर मारने वालों को पकड़ ही लिया। फिर भी पांडे ने भूल की। उसका कोई साथी वहां न था। उधर रहीम के दल वाले वहां उपस्थित थे। फिर क्या, चल गई। रामधारी पूरी तरह से घिर गया, और वह अधेड़ भी था। तब भी उसकी वीरता

देखते ही बनी। मधुबन तो इस अवसर से अपने को कभी वंचित नहीं कर सकता था। वह भी एक कोना पकड़कर यह दृश्य देखने लगा। तीन-चार मिनट में एक कांड हो गया। गई दर्शकों के भी सिर फटे और रामधारी केले के छिलके पर फिसलकर गिर चुका था। सहसा मधुबन ने रहीम के दल वाले के हाथ से लकड़ी छीन ली और उधर नटखट रामदीन ने उस लड़के के हाथ से नोटों का बंडल पहले ही झटक लिया था। मधुबन ने जब रहीम के दल को भागने के लिए बाध्य किया, तब तक रामधारी के साथी और उधर से रहीम के दल वाले और भी जुट गए थे। इतने में पुलिस का हल्ला भी पहुंचा।

अब तक जो युवक चुपचाप बड़ी तन्मयता से मधुबन के शरीर और उसके लाठी चलाने को देख रहा था, उसके पास आकर बोला—तुम पकड़े जाना न चाहते हो तो मेरे साथ आओ।

मधुबन समझ गया। युवक के पीछे मधुबन और रामदीन एक दूसरी गली में घुस गए।

उस गली के भीतर भी, कितने मोड़ों से घूमते हुए वे लोग जब एक छोटे-से घर के किवाड़ों को खोलकर भीतर घुसे, तो मधुबन ने देखा कि यहां दरिद्रता का पूरा साम्राज्य है। एक गगरी में जल और फटे हुए गूदड़ का बिछावन, बस और कुछ नहीं!

युवक ने कहा—मैं समझता हूं कि तुमको नोटों की आवश्यकता नहीं है; क्योंकि उन्हें लेकर जब तुम कहीं भुनाने जाओगे, तुरंत वहीं पकड़ लिये जाओगे; इसलिए उन्हें तो मेरे पास रख छोड़ो। और लो यह पांच रुपये। अपने लिए सामान रखकर दो-चार दिन यहीं कोठरी में पड़े रहो। फिर देखा जाएगा।

इतना कहकर उसने एक हाथ तो नोटों के लेने के लिए बढ़ाया और दूसरे से पांच रुपये देने लगा। मधुबन चकित होकर उसका मुंह देखने लगा—कैसे नोट?

इतने में रामदीन ने नोटों का बंडल निकालकर सामने रख दिया। मधुबन ने पूछा—अरे तूने इतने नोट कहां से पाए? क्या उससे तूने छीन लिया पाजी! क्या फिर यहां चोरी पकड़वाएगा।

यह है कलकत्ता! मालूम होता है कि तुम लोग अभी नए आए हो। भाई यहां तो छीना-झपटी चल ही रही है। तुम्हें धर्म के नाम पर भूखे मरना हो तो चले जाओ गंगा-किनारे। लाखों पर हाथ साफ करके सवेरे नहाने वाले किसी धार्मिक की दृष्टि पड़ जाएगी तो दो-एक पाई तुम्हें दे ही देगा। नहीं तो हाथ साफ करो, खाओ, पियो, मस्त पड़े रहो।

मधुबन आश्चर्य से उसका मुंह देख रहा था। युवक ने धीरे से ही नोटों के बंडल को उठाते हुए फिर कहा—आनन्द से यहीं पड़े रहो। देखो, उधर जो काठ का टूटा संदूक है, उसे मत छूना। मैं कल फिर आऊंगा। कोई पूछे तो कह देना कि

बीरू बाबू ने मुझे नौकर रखा है। बस।

वह युवक फिर और कुछ न कहकर चला गया। मधुबन हक्का-बक्का-सा स्थिर दृष्टि से उस भयानक और गंदी कोठरी को देखने लगा। उसका सिर घूम रहा था। वह किस भूलभुलैया में आ गया। 'यह किस नरक में जाने का द्वार है? यही वह बार-बार अपने मन से पूछ रहा था। उसने परदेश में फिर वही मूर्खतापूर्ण कार्य क्यों किया, जिसके कारण उसे घर छोड़कर इधर-उधर मुंह छिपाना पड़ रहा है। मरता वह , मुझे क्या जो दूसरे का झगड़ा मोल लेकर यहां भी वही भूल कर बैठा जो धामपुर में एक बार कर चुका था। उसे अपने ऊपर भयानक क्रोध आया। उसके घाव भी ठंडे होकर दुख रहे थे। रामदीन भी सन्न हो गया था। फिर भी उसका चंचल मस्तिष्क थोड़ी ही देर में काम करने लगा। उसने धीरे से एक रुपया उठा लिया, और उस घर के बाहर निकल गया।

मधुबन अपनी उधेड़बुन में बैठा हुआ अपने ऊपर झल्ला रहा था। रामदीन बाजार से पूरी-मिठाई लेकर आया। उसने जब मधुबन के सामने खाना खाकर उसका हाथ पकड़कर हिलाया तब उसका ध्यान टूटा। भूख लगी थी, कुछ न कहकर वह खाने लगा।

दोनों सो गए। रात कब बीती, उन्हें मालूम नहीं। हारमोनियम का मधुर स्वर उनकी निद्र का बाधक हुआ। मधुबन ने आंख खोलकर देखा कि उसी घर के आंगन में छः-सात युवक और बालक खड़े होकर मधुर स्वर से भीख मांगने वाला गाना आरंभ कर चुके हैं, और बीरू बाबू उनके नायक की तरह ही गेरुआ कपड़ा सिर से बांधे बीच में खड़े हैं!

मधुबन जैसे स्वप्न देख रहा था। उसका सम्मिलित गान बड़ा आकर्षक था। वे धीरे-धीरे बाहर हो गए। दो लड़कों के हाथ में गेरुए कपड़े का झोला था। एक गले में हारमोनिया डाले था, बाकी गा रहे थे। भिखमंगों का यह विचित्र दल अपने नित्य-कर्म के लिए जब बाहर चला गया तब मधुबन अंगड़ाई ले उठ बैठा।

आज सवेरे से बदली थी। पानी बरसने का रंग था। रामदीन सरसों का तेल लेकर मधुबन के शरीर में लगाने लगा। वह इस अनायास की अमीरी का आंख मूंदकर आनन्द ले रहा था। वह जैसे एक नए संसार में आश्चर्य के साथ प्रवेश करने का उपक्रम कर रहा था। उसके जीवन की स्वचेतना—जो उसे अभी तक प्रायः समझा-बुझाकर चलने के लिए संकेत किया करती थी—इस आकस्मिक घटना से अपना स्थान छोड़ चुकी थी। जीवन के आदर्शवाद मस्तिष्क से निकलने की चिंता में थे। दोपहर होने आया, वह आलसी की तरह बैठा रहा।

बीरू बाबू का दल लौट आया। झोली में चावल और पैसे थे, जो अलग कर लिये गए। बीरू पैसों को लेकर साग-भाजी लेने चला गया। और लोग भात बनाने में जुट गए। बड़ा-सा चूल्हा दालान में जलने लगा और चावल धोते हुए ननीगोपाल

ने कहा—बीरू आज भी मछली लाता है कि नहीं। भाई, आज तीन दिन हो गए, साग खाकर हारमोनियम गले में डाले गली-गली नहीं घूमा जा सकता। क्यों रे सुरेन!

सुरेन हंस पड़ा। ननी फिर बौखला उठा—पाजी कहीं का, तुझसे कहा था न मैंने कि दो-चार आने उनमें से टरका देना।

और बीरू बाबू की घुड़की कौन सहता?

मरें बीरू और सुरेन, मैं तो जाता हूं अड्डे पर। देखूं एकाध चिलम, चरस...।

बीरू के प्रवेश करते ही सब वाद-विवाद बंद हो गया था। उसने तरकारी की गठरी रखते हुए कहा—

आज भी मछली की ब्योंत नहीं लगी।

मैं तो बिना मछली के आज खा नहीं सकता—कहते हुए मधुबन ने एक रुपया अपनी कोठरी में से फेंक दिया। वह निर्विकार मन से इन बातों को सुनने का आनन्द ले रहा था। ननी दौड़ पड़ा—रुपये की ओर। उसने कहा—

वाह चाचा! तुम कहां से मेरी दुर्बुद्धि की तरह इस घर की खोपड़ी में छिपे थे। तो खाली मछली ही न कि और भी कुछ।

बीरू ने ललकारा—क्यों ने ननी, तरकारी न बनेगी? कहां चला?

जब एक भलेमानस कुछ अपना खर्च करके खाने-खिलाने का प्रबंध कर रहे हैं तब भी बीरू चाचा! चूल्हे में डाल दूंगा तुम्हारा सूखा भात...हां—कहते हुए रुपया लेकर दौड़ गया। मधुबन मुस्करा उठा। वह आज पूरी अमीरी करना चाहता है।

ठाट-बाट से बीरू के दल की ज्योनार उस दिन हुई। भोजन करके सबको एक-एक बीड़ा सौंफ और लोंग पड़ा हुआ पान मिला। नारियल भी गुड़गुड़ाया जाने लगा। ताश भी निकला। मधुबन को बातों में ही मालूम हुआ कि उस घर में रहने वाले सब ठलुए बेकार हैं। इस दल से संयोजक हैं 'बीरू बाबू'। उन्होंने परोपकार-दृष्टि से ही इस दल का संघटन किया है। उनकी आस्तिक बुद्धि बड़ी विलक्षण है। अपने दल के सामने जब वह व्याख्यान देते हैं तो सदा ही मनुस्मृति का उद्धरण देते हैं। जब अनायास, अर्थात् बिना किसी पुलिस के चक्कर में पड़े, कोई दल का सदस्य अर्थलाभ कर ले आता है, उसे ईश्वर को धन्यवाद देते हुए वे पवित्र धन समझते हैं। उसे ईश्वर की सहायता समझकर दरिद्रों के लिए, अपने दल की आवश्यकता की पूर्ति के लिए, व्यय करने में कोई संकोच नहीं करते। चाहे वह किसी तरह से आया हो। उन्होंने स्कूल की सीमा पर खड़े होकर कॉलेज को दूर से ही नमस्कार कर दिया था। वह तब भी व्याख्यान वाचस्पति थे। लेखक-पुंगव थे। बंगाल की पत्रिकाओं में दरिद्र के लिए बराबर लेख लिखा करते थे। मधुबन की उदारता को सन्देह की दृष्टि से देखते हुए उस दिन संघ के धन को मितव्ययिता से खर्च करने का उपदेश देते हुए जब अंत में कहा कि ईश्वर सबका निरीक्षण करता है, उसके पास एक-एक दाने का हिसाब रहता है, तब झल्लाते हुए ननी ने कहा—

अरे भाई, तुमने मनुष्य को अच्छी तरह समझ लिया क्या, जो अब ईश्वर के लिए अपनी बुद्धि की लंगड़ी टांग अड़ा रहे हो? हम लोग हैं भूखे, सब तरह के अभावों से पीड़ित। पहले हम लोगों की आवश्यकता पूरी होने दो। जब ईश्वर हमसे हिसाब मांगेंगे तब हम लोग भी उनसे समझ लेंगे। एक दिन मछली सो सात एकादशी के बाद मिली, वह भी तुमसे देखा नहीं जाता।

बीरू ने देखा कि उसके बड़प्पन में बट्टा लंगता है। उसने सम्हलकर हंसते हुए कहा—अरे तुम चिढ़ गए। अच्छा भाई, वही सही। अच्छी बात का प्रमाण यही है कि वह सबकी समझ में नहीं आती तो ठीक है।

मधुबन चुपचाप इस विचित्र परिवार का दृश्य देख रहा था। उसके मन में समय-समय पर निर्भय होकर निश्चिन्त भाव से संसार-यात्रा करते रहने का विचार घनीभूत होता जा रहा था। उसमें अन्य मनुष्यों से सहायता मिलने का लोभ भी छिपा था, वह मानसिक परावलम्बन की ओर ढुलक रहा था। मनुष्य को कुछ चाहिए। वह किसी तरह से आ रहा है, इस पर ध्यान देने की इच्छा नहीं रह गई। दूसरे दिन बीरू ने एक रिक्शा-गाड़ी मधुबन के लिए खरीद दी। मधुबन रात को उसे लेकर निकलता। वह सरलता से दो-तीन रुपये ले आने लगा। रामदीन उस दल का सेवक बन गया। दिन को कोई काम न करके, रात को निकलने में मधुबन को कोई असुविधा न थी। कुछ लोग भीख मांगते हुए, कुछ लोग अवसर मिलने पर रात को कुली का काम भी कर लेते। महीनों के भीतर ही एक रिक्शा और आ गई। अच्छी आय होने लगी। उस दल के उड़िया, बंगाली और युक्तप्रान्तीय आनन्द से एक में रहते थे।

रात के दस बजे थे। हबड़ा से चांदपाल घाट को जानेवाली सड़क पर मधुबन अपनी रिक्शा लिए धीरे-धीरे चला जा रहा था। वह बैण्ड बजने वाले मड़ो पर खड़ा होकर गंगा की धारा को क्षण-भर के लिए देखने का प्रयत्न करने लगा। इतने में एक स्त्री का हाथ पकड़े हुए एक बाबू साहब लड़खड़ाती चाल से रिक्शा के सामने आकर खड़े हो गए। मधुबन रुककर आज्ञा की प्रतीक्षा करने लगा। दोनों ही मदिरा के नशे में झूम रहे थे। मधुबन ने पूछा—हबड़ा?

तुम पूछकर क्या करोगे, मैं जिधर चलता हूं उधर चलो।

क्या?—मधुबन ने पूछा।

बड़ा बकवादी है।

तो फिर बैठ जाइए।

दोनों रिक्शा पर बैठ गए। मधुबन उन्हें खींच ले चला। हां, उन मदोन्मत्त विलासी धनियों के लिए वह पशु बन गया था। गंगा का स्पर्श करके आती हुई शीतल वायु धीरे-धीरे बह रही थी। मधुबन रिक्शा खींचते हुए सोच रहा था।—

यदि मैं न छिपता तो फांसी होती। और न होगी, कभी मैं न पहचान लिया जाऊंगा, इसी पर कैसे विश्वास कर लूं। यह दुष्ट मनुष्यों का बोझ मैं गधों की तरह

ढो रहा हूं। मेरी शिक्षा! मेरा वह उन्नत हृदय! सब कहां गया। क्या मैं छाती ऊंची करके दण्ड झेलने में असमर्थ था। और भय का वह पहला झोंक; उसी में मैना ने मुझे भगाने के लिए...हां, मैना, वह वेश्या! उसने मुझसे रुपये भी लिये और मुझे उस समय निकाल बाहर भी किया। मैं पापी था, अछूत था; पर वह चांदी के चमकीले टुकड़े—उनमें पाप कहां! धीरे से उन्हें वह रख आई। और मैं भगा दिया गया।

रिक्शा पर बैठे हुए बाबू साहब ने कहा—अरे बहुत धीरे-धीरे चलता है।

मधुबन अड़ियल टट्टू की तरह रुक गया। उसने कहा—तो बाबू साहब, मैं घोड़ा नहीं हूं। आप उतरकर चले जाइए।

मारे हंटरों के खाल खींच लूंगा। नवाबी करने की इच्छा थी तो रिक्शा क्यों खींचने लगा। चल, तुझे दौड़कर चलना होगा।

अच्छा, उतरो नहीं तो...मधुबन को आगे कुछ करने से रोककर उस स्त्री ने कहा—बड़ा हठी है। थोड़ी दूर तो हबड़ा का पुल है। वहीं तक चल।

नहीं इसे सूतापट्टी के मोड़ तक चलना होगा मैना! अनवरी के दवाखाने तक! ठीक, वहां तक बिना पहुंचे श्यामलाल उतरने के नहीं।

मधुबन के शरीर में बिजली-सी दौड़ गई। मैना! और यह श्यामलाल वही दंगल वाले बाबू श्यामलाल! यही कलकत्ता में...ठीक तो! उसके क्रोध के कितने कारण एकत्र हो गए थे। अब वह अपने को रोक न सका। उसने रिक्शा छोड़ दी। वह झटके से पृथ्वी पर आ गिरा; और मैना के साथ बाबू श्यामलाल भी।

मैना भी गहरे नशे में थी, श्यामलाल का तो कहना ही क्या था। दोनों रिकशा से लुढ़ककर नीचे आ गिरे। मधुबन की पशु-प्रवृत्ति उत्तेजित हो उठी। उसने एक लात कसकर मारते हुए कहा—पाजी। श्यामलाल गों-गों करने लगा। उसकी पंसली चरमरा गई थी। किन्तु मैना चिल्ला उठी। थोड़ी दूर खड़ी पुलिस उधर जब दौड़कर आने लगी तो मधुबन अपना रिकशा खींचकर आगे बढ़ा। पुलिस ने उसे दौड़कर पड़क लिया। मधुबन को विवश होकर, फिर उन्हीं दोनों को लादकर पुलिस के साथ जाना ही पड़ा।

दूसरे दिन हवालात में मैना और मधुबन ने एक-दूसरे को देखा। मैना चिल्ला उठी—मधुबन!

मैना!—मधुबन ने उत्तर दिया।

दोनो चुप थे। पुलिस ने दोनों का नाम नोट किया। श्यामलाल और मैना अनवरी के दवाखाने में पहुंचाई गई। मधुबन पर अभियोग लगाया गया। केवल उसी घटना के आधार पर नहीं; पुलिस के पास उस भगोड़े के लिए भी वारंट था, जिसने बिहारीजी के महन्त के यहां डाका डालकर रुपये लिये थे और उनकी हत्या की चेष्टा की थी। पुलिस के सुविधानुसार उपयुक्त न्यायालय में मधुबन की व्यवस्था हुई। उसके ऊपर डाके डालने के दोनों अभियोग थे। न्यायालय में जब मैना ने उसे पहचानते हुए कहा

कि उस रात में रुपयों की थैली लेकर छिपने के लिए मधुबन मेरे यहां अवश्य आया था, पर मैंने उसे अपने यहां रहने नहीं दिया, वह रुपये लेकर उसी समय चला गया, तो मधुबन उसके मुंह को एकटक देख रहा था। मैना! वही तो बोल रही थी। वह वहां धन की प्यासी पिशाची उसका संकेत, उसकी सहृदयता, सब अभिनय! रुपये पचा लेने की कारीगरी!

मधुबन को काठ मार गया। वह चेतना-विहीन शरीर लेकर उस अद्भुत अभिनय को देख रहा था। उसे दस वर्ष सपरिश्रम कठोर कारावास का दण्ड मिला।

बीरू बाबू ने रिक्शा खरीदने की रसीद दिखाकर रिक्शा पर अपना अधिकार प्रमाणित कर दिया। रिक्शा उन्हें मिल गया। उस परोपकार संघ में मूर्ख रामदीन फिर रिक्शा खींचने लगा। हां, ननीगोपाल उस संघ से अलग हो गया। उसे बीरू बाबू से अत्यन्त घृणा हो गई!

2

नील-कोठी में इधर कई दिनों से भीड़ लगी रहती है। शैला की तत्परता से चकबंदी का काम बहुत रुकावटों में भी चलने लगा। महंगू इस बदले के लिए प्रस्तुत न था। उसकी समझ में यह बात न आती थी। उसके कई खेत बहुत ही उपजाऊ थे। रामजस का खेत उसके घर से दूर था, पर वह तीन फसल उसमें काटता था। उसको बदलना पड़ेगा। यह असंभव है। वह लाठी टेकता हुआ भीड़ में घुसा।

वाट्सन के साथ बैठी हुई शैला मेज पर फैले गांव के नक्शे को देख रही थी! किसानों का झुण्ड सामने खड़ा था। महंगू ने कहा—दुहाई सरकार मर जाएंगे।

शैला ने चौंककर उसकी ओर देखा।

मेरा खेत! उसी से बाल-बच्चों की रोटी चलती है। उस टुकड़े को मैं न बदलूंगा।

महंगू की आंखों में आंसू तो अब बहुत शीध्र यों ही आते थे। वृद्धावस्था में मोह और भी प्रबल हो जाता है। आज जैसे आंसू की धारा ही नहीं रुकती थी।

शैला ने वाट्सन की ओर देखा। उस देखने में एक प्रश्न था। किंतु वाट्सन ने कहा —नहीं, तुम्हारा वह खेत तुम्हारी चरनी और कोल्हू से बहुत दूर है। उसको तो तुम्हें छोड़ना ही पड़ेगा। तुम अपने समीप का एक टुकड़ा क्यों नहीं पसन्द करते।

वाट्सन ने नक्शे पर उंगली रखी। शैला चुप रही। इतने में तितली एक छोटा-सा बच्चा गोद मे लिये यहीं आई। उसे देखते ही दूसरी कुर्सी पर बैठने का संकेत करते हुए शैला ने कहा—वाट्सन! यही मेरी बहन 'तितली' है। जिसके लिए मैंने तुमसे कहा था। कन्या-पाठशाला की यही अध्यापिका है। बीस लड़कियां तो उसमें बोर्ड की हिंदी-परीक्षा के लिए इस साल प्रस्तुत हो रही हैं। और छोटी-छोटी कक्षाओं में

कुल मिलाकर चालीस होंगी।

ओहो, आप बैठिए। मुझे तो यह पाठशाला देखनी ही होगी। यह सुनकर मैं बहुत प्रसन्न हुआ।—कहते हुए वाट्सन ने फिर बैठने के लिए कहा।

किन्तु तितली वैसी ही खड़ी रही। उसने कहा—आपकी कृपा है। किंतु मैं इस समय आपके पास एक दूसरे काम से आई हूं। मेरा कुछ खेत महंगू महतो जोत रहे हैं। मैं नहीं जानती कि मेरे पति ने वह खेत किन शर्तों पर उन्हें दिया है। किन्तु मुझे आवश्यकता है अपने स्कूल के लिए और भी विस्तृत भूमि की। बनजरिया पर लगान तो लग ही गया है। उसमें लड़कियों के खेलने की जगह बनाने से मेरी खेती की भूमि कम हो गई है। मैं चाहती हूं महंगू के पास जो मेरा खेत है, वह महंगू को दे दिया जाय।

वाट्सन ने घूमकर शैला से कहा—मैं तो समझता हूं कि उस बदले से यह अच्छा होगा। क्यों महंगू? तुमको तो यह प्रस्ताव मान लेनी चाहिए।

शैला चुपचाप तितली और अपने संबंध को विचार रही थी। वह सोच रही थी कि तितली क्यों मुझसे इतना अलग रहना चाहती है। मैं कहती हूं कि 'यहां बैठ जाओ' तो वह बैठना ही अपमान समझती है।

वाट्सन ने शैला के कान में धीरे-से कहा—तुम चुप क्यों हो? यह तो वही लड़की मालूम होती है, जिसके ब्याह में मैं उपस्थित था। ठीक है न?

शैला ने दुःख से कहा— हां, इसका शेरकोट तो जमींदार ने बेदखल करा लिया। अब बनजरिया बची है; उस पर भी लगान लग गया। पहले माफी थी! और वाट्सन! तुमने तो यह न सुना होगा कि इसके पति को डकैती के अपराध में कारावास का दंड मिला है।

वाट्सन ने एक बार फिर उस तेजस्विनी तितली को देखा। वही एक किसान थी, जिसने सबके पहले बदले को प्रसन्नता से स्वीकार किया है। महंगू तो इस प्रस्ताव को सुनकर और भी क्रुद्ध हो गया। उसे अपने खेत जहां पर हैं वहीं रहना अच्छा मालूम होता है; क्योंकि उसके अंतर में यह अज्ञात भावना है कि उसके लड़के-पोते एक में न रहेंगे, फिर एक जगह खेत इकट्ठा लेकर क्या होगा। उसने गुर्राकर कहा—साहब! आप मालिक हैं; जो चाहें कीजिए। कहिए तो गांव ही छोड़कर चले जाएं।

वाट्सन इस उत्तर से अव्यवस्थित हो गए। उसके मन में झटका लगा—क्या हम किसानों के हित के विरुद्ध कुछ करने जा रहे हैं?—तुरंत ही उन्होंने तितली से घूमकर पूछा—

क्या दूसरा खेत तुम नहीं पसंद कर सकती ? और भी तो खेत तुम्हारे पास हैं?

नहीं, दूसरे खेत मेरे काम के नहीं! यदि बदलना हो तो उसी से बदल लूंगी?

वाट्सन ने देखा कि यही पहला अवसर है कि एक किसान बदलने का प्रस्ताव करता है—वह भी उचित; तो फिर अस्वीकार कैसे किया जाए।

वाट्सन ने कहा—यह बदला फिर मान लिया जाय; क्योंकि खेत के परते में भी कोई अंतर नहीं है।

महंगू खिसिया गया। उसकी आंखों में फिर आंसू निकलने लगे। तब तितली ने अपने बच्चे को लहराते हुए कहा—तो मैं जाती हूं, बच्चा भूखा है! धन्यवाद!

शैला ने देखा कि एक ठोकर खाया हुआ हृदय अपनी दुरवस्था में उपेक्षा से उनका तिरस्कार कर रहा है, शैला इंद्रदेव से ब्याल कर लेने पर बहुत दिनों तक धामपुर नहीं आई। लिखा-पढ़ी करने पर इस सरदी में वाट्सन अपना काम पूरा करने आए। तब तो उसको आना ही पड़ा, और आकर भी वह तितली से मिलने का अवसर न पा सकी; क्योंकि वाट्सन साथ ही आए थे। इधर इंद्रदेव ने भी बड़े दिनों में वहीं आने के लिए कह दिया था। शैला कुछ-कुछ मानसिक चंचलता में थी। तितली को यह अखर गया। वह दुर्बल थी, असहाय थी। उसकी खोज लेना बड़े लोगों का धर्म हो जाता है इसीलिए तितली काम करके तुरंत लौट जाना चाहती थी। उसने जो वाक्य अपने जाने के लिए कहा, वह भी सीधे शैला से नहीं । तब भी शैला कुर्सी से उठकर तितली के पास आई। उसका हाथ पकड़े हुए दूसरे कमरे में चली गई।

वाट्सन ने तितली को एक शुभ लक्षण समझा। भला इस स्त्री ने पहले-पहल उस काम की महत्ता को समझा तो। काम आरंभ हो गया। अब धीरे-धीरे वह किसानों को सांचे में ढाल लेगा। उसे शैला की मनस्तुष्टि के लिए क्या-क्या नहीं कर लेना चाहिए। उसने काम को आगे बढ़ाया।

शैला ने तितली के बच्चे को उसकी गोद से लेकर कहा—बड़ा सुंदर और प्यारा बच्चा है!

परंतु अभागा है—तितली ने कहा।

तुम क्या अभी उसको प्यार करती हो? वह...। शैला आगे कुछ बुरे शब्द मधुबन के लिए न कह सकी।

तितली ने कहा—वह! डाकू, हत्यारा और चोर था या नहीं, सो तो मैं नहीं कह सकती; क्योंकि चौबीसों घंटे मैं साथ रही; फिर भी शैला! वह...।

आगे वह भी कुछ न बोल सकी, उसकी आंखों से आंसू बहने लगे। शैला ने बात का ढंग बदलने के लिए कहा—अच्छा, तुमसे एक बात पूछती हूं।

क्या?

यही कि उस दिन तुम बिना कहे-सुने क्यों चली आईं। इंद्रदेव ने तो तुम्हारी सहायता करने के लिए कहा था न?

मैं यह सब समझती हूं। वे कुछ करते भी, इसका मुझे विश्वास है; परंतु मैंने यही समझा कि मुझे दूसरों के महत्त्व-प्रदर्शन के सामने अपनी लघुता न दिखानी चाहिए।

मैं भाग्य के विधान से पीसी जा रही हूं। फिर उसमें तुमको, तुम्हारे सुख से घसीट कर, क्यों अपने दुख का दृश्य देखने के लिए बाध्य करूं? मुझे अपनी शक्तियों पर अवलम्ब करके भयानक संसार से लड़ना अच्छा लगा। जितनी सुविधा उसने दी है, उसी की सीमा में लड़ूंगी, अपने अस्तित्व के लिए। तुमको साल भर पर अब यहां आने का अवसर मिला है। तो मेरे समीप जो है उसी को न मैं पकड़ सकूंगी। वह बनजरिया! वे ही थोड़े-से वृक्ष! और साधारण-सी खेती! तब मुझे यहां पाठशाला चलानी पड़ी। जानती हो, आज मेरे परिवार में कितने प्राणी हैं? दो तुम यहीं देख रही हो। राजो, मलिया और तीन छोटी-छोटी अनाथ लड़कियां; जिनमें कोई भी छः माह से अधिक बड़ी नहीं है! और अभी जेल से छूटकर आया हुआ रामजस, जिसके लिए न एक बित्ता भूमि है और न एक दाना अन्न!

तीन छोटी-छोटी लड़कियां हैं? वे कहां से आ गईं? शैला ने आश्चर्य से पूछा।

संसार भर में परम अछूत! समाज की निर्दय महत्ता के काल्पनिक दम्भ का निदर्शन! छिपाकर उत्पन्न किए जाने योग्य सृष्टि के बहुमूल्य प्राणी, जिन्हें उनकी माताएं भी छूने में पाप समझती हैं। व्यभिचार की सन्तान!

शैला की आंखें जैसे बढ़ गईं। उसने तितली का हाथ पकड़कर कहा—बहन! तुम यथार्थ में बाबाजी की बेटी हो। तुम्हारा काम प्रशंसनीय है; यहां वाले क्या तुम्हारे काम से प्रसन्न हैं?

हों या न हों, मुझे इसकी चिंता नहीं। मैंने अपनी पाठशाला चलाने का दृढ़ निश्चय किया है। कुछ लोगों ने इन लड़कियों के रख लेने पर प्रवाद फैलाया। परंतु वे इसमें असफल रहे। मैं तो कहती हूं, कि यदि सब लड़कियां पढ़ना बंद कर दें, तो मैं साल भर में ही ऐसे कितनी ही छोटी-बड़ी अनाथ लड़कियां एकत्र कर लूंगी, जिनसे मेरी पाठशाला और खेती-बारी बराबर चलती रहेगी। मैं इसे कन्या-गुरुकुल बना दूंगी!

तितली का मुंह उत्साह से दमकने लगा, और शैला विमुग्ध होकर उसकी मन-ही-मन सराहना कर रही थी। फिर शैला ने कहा—तितली! मेरी एक बात मानोगी? मैं इंद्रदेव के आने पर तुमको बुलाऊंगी। मैं चाहती हूं कि तुम उनसे एक बार कहो कि वे मधुबन के लिए अपील करें।

मुझे पहले ही जब लोगों ने यह समाचार नहीं मिलने दिया कि उनका मुकद्दमा चल रहा है, तो अब मैं दूसरों के उपकार का बोझ क्यों लूं? मैं! कदापि नहीं। बहन शैला! अब उसमें क्या धरा है? उनके यदि अपराध न भी होंगे, तो चार-छः बरस ब्रह्मा के दिन नहीं। आंच में तपकर सोना और भी शुद्ध हो जाएगा। —कहकर तितली उठने लगी।

तो फिर बात और मैं कह लूं। बैठ जाओ। मैं कहती हूं कि मेरे साथ आकर यहीं नील-कोठी में काम करो। यहीं मैं बालिकाओं की पाठशाला भी अलग खुलवा

दूंगी।

तितली बैठी नहीं, उसने चलते-चलते कहा—मुझे अपना दुख-सुख अकेली भोग लेने दो। मैं द्वार-द्वार पर सहायता के लिए घूमकर निराश हो चुकी हूं। मुझे अपनी निस्सहायता और दरिद्रता का सुख लेने दो। मैं जानती हूं कि तुम्हारे हृदय में मेरे लिए एक स्थान है। परंतु मैं नहीं चाहती कि मुझे कोई प्यार करे। मुझसे घृणा करो बहन!

शैला आश्चर्य से देखती रह गई और तितली चली गई। दूसरी ओर से इंद्रदेव ने प्रवेश किया। शैला ने मीठी मुस्कान से उनका स्वागत किया।

इसके कई दिन बाद बनजरिया की खपरैल में जब लड़कियां पढ़ रही थीं, तब उसी के पास एक छोटे-से मिट्टी के टीले को काटकर ईंटें बन रही थीं। मलिया मिट्टी का लोंदा बनाकर सांचे में भर रही थी और रामजस उससे ईंटें निकालता जा रहा था। राजो एक मजूर से बैलों के लिए जोन्हरी का ढेंठा कटवा रही थी। सिरस से पेड़ में एक झूला पड़ा था, उसमें तीन भाग थे। छोटे-छोटे निरीह शिशु उसमें पड़े हुए धूप खा रहे थे; और तितली अपने बच्चों को गोद में लिए लड़कियों को पहाड़ा रटा रही थी। उसी समय वाट्सन, शैला और इंद्रदेव वहां आए। वाट्सन ने टाट पर बैठकर पढ़ती हुई लड़कियों को देखा। उनको देखते ही तितली उठ खड़ी हुई। अपने हाथ से बनाए हुए मोढ़े लाकर लड़कियों ने रख दिए। सब लोगों के पास बैठने पर इंद्रदेव ने कहा—शैला! तुमने प्रबंध में इस पाठशाला के लिए कोई व्यवस्था नहीं की है?

नहीं, यह सहायता लेना ही नहीं चाहती।

क्यों?

वह तो मैं नहीं कह सकती।

सचमुच यह सराहनीय उद्योग है।—वाट्सन ने कहा—मुझे तो यह अद्भुत मालूम पड़ता है, बड़ा ही मधुर और प्रभावशाली भी। क्यों तुम कोई सहायता नहीं लेना चाहती? मुझे कुछ बता सकती हो?

आप उसे सुनकर क्या करेंगे? वह बात अच्छी न लगे तो मुझे और भी दुख होगा। आप लोगों की सहानुभूति ही मेरे लिए बड़ी भारी सहायता है!—तितली ने सिर नीचा कर कृतज्ञ-भाव से कहा।

परंतु ऐसी अच्छी संस्था थोड़े-से धनाभाव के कारण अच्छी तरह न चले सके, तो बुरी बात है। मैं क्या इस उदासीनता का कारण नहीं सुन सकता?

मैं विवश होकर कहती हूं। मैं अपनी रोटियां इससे लेती हूं। तब मुझे किसी की सहायता लेने का क्या अधिकार है? मैं दो आने महीना लड़कियों से पाती हूं। और उतने से पाठशाला का काम अच्छी तरह चलता है। कुछ मुझे बच भी जाता है। जमींदार ने मेरी पुरखों की डीह ले ली। मुझे माफी पर भी लगान देना पड़ रहा है। और मुझे इस विपत्ति में डालने वाले हैं यहां के जमींदार और तहसीलदार साहब!

तब भी आप लोग कहते हैं कि मैं उन्हीं लोगों से सहायता लूं!

हां, मैं तो उचित समझता हूं। इस अवस्था में तो तुम्हें और भी सहायता मिलनी चाहिए और तुमने तो मेरे चकबंदी के काम में...।

सहायता की है—यही न आप कहना चाहते हैं? वह तो मेरे हित की बात थी, मेरा स्वार्थ था। देखिए, उस खेत के मिल जाने से मैं अपना पुराना टीला खुदवाकर उसकी मिट्टी से ईंटें बनवा रही हूं। उधर समतल होकर वह बनजरिया को रामजस वाले खेत से मिला देगा।

तुमसे मैं और भी सहायता चाहता हूं।

मैं क्या सहायता दे सकूंगी?

तुम कम-से-कम स्त्री-किसानों को बदले के लिए समझा सकती हो, जिससे गांव में सुधार का काम सुगमता से चले।

जमींदार साहब के रहते वह सब कुछ नहीं हो सकेगा। सरकार कुछ कर नहीं सकती। उन्हें अपने स्वार्थ के लिए किसानों में कलह कराना पड़ेगा। अभी-अभी देखिए न, घूर के लिए मुकदमा हाईकोर्ट में लड़ रहा है! तहसीलदार को कुछ मिला! उसने वहां से एक किसान को उभाड़कर घूर न फेंकने के लिए मार-पीट करा दी। वह घूर फेंकना बंद कर उस टुकड़े को नजराना लेकर दूसरे के साथ बंदोबस्त करना चाहता है। यदि आप लोग वास्तविक सुधार करना चाहते हों, तो खेतों के टुकड़ों को निश्चित रूप में बांट दीजिए और सरकार उन पर मालगुजारी लिया करे।—कहते हुए तितली ने व्यंग्य से इंद्रदेव की ओर देखा और फिर उसने कहा—क्षमा कीजिए, मैंने विवश होकर यह सब कहा।

इंद्रदेव हतप्रभ हो रहे थे, उन्होंने कहा—अरे, मैं तो अब जमींदार नहीं हूं। हां, आप जमींदार नहीं हैं तो क्या, आपने त्याग किया होगा। किंतु उससे किसानों को तो लाभ नहीं हुआ।— घुटते ही तितली ने कहा।

उसका बच्चा रोने लगा था। एक बड़ी-सी लड़की उसे ले कर राजो के पास चली गई।

किंतु तुम तो ऐसा स्वप्न देख रही हो जिसमें आंख खुलने की देर है।—वाट्सन ने कहा।

यह ठीक है कि मरने वाले को कोई जिला नहीं सकता। पर उसे जिलाना ही हो, तो कहीं अमृत खोजने के लिए जाना पड़ेगा।—तितली ने कहा।

उधर शैला मौन होकर तितली के उस प्रतिवाद करने वाले रूप को चकित होकर देख रही थी। और इंद्रदेव सोच रहे थे—तितली! यही तो है, एक दिन मेरे साथ इसी के ब्याह का प्रस्ताव हुआ था। उस समय मैं हंस पड़ा था, संभवतः मन-ही-मन। आज अपनी दुर्बलता में, अभावों और लघुता में, दृढ़ होकर खड़ी रहने में यह कितनी तत्पर है! यही तो हम खोज रहे थे न। मनुष्य गिरता है। उसका

अंतिम पक्ष दुर्बल है—सम्भव है कि वह इसीलिए मर जाता है। परंतु...परंतु जितने समय तक वह ऐसी दृढ़ता दिखा सके, अपने अस्तित्व का प्रदर्शन कर सके, उतने क्षण तक क्या जिया नहीं। मैं तो समझता हूं कि उसके जन्म लेने का उद्देश्य सफल हो गया। तितली वास्तव में महीयसी है, गरिमामयी है। शैला! वह अपने लिए सब कुछ कर लेगी। स्वावलम्बन! हां, वह उसे भीं पूरा कर लेगी। किंतु स्त्री का दूसरा पक्ष पति! उसके न रहने पर भी उसकी भावना को पूरी करते रहना, शैला से भी न हो सकेगा। वह अपने पैरों पर खड़ी हो सकती है; किंतु दूसरे को अवलम्ब नहीं दे सकती।

वाट्सन भी चुपचाप होकर सोच रहे थे। उन्होंने कहा—मैंने कागज-पत्र देखकर निश्चय कर लिया है कि शेरकोट पर तुम्हारा स्वत्व है। क्या तुम उसके बदले यह सटी हुई परती ले लोगी? मैं जमींदार को इसके लिए बाध्य करूंगा।

बिना रुके हुए तितली ने कहा—वह मेरा घर है, खेत नहीं, उसको मैं उसके ही स्वरूप में ले सकती हूं। उससे बदला नहीं हो सकता।

वाट्सन हतबुद्धि होकर चुप हो गये। शैला ने तितली को ईर्ष्या से देखा। यह गंवार लड़की। अपनी वास्तविक स्थिति में कितनी सरलता से निर्वाह कर रही है। सो भी पूरी स्वतन्त्रता के साथ! और मैं, मैंने अपना जीवन, थोड़ा-सा काल्पनिक सुख पाने के लिए, जैसे बेच दिया। उस दरिद्र भूतकाल ने मुझे सुख के लिए लोलुप बना दिया। क्या मैं सचमुच इंद्रदेव को प्यार करती हूं। मैं उतना ही कर सकती हूं, जितना मधुबन के लिए तितली कर रही है! उसके भीतर से जैसे किसी ने कहा 'ना'। वह अपनी नग्न मूर्ति देखकर भयभीत हो गई। उसने चारों ओर अवलम्ब खोजने के लिए आंख उठाकर देखा। ओह! वह कितनी दुर्बल है। यह वाट्सन! इस सुंदर व्यापार में कहां से आ गया। और अब तो मेरे जीवन के गणित में यह प्रधान अंक है। तो? उसने इंद्रदेव को और भयभीत होकर देखा, क्या वह कुछ समझने लगा है।

इंद्रदेव ने कहा—मैं तो समझता हूं कि अब हम लोगों को चलना चाहिए; क्योंकि आज ही रात को मुझे शहर लौट जाना है। कल एक अपील में मेरा वहां रहना आवश्यक है।

शैला ने समझा कि यह पिण्ड छुड़ाना चाहता है। उसे क्या संदेह होने लगा है? हो सकता है। एक बार इसी वाट्सन को लेकर भ्रम फैल चुका है। किंतु यह कितनी बुरी बात है। जिसने मेरे लिए सब त्याग किया...!

वाट्सन ने बीच में कहा—अच्छा, तो मैं इस समय जाता हूं। हां, सुनो, परती के लिए एक बात और भी कह देना चाहता हूं। क्या उसे थोड़े-से लगान पर तुम ले लेना स्वीकार करोगी? इससे तुम्हारा यह खेत पूरा बन जायगा। चाहोगी तो थोड़ा-सा परिश्रम करने पर यहां पेड़ लगाये जा सकेंगे और तब तुम्हारी खेती-बारी दोनों अच्छी

तरह होने लगेगी।

हां, तब मैं ले सकूंगी। आपको इस न्यायपूर्ण सम्मति के लिए मैं धन्यवाद देती हूं।

तितली ने नमस्कार किया। इंद्रदेव, वाट्सन और शैला, सबने एक बार उस स्वावलम्ब के नीड़—बनजरिया—को देखा, और देखा उस गर्व से भरी अबला को!

सब लोग चले गए।

तितली सांस फेंककर एक विश्राम का अनुभव करने लगी। इस मानसिक युद्ध में वह जैसे थक गई थी। उसने लड़कियों को छुट्टी देकर विश्राम किया।

3

इंद्रदेव चले गए। अधिकार खो बैठने का जैसे उन्हें कुछ दुख हो रहा था। सम्पत्ति का अधिकार! अब वह धामपुर के कुछ नहीं थे। परिवार से बिगाड़ और सम्पत्ति से भी वंचित! मां की दृष्टि में वह बिगड़े हुए लड़के रह गए। उन्होंने देखा कि सम्मिलित कुटुम्ब के प्रति उनकी जितनी घृणा थी, वह कृत्रिम थी; रामजस, मालिया, राजो और तितली, उनके साथ ही और भी कई अनाथ स्वेच्छा से एक नया कुटुंब बनाकर सुखी हो रहे हैं।

शैला को वाट्सन के साथ कुछ नवीनता का अनुभव होने लगा। इंद्रदेव के लिए उसके हृदय में जो कुछ परकीयत्व था, उसका यहां कहीं नाम नहीं। वह मनोयोगपूर्वक बैङ्क और अस्पताल तथा पाठशाला की व्यवस्था में लगी। वाट्सन का सहयोग! कितना रमणीय था। शैला के त्याग में जो नीरसता थी, वह वाट्सन को देखकर अब और भी स्पष्ट होने लगी। वह संसार के आकर्षण में जैसे विवश होकर खिंच रही थी। वाट्सन का चुम्बकत्व उसे अभिभूत कर रहा था। अज्ञात रूप से वह जैसे एक हरी-भरी घाटी में पहुंचने पर, आंख खोलते ही, वसंत की प्रफुल्लता, सजीवता और मलय-मारुत, कोकिल का कलरव, सभी का सजीव नृत्य अपने चारों ओर देखने लगी। खेतों की हरियाली में उसके हृदय की हरियाली मिल जाती। वाट्सन के साथ सायंकाल में गंगा के तट पर वह घंटों चुपचाप बिता देती।

वाट्सन का हृदय तब भी बांध से घिरी हुई लम्बी-चौड़ी झील की तरह प्रशांत और स्निग्ध था। उसमें छोटी-छोटी बीचियों का भी कहीं नाम नहीं। अद्‌भुत! शैला उसमें अपने को भूल जाती। इंद्रदेव, धीरे-धीरे भूल चले थे।

रात की डाक से नंदरानी का एक पत्र शैला को मिला। उसमें लिखा था।—

बहूरानी!

तुम दूसरों की सेवा करने के लिए इतनी उत्सुक हो, किंतु अपने घर का भी

कुछ ध्यान है? मैं समझती हूं कि तुम्हारे देश में स्वतंत्रता के नाम पर बहुत-सा मिथ्या प्रदर्शन भी होता है। क्या तुम इस वातावरण में उसे भूल नहीं सकी हो? यदि नहीं, तो मैं उसे तुम्हारा सौभाग्य कैसे कहूं? मैं तो जानती हूं कि स्त्री, स्त्री ही रहेगी। कठिन पीड़ा से उद्विग्न होकर आज का स्त्री-समाज जो करने जा रहा है, वह क्या वास्तविक है? वह तो विद्रोह है सुधार के लिए। इतनी उद्दण्डता ठीक नहीं । तुम इंद्रदेव के स्नेही हृदय में ठेस न पहुंचाओगी। ऐसा तो मुझे विश्वास है। पर जब से वह धामपुर से लौट आए हैं, उदास रहते हैं। कारण क्या है, तुम कुछ सोचने का कष्ट करोगी?

हां, एक बात और है। तुम्हारी सास अपनी अंतिम सांसों को गिन रही है। क्या तुम एक बार इंद्रदेव के साथ उनके पास न जा सकोगी?

तुम्हारी स्नेहमयी
नंदरानी

दूसरे दिन बड़े सबेरे—जब पूर्व दिशा की लाली को थोड़े-से काले बादल ढंक रहे थे, गंगा में से निकलती हुई भाप पर थोड़ा-थोड़ा सुनहला रंग चढ़ रहा था, तब—शैला चुपचाप उस दृश्य को देखती हुई मन-ही-मन कह उठी--नहीं, अब साफ-साफ हो जाना चाहिए। कहीं यह मेरा भ्रम तो नहीं? मुझे निराधार इस भाप की लता की तरह बिना किसी आलम्बन के इस अनन्त में व्यर्थ प्रयास नहीं ही करना चाहिए। इन दो-एक किरणों से तो काम नहीं चलने का। मुझे चाहिए सम्पूर्ण प्रकाश! मैं कृतज्ञ हूं, इतना ही तो! अब मुझसे क्या मांग है? इंद्रदेव के साथ क्या निभने का नहीं? वह स्वतंत्रता का महत्त्व नहीं समझ सके। उनके जीवन के चारों ओर सीमा की टेढ़ी-मेढ़ी रेखा अपनी विभीषिका से उन्हें व्यस्त रखती है। उनको संदेह है, और होना भी चाहिए। क्या मैं बिल्कुल निष्कपट हूं? क्या वाट्सन? नहीं-नहीं वह केवल स्निग्ध भाव और आत्मीयता का प्रसार है। तो भी मैं इंद्रदेव से विरक्त क्यों हूं? मेरे पास इसका कोई उत्तर नहीं। इतने थोड़े-से समय में यह परिवर्तन! मैंने इंद्रदेव के समीप होने के लिए जितना प्रयास किया था, जितनी साधना की थी, वह सब क्या ऊपरी थी? और वाट्सन! फिर वही वाट्सन!

उसने झल्लाकर दूसरी ओर मुंह फेर लिया।

उधर से ही एक डोंगी पर वाट्सन, अपने हाथ से डांड़ा चलाते हुए, आ रहे थे। सामने मल्लाह सिकुड़ा हुआ बैठा था। बादल फट गया था। सूर्य का बिम्ब पूरा निकल आया था। गंगा धीरे-धीरे बह रही थी। संकल्प-विकल्प के कुलों में मधुर प्रणय-कल्पना-सी वह धारा सुंदर और शीतल थी।

वाट्सन ने डोंगी तीर पर लगा दी। शैला ने झुंझलाहट से उसकी ओर देखना चाहा, परंतु वह मुस्कराकर नाव पर चढ़ गई।

अब मांझी खेने लगा। दोनों आस-पास बैठे थे। दोनों चुप थे। नाव धीरे-धीरे बह रही थी।

वाट्सन ने हंसी से कहा—शैला! तो तुम गंगा-स्नान करने सबेरे नहीं आतीं। फिर कैसी हिंदू!

नाव बीच में चली जा रही थी। शैला ने देखा, एक ब्राह्मण-परिवार तट पर उस शीतकाल में नहा रहा है। शैला ने हंसकर कहा—तुम भी प्रति रविवार को गिरजे में नहीं जाते, फिर कैसे ईसाई!

तब तो न तुम हिंदू और न मैं ईसाई!

बस केवल स्त्री और पुरुष!—सहसा शैला के मुंह से अचेतन अवस्था में निकल गया। वाट्सन ने चौंककर उसकी ओर देखा। शैला झेंप-सी गई। वाटसन हंस पड़े।

नाव चली जा रही थी। कुछ काल तक दोनों ही चुप हो गए, और गम्भीरता का अभिनय करने लगे। फिर ठहरकर वाट्सन ने कहा—शैला तुम बुरा तो न मानोगी?

पूछो न क्या है?

तुम इस विवाह से सुखी हो!—अरे—मैंने कहा, संतुष्ट हो न?

शैला ने दीनता से वाट्सन को देखा। उसके हृदय में सूनापन था, वही अट्टहास कर उठा। वाट्सन ने सान्त्वना के स्वर में कहा—शैला तुमने भूल की है, तो उसका प्रतिकार भी है। मैं समझता हूं कि तुमने अपने ब्याह की रजिस्ट्री सिविल मैनेज के अनुसार अवश्य करा ली होगी।

शैला को जैसे थप्पड़ लगा, वाट्सन के प्रश्न में जो गूढ़ रहस्य था; वह भयानक होकर शैला के सामने मूर्तिमान हो गया। उसने दोनों हाथों में अपना मुंह छिपा लिया। उसने कहा—वाट्सन, मुझे क्षमा करोगे। स्त्रियों को सब जगह ऐसी ही बाधाएं होंगी। क्या तुम उनकी दुर्बलता को सहानुभूति से नहीं देख सकोगे?

इसीलिए मैं आज तक अविवाहित हूं। सम्भव है कि जीवन भर ऐसा ही रहूं। मुझसे यह अत्याचार न हो सकेगा। उहूं, कदापि नहीं।

शैला का स्वप्न भंग हो चला! उसने जैसे आंखें खोलकर बंद कमरे में अपने चारों ओर अंधकार ही पाया। वह कम्पित हो उठी। किंतु वाट्सन अचल थे। उनका निर्विकार हृदय शांत और स्मितिपूर्ण था। शैला निरवलम्ब हो गई।

शैला के मन में ग्लानि हुई। वह सोचने लगी—घृणा! हां, वास्तव में मुझसे घृणा करता है। यह कुलीन और मैं दरिद्र बालिका! तिस पर भी एक हिंदू से ब्याह कर चुकी हूं और मेरा पिता जेल-जीवन बिता रहा है। तब! यह इतनी ममता क्यों दिखाता है? दया! दया ही तो; किंतु इसे मुझ पर दया करने का क्या अधिकार है?

उसने उद्विग्न होकर कहा—अब उतरना चाहिए।

वाट्सन ने मल्लाह से नाव को तट से लगा देने की आज्ञा दी। दोनों उतर पड़े। दोनों ही चुपचाप पथ पर चल रहे थे।

कुहरा छंट गया था। सूर्य की उज्ज्वल किरणें चारों ओर नाच रही थीं। वह ग्राम का जन-शून्य प्रांत अपनी प्राकृतिक शोभा में अविचल था—ठीक वाट्सन के हृदय की तरह।

घूमते-फिरते वे दोनों बनजरिया में जा पहुंचे। वहां उत्साह और कर्मण्यता थी। सब काम तीव्रगति से चल रहे थे। खेत की टूटी हुई मेड़ पर मिट्टी चढ़ाई जा रही थी। कहीं पेड़ रोपे जा रहे थे। आवां फूंकने के लिए ईंधन इकट्ठा हो गया था। पाठशाला की खपरैल में से लड़कियों का कोलाहल सुनाई पड़ता था।

शैला रुकी। वाट्सन ने कहा—तो मैं चलता हूं, तुम ठहरकर आना। मुझे बहुत-सा काम निबटाना है।

वह चले गए, और चुपचाप जाकर तितली के पास एक मोढ़े पर बैठ गई। तितली ने शीघ्रता से पाठ समाप्त कराकर लड़कियों को कुछ लिखने का काम दिया, और शैला का हाथ पकड़कर दूसरी ओर चली। अभी वह भट्ठे के पास पहुंची होगी कि उसे दूर से आते हुए एक मनुष्य को देखकर रुक जाना पड़ा। वह कुछ पहचाना-सा मालूम पड़ता था। शैला भी उसे देखने लगी।

शैला ने कहा—अरे यह तो रामदीन है!

रामदीन ने पास आकर नमस्कार किया। तब जैसे सावधान होकर तितली ने पूछा—रामदीन, तू जेल से छूट आया?

जेल से छूटकर लोग घर लौट आते हैं, इस विश्वास में आशा और सांत्वना थी। तितली का हृदय भर आया था।

रामदीन ने कहा—मैं तो कलकत्ता से आ रहा हूं। चुनार से तो मैं छोड़ दिया गया था। वहां मैं अपने मन से रहता था। रिफार्मेटरी का कुछ काम करता था। खाने को मिलता था। वहीं पड़ा था। मधुबन बाबू से एक दिन भेंट हो गई। वह कलकत्ता जा रहे थे। उन्हीं के संग चला गया था।

तितली की आखों में जल नहीं आया, और न उसकी वाणी कांपने लगी।

उसने पूछा—तो क्या तू भी उनके साथ ही रहा?

हां, मैं वहां रिक्शा खींचता था। फिर मधुबन बाबू के जेल जाने पर भी कुछ दिन रहा। पर बीरू से मेरी पटी नहीं। वह बड़ा ढोंगी और पाजी था। वह बड़ा मतलबी भी था। जब तक हम लोग उसको कमाकर कुछ देते थे, वह दादा की तरह मानता था। पर जब मधुबन बाबू न रहे तो वह मुझसे टेढ़ा-सीधा बर्ताव करने लगा। मैं भी छोड़कर चला आया।

तितली को अभी संतोष नहीं हुआ था। उसने पूछा—क्यों रे रामदीन! सुना है तुम लोगों ने वहां पर भी डाका और चोरी का व्यवसाय आरम्भ किया था। क्या यह सच है?

रिक्शा खींचते-खींचते हम लोगों की नस ढीली हो गई। कहां का डाका और

कहां की चोरी। अपना-अपना भाग्य है। राह चलते भी कलंक लगता है। नहीं तो मधुबन बाबू ने वहां किया ही क्या। यहां जो कुछ हुआ हो, उसे तो मैं नहीं जानता। वहां पर तो हम लोग मेहनत-मजूरी करके पेट भरते थे।

तितली ने गर्व से शैला की ओर देखा। शैला ने पूछा—अब क्या करेगा रामदीन?

अब, यहीं गांव में रहूंगा। कहीं नौकरी करूंगा।

क्या मेरे यहां रहेगा?—शैला ने पूछा।

नहीं मेम साहब! बड़े लोगों को यहां रहने में जो सुख मिलता है, उसे मैं भोग चुका।

अरे दाना रस के लिए दीदी ने पूछा है कि...कहती हुई मलिया पीछे से आकर सहसा चुप हो गई। उसने रामदीन को देखा।

तितली ने स्थिर भाव से कहा—कहती क्यों नहीं? बोल न, क्यों लजाती है। लिवा जा, पहले अपने रामदीन को कुछ खिला।

जाओ बहन!—कहकर वह घूम पड़ी।

रामदीन! बनजरिया में बहुत-सा काम है। जो काम तुमसे हो सके करो। चना-चबेना खाकर पड़े रहो।—तितली ने कहा।

शैला ने देखा, वह कहीं भी टिकने नहीं पाती है। कुछ लोगों को उसने पराया बना रखा है। और कुछ लोग उसे ही परकीया समझते हैं। वह मर्माहत होकर जाने के लिए घूम पड़ी।

तितली ने कहा—बैठो बहन! जल्दी क्या है?

तितली, तुमने भी मुझसे स्नेह का संबंध ढीला कर दिया है! मेरा हृदय चूर हो रहा है। न जाने क्यों, मेरे मन में ऐसी भावना उठती है कि मुझे मैं 'जैसी हूं—उसी रूप में' स्नेह करने के लिए कोई प्रस्तुत नहीं। कुछ-न-कुछ दूसरा आवरण लोग चाहते हैं।

इंद्रदेव बाबू भी?

उनका समर्पण तो इतना निरीह है कि मैं जैसे बर्फ की-सी शीतलता में चारों ओर से घिर जाती हूं। मैं तुम्हारी तरह का दान कर देना नहीं सीख सकी। मैं जैसे और कुछ उपकरणों से बनी हूं! तुम जिस तरह मधुबन को...

अरे सुनो तो, मेरी बात लेकर तुमने अपना मानसिक स्वास्थ्य खो दिया है क्या? वह तो एक कर्त्तव्य की प्रेरणा है। तुम भूल गई हो। बापू का उपदेश क्या स्मरण नहीं है? प्रसन्नता से सब कुछ ग्रहण करने का अभ्यास तुमने नहीं किया। मन को वैसा हम लोग अन्य कामों के लिए तो बना लेते हैं; पर कुछ प्रश्न ऐसे होते हैं जिनमें हम लोग सदैव संशोधन चाहते हैं। जब संस्कार और अनुकरण की आवश्यकता समाज में मान ली गई, तब हम परिस्थिति के अनुसार मानसिक परिवर्तन के लिए क्यों हिचकें? मेरा ऐसा विश्वास है कि प्रसन्नता से परिस्थिति को स्वीकार

करके जीवन-यात्रा सरल बनाई जा सकती है। बहन! तुम कहीं भूल तो नहीं कर रही हो? तुम धर्म के बाहरी आवरण से अपने को ढंककर हिंदू-स्त्री बन गई हो सही, किंतु उसकी संस्कृति की मूल शिक्षा भूल रही हो। हिंदू-स्त्री का श्रद्धापूर्ण समर्पण उसकी साधना का प्राण है। इस मानसिक परिवर्तन को स्वीकार करो। देखो, इंद्रदेव बाबू कैसे देव-प्रकृति के मनुष्य हैं। उस त्याग को तुम अपने प्रेम से और भी उज्ज्वल बना सकती हो।

यही तो मुझे दुःख है। मैं कभी-कभी सोचती हूं कि मुझ वन-विहंगिनी को पिंजड़े में डालने के लिए उनको इतना कष्ट सहना पड़ा। किसी तरह मैं अपने को मुक्त करके उनका भी छुटकारा करा सकती!

तुम अपने जीवन को, स्त्री-जीवन को, और भी जटिल न बनाओ। तुम इंद्रदेव के स्नेह को अपनी ओर से अत्याचार मत बनाओ। मैं मानती हूं कि कभी-कभी हित-चिंता समाज में पति-पत्नी पर, पिता-पुत्र पर, भाई-भाई पर, अपने स्नेहातिरेक को अत्याचार बना डालना है; परंतु उस स्नेह को उसके वास्तविक रूप में ग्रहण कर लेने पर एक प्रकार का सुख-संतोष होता ही है।

तो तुम मधुबन को अब भी प्यार करती हो?

इसका तो कोई प्रश्न नहीं है। बहन शैला! संसार भर उनको चोर हत्यारा और डाकू कहे; किंतु मैं जानती हूं कि वह ऐसे नहीं हो सकते। इसलिए मैं कभी उससे घृणा नहीं कर सकती। मेरे जीवन का एक-एक कोना उनके लिए, उस स्नेह के लिए, संतुष्ट है। मैं जानती हूं कि वह दूसरी स्त्री को प्यार नहीं करते। कर भी नहीं सकते। कुछ दिनों तक मैना को लेकर जो प्रवाद चारों ओर फैला था, मेरा मन उस पर विश्वास नहीं कर सका। हां, मैं दुःखी अवश्य थी कि उन्हें क्यों लोग संदेह की दृष्टि से देखते हैं। उतनी-सी दुर्बलता भी मेरे लिए अपकार ही कर गई। उनको मैं आगे बढ़ने से रोक सकती थी। किंतु तुम वैसी भूल न करोगी। इंद्रदेव को भग्नहृदय बनाकर कल्याण के मार्ग को अवरुद्ध न करो। मानव के अंतरतम में कल्याण के देवता का निवास है। उसकी संवर्धना ही उत्तम पूजा है। मैं इधर मनोयोगपूर्वक पढ़ रही हूं। जितना ही मैं अध्ययन करती हूं उतना ही यह विश्वास दृढ़ होता जा रहा है जो कुछ सुंदर और कल्याणमय है, उसके साथ यदि हम हृदय की समीपता बढ़ाते रहे तो संसार सत्य और पवित्रता की ओर अग्रसर होगा।

तितली का मुंह प्रसन्नता से दमक रहा था।

शैला को अपने मन का समस्त बल एकत्र करके उससे आदर्श ग्रहण करने का प्रयत्न किया। वह एक क्षण में ही सुंदर स्वप्न देखने लगी, जिसमें आशा की हरियाली थी। अपनी सेवावृत्ति को जागरूक करने की उसने दृढ़ प्रतिज्ञा की। उसने तितली का हाथ पकड़कर कहा—क्षमा करना बहन! मैं अपराध करने जा रही थी। आज जैसे बाबाजी की आत्मा ने तुम्हारे द्वारा फिर से मेरा उद्धार किया। हम दोनों

ने एक ही शिक्षा पाई है सही; परंतु मुझमें कमी है, उसे पूर्ण करना मेरा कर्तव्य है।

उस निर्जन ग्राम-प्रांत में, जब धूप खेल रही थी, दो हृदयों ने अपने सुख-दुःख की गाथा एक-दूसरे को सुनाकर अपने को हल्का बनाया। आंसू भरी आंखें मिलीं और वे दुर्बल—किंतु दृढ़ता से कल्याण-पथ पर बढ़ने वाले—हृदय, स्वस्थ होकर, परस्पर मिले।

शैला नील-कोठी की ओर चली। उसके मन में नया उत्साह था। नील-कोठी की सीढ़ियों पर वह फुर्ती से चढ़ी जा रही थी। बीच ही में वाट्सन ने उसे रोका और कहा—मैं तुमसे एक बात कहना चाहता हूं।

उसने अपने भीतर के जेब से एक पत्र निकालकर शैला के हाथ में दिया। उसे पढ़ते-पढ़ते शैला रो उठी। उसने वाट्सन के दोनों हाथ पकड़कर व्यग्रता से पूछा—वाट्सन! सच कहो, मेरे पिता का ही पत्र है, या धोखा है? मैं उनकी हस्तलिपि नहीं पहचानती। जेल से भी कोई पत्र मुझे पहले नहीं मिला था। बोलो, यह क्या है?

शैला! अधीर न हो। वास्तव में तुम्हारे पिता स्मिथ का ही यह पत्र है। मैं छुट्टी लेकर जब इंग्लैण्ड गया था, तब मैं उससे जेल में मिला था।

ओह! यह कितने दुःख की बात है।—शैला उद्विग्न हो उठी थी।

शैला! तुम्हारा पिता अपने अपराधों पर पश्चात्ताप करता है। वह बहुत सुधर गया है। क्या तुम उसे प्यार न करोगी?

करूंगी, वाट्सन! वह मेरा पिता है। किंतु, मैं कितनी लज्जित हो रही हूं। और तुम्हारी कृतज्ञता प्रकट करने के लिए मैं क्या करूं? बोलो!

कुछ नहीं, केवल चंचल मन को शांत करो। पत्र तो मुझे बहुत दिन पहले ही मिल चुका था। किंतु मैं तुमको दिखाने का साहस नहीं करता था। सम्भव है कि तुमको...।

मुझको बुरा लगता! कदापि नहीं। सब कुछ होने पर भी वह पिता है। वाट्सन!

तो चलो, वह कमरे में बैठे हुए तुम्हारी प्रतीक्षा कर रहे हैं।

ऐं, सच कहना ! कहती हुई शैला कमरे में वेग से पहुंची।

एक बूढ़ा, किंतु बलिष्ठ पुरुष, कुर्सी से उठकर खड़ा हुआ। उसकी बांहें आलिंगन के लिए फैल गईं। शैला ने अपने को उसकी गोद में डाल दिया। दोनों भर पेट रोए।

फिर बूढ़े ने सिसकते हुए कहा—शैला! जेन के अभिशाप का दण्ड मैं आज तक भोगता रहा। क्या बेटी, तू मुझे क्षमा करेगी? मैं चाहता हूं कि तू उसकी प्रतिनिधि बनकर मुझे मेरे पश्चात्ताप और प्रायश्तित्त में सहायता दे। अब मुझको मेरे जीते-जी मत छोड़ देना।

शैला ने आंसू-भरी आंखों से उसके मुख को देखते हुए कहा—पापा!

वह और कुछ न कह सकी, अपनी विवशता से वह कुढ़ने लगी। इंद्रदेव का बंधन! यदि वह न होता? किंतु यह क्या, मैं अभी तितली से क्या कह आई हूं? तब भी मेरा बूढ़ा पिता! आह! उसके लिए मैं क्या करूं? उसे लेकर मैं...।

उसकी विचार-धारा को रोकते हुए वाट्सन ने कहा—शैला! मैंने सब ठीक कर लिया है। तुम अब विवाहित हो चुकी हो, वह भी भारतीय रीति से, तब तुमको अपने पति के अनुकूल रहकर ही चलना चाहिए; और उसके स्वावलम्बपूर्ण जीवन में अपना हाथ बटाओ। नील-कोठी का काम तुम्हारे योग्य नहीं है। मिस्टर स्मिथ यहां पर अपने पिछले थोड़े-से दिन शांति सेवा-कार्य करते हुए बिता लेंगे, और तुमसे दूर भी न रहेंगे।

शैला ने अवाक् होकर वाट्सन को देखा। उसका गला भर आया था। उपकार और इतना त्यागपूर्ण स्नेह! वाट्सन मनुष्य है?

हां, वह मनुष्य अपनी मानवता में सम्पूर्ण और प्रसन्न खड़ा मुस्कुरा रहा था। शैला ने कृतज्ञता से उसका हाथ पकड़ लिया। वाट्सन ने फिर कहा—मोटर खड़ी है। जाओ, अपनी मरती हुई सास का आशीर्वाद ले लो। जब तुम लौट आओगी, तब मैं यहां से जाऊंगा। तब तक मैं यहां सब काम इन्हें समझा दूंगा। मिस्टर स्मिथ उसे सरलता से कर लेंगे। चलो कुछ खा-पीकर तुरंत चली जाओ।

उसी दिन संध्या को इंद्रदेव के साथ शैला, श्यामदुलारी के पलंग के पास खड़ी थी। उसके मस्तक पर कुंकुम का टीका था। वह नववधू की तरह सलज्ज और आशीर्वाद से लदी थी।

श्यामदुलारी का जीवन अधिकार और सम्पत्ति के पैरों से चलता आता था। वह एक विडम्बना था या नहीं, यह नहीं कहा जा सकता। वह मन-ही-मन सोच रही थी।

जिस माता-पिता के पास स्नेह नहीं होता, वही पुत्र के लिए धन का प्रलोभन आवश्यक समझते हैं। किंतु यह भीषण आर्थिक युग है। जक तक संसार में कोई ऐसी निश्चित व्यवस्था नहीं होती कि प्रत्येक व्यक्ति बीमारी में पथ्य और सहायता तथा बुढ़ापे में पेट के लिए भोजन पाता रहेगा, तब तक माता-पिता को भी पुत्र के विरुद्ध अपने लिए व्यक्तिगत सम्पत्ति की रक्षा करनी होगी।

श्यामदुलारी की इस यात्रा में धन की आवश्यकता नहीं रही। अधिकार के साथ उसे बड़प्पन से दान करने की भी श्लाघा होती है। तब आज उनके मन में त्याग था।

वृद्धा श्यामदुलारी ने अपने कांपते हाथों से एक कागज शैला को देते हुए कहा—बहू, मेरा लड़का बड़ा अभिमानी है। वह मुझे सब कुछ देकर अब मुझसे कुछ लेना नहीं चाहता। किंतु मैं तो तुमको देकर ही जाऊंगी। उसे तुमको लेना ही पड़ेगा।

यही मेरा आशीर्वाद है, लो।

शैला ने बिना इंद्रदेव की ओर देखे उस कागज को ले लिया।

अब श्यामदुलारी ने माधुरी की ओर देखा। उसने एक सुंदर डिब्बा सामने लाकर रख दिया। श्यामदुलारी ने फिर तनिक-सी कड़ी दृष्टि से माधुरी को देखकर कहा—अब इसे मेरे सामने पहना भी दे माधुरी! यह तेरी भाभी है।

मानव-हृदय की मौलिक भावना है स्नेह। कभी-कभी स्वार्थ की ठोकर से पशुत्व की, विरोध की, प्रधानता हो जाती है। परिस्थितियों ने माधुरी को विरोध करने के लिए उकसाया था। आज की परिस्थिति कुछ दूसरी थी। श्यामलाल और अनवरी का चरित्र किसी से छिपा नहीं था। वह सब जान-बूझकर भी नहीं आये। तब! माधुरी के लिए संसार में कोई प्राणी स्नेह-पात्र ने रह जायगा। श्यामदुलारी तो जाती ही हैं।

प्रेम-मित्रता की भूखी मानवता। बार-बार अपने को ठगा कर भी वह उसी के लिए झगड़ती है। झगड़ती हैं, इसलिए प्रेम करती है। वह हृदय को मधुर बनाने के लिए बाध्य हुई। उसने अपने मुंह पर सहज मुस्कान लाते हुए डिब्बे को खोला।

उसने मोतियों का हार, हीरों की चूड़ियां शैला को पहना दीं; और सब गहने उसी में पड़े रहे। शैला ने धीरे-से पहनाने के लिए माधुरी से कहा। माधुरी ने भी धीरे-से उसकी कपोल चूमकर कहा—भाभी!

शैला ने उसे गले से लगा लिया। फिर उसने धीरे-से श्यामदुलारी के पैरों पर सिर रख दिया। श्याामदुलारी ने उसकी पीठ पर हाथ रखकर आशीर्वाद दिया।

और, इंद्रदेव इस नाटक को विस्मय-विमुग्ध होकर देख रहे थे। उन्हें जैसे चैतन्य हुआ। उन्होंने मां के पैरों पर गिरकर क्षमा-याचना की।

श्यामदुलारी की आंखों में जल भर आया।

4

जेल का जीवन बिताते मधुबन को कितने बरस हो गए हैं। वह अब भावना-शून्य होकर उस ऊंची दीवार की लाल-लाल ईंटों को देखकर उसकी ओर से आंखें फिरा लेता है। बाहर भी कुछ है या नहीं, इसका उसके मन में कभी विचार नहीं होता। हां, एक कुत्सित चित्र उसके दृश्य-पट में कभी-कभी स्वयं उपस्थित होकर उसकी समाधि में विक्षेप डाल देता था। वह मलिन चित्र था मैना का! उसका स्मरण होते ही मधुबन की मुट्ठियां बंध जातीं। वह कृतघ्न हृदय! कितनी स्वार्थी है! उसको यदि एक बार शिक्षा दे सकता!

जंगले में से बैठे-बैठे, सामने की मौलसिरी के पेड़ पर बैठे हुए पक्षियों को चारा बांट कर खाते हुए वह देख रहा था। उसके मन में आज बड़ी करुणा थी।

वह अपने अपराध पर आज स्वयं विचार कर रहा था।—यदि मेरे मन में मैना के प्रति थोड़ा-सा भी स्निग्ध भाव न होता, तो क्या घटना की धरा ऐसी ही चल सकती थी! यही तो मेरा एक अपराध है। तो क्या इतना-सा विचलन भी मानवता का ढोंग करने वाला निर्मम संसार या क्रूर नियति नहीं सहन कर सकती? वह अपेक्षा करने के योग्य साधारण-सी बात नहीं थी क्या? मेरे सामने कैसे उच्च आदर्श थे! कैसे उत्साहपूर्ण भविष्य का उज्ज्वल चित्र मैं खींचता था! वह सब सपना हो गया, रह गई यह भीषण बेगारी। परिश्रम से तो मैं कभी डरता न था। तब क्या रामदीन के नोटों का झिटक लेना मेरे लिए घातक सिद्ध हुआ? हां, वह भी कुछ है तो; मैंने क्यों उसे फेंक देने के लिए कहा। और कहता भी कैसे। मैंने तो स्वयं महन्त की थैली ले ली थी। हे भगवान्! मेरे बहुत-से अपराध हैं। मैं तो केवल एक की ही गिनती कर सकता था। सब जैसे साकार रूप धारण करके मेरे सामने उपस्थित हैं। हां, मुझे प्रमाद हो गया था। मैंने अपने मन को निर्विकार समझ लिया था। यह सब उसी का दण्ड है।

उसकी आंखों से पश्चात्ताप के आंसू बहने लगे। वह घंटों अपनी काल-कोठरी में चुपचाप जंगले से टिका हुआ आंसू बहाता रहा। उसे कुछ झपकी-सी लग गई। स्वप्न में तितली का शांतिपूर्ण मुखमंडल दिखाई पड़ा। वह दिव्य ज्योति से भरा था। जैसे उसके मन में आशा का संचार हुआ। उसका हृदय एक बार उत्साह से भर गया। उसने आंखें खोल दीं। फिर उसके मन में विकार उत्पन्न हुआ। ग्लानि से उसका मन भर गया। उसे जैसे अपने-आप से घृणा होने लगी—क्या तितली मुझसे स्नेह करेगी? मुझ अपराधी से उसका वही संबंध फिर स्थापित हो सकेगा? मैंने उसका ही यदि स्मरण किया होता—जीवन के शून्य अंश को उसी के प्रेम से, केवल उसकी पवित्रता से, भर लिया होता—तो आज यह दिन मुझे न देखना पड़ता। किंतु क्या वही तितली होगी? अब भी वैसी ही पवित्र! इस नीच संसार में, जहां पग-पग प्रलोभन है, खाई है, आनन्द की—सुख की लालसा है। क्या वह वैसी ही बनी होगी?

जंगले के द्वार पर कुछ खड़खड़ाहट हुई। प्रधान कर्मचारी ने भीतर आकर कहा—

मधुबन, तुम्हारी अच्छी चाल-चलन से संतुष्ट होकर तुमको दो बरस की छूट मिली है। तुम छोड़ दिए गए।

मधुबन ने अवाक् होकर कर्मचारी को देखा। वह उठ खड़ा हुआ। बेडियां झनझना उठीं। उसे आश्चर्य हुआ अपने शीघ्र छूटने पर। वह अभी विश्वास नहीं कर सका था। उसने पूछा—तो मैं छूट कर क्या करूंगा।

फिर डाके न डालना, और जो चाहे करना।—कहकर वह कोठरी के बाहर हो गया। मधुबन भी निकाला गया। फाटक पर उसका पुराना कोट और कुछ पैसे मिले। उस कोट को देखते ही जैसे उसके सामने आठ बरस पहले की घटना का चित्र खिंच गया। वह उसे उठाकर पहन न सका। और पैसे? उन्हें कैसे छोड़ सकता था। उसने

लौटकर देखा तो जेल का जंगलेदार फाटक बंद हो गया था। उसके सामने खुला संसार एक विस्तृत कारागार के सदृश झांय-झांय कर रहा था।

उसकी हताश आंखों के सामने उस उजले दिन में भी चारों ओर अंधेरा था। जैसे संध्या चारों ओर से घिरती चली आ रही थी। जीवन के विश्राम के लिए शीतल छाया की आवश्यकता थी। किंतु वह जेल से छुटा हुआ अपराधी! उसे कौन आश्रय देगा? वह धीरे-धीरे बीरू बाबू के अड्डे की ओर बढ़ा। किंतु वहां जाकर उसने देखा कि घर में ताला बंद है। वह उन पैसों से कुछ पूरियां लेकर पानी की कल के पास बैठकर खा ही रहा था कि एक अपरिचित व्यक्ति ने पुकारा–मधुबन!

उसने पहचानने की चेष्टा की; किंतु वह असफल रहा। फिर उदास भाव से उसने पूछा–क्या है भाई, तुम कौन हो?

अरे! तुम ननीगोपाल को भूल गए क्या? बीरू बाबू के साथ!

अरे हां ननी! तुम हो? मैं तो पहचान ही न सका। इस साहबी ठाट में कौन तुमको ननीगोपाल कहकर पुकारेगा? कहो बीरू बाबू कहां हैं?

क्या फिर रिक्शा खींचने का मन है? बीरू बाबू तो बड़े घर की हवा खा रहे हैं। उनका परोपकार का संघ पूरा जाल था। उन्होंने भर पेट पैसा कमाकर अपनी प्रियतमा मालती दासी का संदूक भर दिया। फिर क्या, लगे गुलछर्रे उड़ाने! एक दिन मालती दासी से उनकी कुछ अनबन हुई। वह मार-पीट कर बैठे। उस दिन वह मदिरा में उन्मत्त थे। तुम आश्चर्य करोगे न? हां वही बीरू जो हम लोगों को कभी अच्छी साक-भाजी भी न खाने का, सादा भोजन करने का उपदेश देते थे; मालती के संग में भारी पियक्कड़ बन गए! दूसरों को सदुपदेश देने में मनुष्य बड़े चतुर होते हैं। हां तो वह उसी मार-पीट के कारण जेल भेज दिए गए हैं!

अच्छा भाई! तुम क्या करते हो?–मधुबन ने जल के सहारे बासी और सूखी पूरियां गले में ठेलते हुए पूछा।

तुम्हारे लिए बीरू से एक बार फिर लड़ाई हुई। मैंने उनसे जाकर कहा कि मधुबन के मुकदमे में कोई वकील खड़ा कीजिए। इतना रुपया उसने छाती का हाड़ तोड़कर अपने लिए कमाया है। उन्होंने कहा, मुझसे चोरों-डकैतों का कोई संबंध नहीं! मैं भी दूसरी जगह नौकरी करने लगा।

कहां काम करते हो ननी! कोई नौकरी मुझे भी दिला सकोगे?

नौकरी की तो अभी नहीं कह सकता। हां, तुम चाहो तो मेरे साबुन के कारखाने की दूकान हरिहरक्षेत्र के मेले में जा रही है, मेरे साथ वहां चल सकते हो। फिर वहां से लौटने पर देखा जायगा। पर भाई वहां भी कोई गड़बड़ न कर बैठना।

तो क्या तुमको विश्वास है कि मैंने उस पियक्कड़ को लूटा था और रिक्शा से घसीटकर पीटा भी था?

मधुबन उत्तेजित हो उठा। उसने फिर कहा–तो भाई तुम मुझे न लिवा जाओ।

यह लो तुम तो बिगड़ गए। अरे मैंने तो हंसी की थी। लो वह मेरा सामान भी आ गया। चलो तुम भी, पर ऐसे नंगधड़ंग कहां चलोगे! पहले एक कुरता तो तुम्हें पहना दूं। अच्छा लारी पर बैठकर चलो हबड़ा, मैं कुरता लिये आता हूं।

ननी ने सामान से लदी हुई लारी पर उसे बैठा दिया।

मधुबन नियति के अंधड़ में उड़ते हुए सूखे पत्ते की तरह निरुपाय था। उसके पास स्वतत्रं रूप से अपना पथ निर्धारित करने के लिए कोई साधन न था। वह जेल से छूटकर हरिहरक्षेत्र चला।

कई कोस का वह मेला न जाने भारतवर्ष के किस अतीत के प्रसन्न युग का स्मरण-चिह्न है। सम्भव है, मगध के साम्राज्य की वह कभी प्रदर्शनी रहा हो। किंतु आज भी उसमें क्या नहीं बिकता। लोग तो यहां तक कहते हैं कि अब इस युग में भी वहां भूत-प्रेत बिकते हैं!

मधुबन ने अपनी दाढ़ी नहीं बनवाई थी। उसके बाल भी वैसे ही बढ़े थे। वह दूकान की चौकीदारी पर नियुक्त था।

साबुन की दूकान सजी थी। मधुबन मोटा-सा डंडा लिये एक तिपाई पर बैठा रहता। वह केवल ननी से ही बोलता। उसका स्वभाव शांत हो गया था, या अतीव क्रुद्ध, यह नहीं ज्ञात होता था। ननी के बहुत कहने-सुनने पर एक दिन वह गंगा-स्नान करने गया। वहां से लौटकर हाथियों के झुंडों को देखता हुआ वह धीरे-धीरे आ रहा था।

वहां उसने दो-तीन बड़े सुंदर हाथी के बच्चों को खेलते हुए देखा। वह अनमना-सा होकर मेले में घूमने लगा। मनुष्य के बच्चे भी कितने सुंदर होते होंगे जब पशुओं के ऐसे आकर्षक हैं। यही सोचते-सोचते उसे अपनी गृहस्थी का स्मरण हो आया।

उड़ती हुई रेत में वह धूसरित होकर उन्मत्त की तरह पालकी, घोड़े, बैल, ऊंट और गायों की पंक्ति को देखता रहा। देखता था, पर उसकी समझ में यह बात नहीं आती थी कि मनुष्य क्यों अपने लिए इतना संसार जुटाता है। वह सोचने के लिए मस्तिष्क पर बोझ डालता था, फिर विरक्त हो जाता था। केवल घूमने के लिए वह घूमता रहा।

संध्या हो आई। दूकानों पर आलोक-माला जगमगा उठी। डेरों में नृत्य होने लगा। गाने की एक मधुर तान उसके कानों में पड़ी। वह बहुत दिनों पर ऐसा गाना सुन सका था। डेरे के बहुत-से लोग खड़े थे। वह भी जाकर खड़ा हो गया।

मैना ही तो है, वही...अरे कितना मादक स्वर है।

एक मनचले ने कहा—वाह, महंतजी बड़े आनन्दी पुरुष हैं।

मधुबन ने पूछा—कौन महंतजी?

धामपुर के महंत को तुम नहीं जानते? अभी कल ही तो उन्होंने तीन हाथी खरीदे हैं। राजा साहब मुंह देखते रह गए। हजार-हजार रुपये दाम बढ़ाकर लगा दिया।

राजसी ठाट है। एक-से-एक पंडित और गवैये उनके साथ हैं। यह मैना भी तो उन्हीं के साथ आई है। लोग कहते हैं, वह सिद्ध महात्मा है। जिधर आंख उठा दे, लक्ष्मी बरस पड़े।

मधुबन को थप्पड़-सा लगा। मैना और महन्त। तब वह यहां क्यों खड़ा है? उस बड़े-से-डेरे के दूसरी ओर वह चला।

आस-पास छोटी-छोटी छोलदारियां खड़ी थीं। मधुबन उन्हीं में घूमने लगा। वह अपने हृदय को दबाना चाहता था। पर विवश होकर जैसे उस डेरे के आस-पास चक्कर काटने लगा।

इतने में एक दूसरा परिचित कंठस्वर सुनाई पड़ा। हां, चौबे ही तो थे। किसी से कह रहे थे।—तहसीलदार साहब! महंतजी से जाकर कहिए कि पूजा का समय हो गया। ठाकुरजी के पास भी आवें। मैना तो कहीं जा नहीं रही है।

मरे महंतजी, यह जितना ही बूढ़ा होता जा रहा है उतना ही पागल होने लगा है। रुपया बरस रहा है, और कोई रोकने वाला नहीं।—तहसीलदार ने उत्तर दिया।

मधुबन के अंग से चिनगारियां छूटने लगीं। उसके जीवन को विषाक्त करने वाले सब विषैले मच्छर एक जगह। उसके शरीर में जैसे भूला हुआ बल चैतन्य होने लगा।

उसने सोचा—मैं तो संसार के लिए लिए मृतप्राय हूं ही। फिर प्रेतात्मा की तरह मेरे अदृश्य जीवन का क्या उद्देश्य है? तो एक बार इन सबों को...।

फिर ऐंठनेवाले हृदय पर अधिकार किया। वह प्रकृतिस्थ होकर ध्यान से उसकी बातों को सुनने लगा।

अभी अफसर लोग डेरे में हैं। महंतजी नहीं आ सकते।—एक नौकर ने आकर चौबे से कहा।

तहसीलदार ने कहा—महाराज! क्यों आप घबराते हैं, कुछ काम तो करना नहीं है। इसके साथ हम लोगों के रहने का यह तात्पर्य तो है नहीं कि यह सुधारा जाय। खाओ-पीआ, मौज लो। देखते नहीं, मैं चला था धामपुर के जमींदार को सुधारने, क्या दशा हुई! आज वही मेम सर्वस्व की स्वामिनी है। और मैं निकाल बाहर किया गया। गांव में किसी की दाल नहीं गलती। किसान लोगों के पास लम्बी-चौड़ी खेती हो गई। वे अब भला कानूनगो और तहसीलदारों की बात क्यों सुनेंगे! अमीरों के यहां तो यह सब होता ही रहता है। हम लोग मंदिर के सेवक हैं। चलने दो।

चलने दें, ठीक तो हैं। पर कुछ नियम संसार में हैं अवश्य। उनको तोड़कर चलने का क्या फल होता है, यह आपने अभी नहीं देखा क्या? देखिये, हम लोगों ने अधिकार रहने पर धामपुर में कैसा अंधेरा मचाया था। अब किसी तरह रोटी के टुकड़ों पर जी रहे हैं। कहां वह इंद्रदेव की सरलता और कहां इसकी पिशाचलीला! आपने देखा नहीं मुंशीजी, वह लड़की, देहाती बालिका, तितली जिसकी गृहस्थी हम

लोगों ने सत्यानाश कर देने का संकल्प कर लिया था, आज कितने सुख से—और सुख भी नहीं, गौरव से—जी रही है। उसकी गोद में एक सुंदर बच्चा है, और गांव भर की स्त्रियों में उसका सम्मान है!

मधुबन और भी कान लगाकर सुनने लगा।

बच्चा! अरे वह न जाने किसका है। उसकी टीम-टाम से कोई बोलता नहीं। पहले का समय होता तो कभी गांव के बाहर कर दी गई होती, और तुम आज उसकी बड़ी प्रशंसा कर रहे हो। उसी के पति मधुबन ने तो तुम्हारी यह दुर्दशा की थी। बुरा हो चांडाल मधुबन का! उसने भाई तुम्हारा बायां हाथ ही झूठा कर दिया। यह तो कहो, किसी तरह काम चला लेते हो।

हां जी, अपने लोगों को क्या।

तो चलो, हम लोग भी वहीं बैठकर गाना सुनें। यहां क्या कर रहे हैं।

तहसीलदार ने चौबे का हाथ पकड़कर उठाया। दोनों बड़े डेरे की ओर चले।

मधुबन अंधकार में हट गया। उसका मन उद्विग्न था। वह किसी तरह उसको शांत कर रहा था।

मैना की स्वर-लहरी वायु-मण्डल में गूंज रही थी। किंतु मधुबन के मन में तितली और उसके लड़के के विषय में विकट द्वन्द्व चलने लगा था। वह पागल की तरह लड़खड़ाता हुआ ननीगोपाल के पास पहुंचा।

कहा—ननी बाबू! छुट्टी दीजिए। मैं अब जाता हूं।

क्यों मधुबन! क्या तुमको यहां कोई कष्ट है?

नहीं, अब मैं यहां नहीं रह सकता।

तो भी रात को कहां जाओगे? कल सवेरे जहां जाना हो, वहां के लिए टिकट दिला दूंगा!—ननी ने पुचकारते हुए कहा।

मधुबन ने रात किसी तरह काट लेना ही मन में स्थिर किया। वह चुपचाप लेट रहा।

मेले का कोलाहल धीरे-धीरे शांत हो गया था। रात गम्भीर हो चली थी।

मधुबन की आंखों में नींद नहीं थी। प्रतिशोध लेने के लिए उसका पशु सांकल तुड़ा रहा था, और वह बार-बार उसे शांत करना चाहता था। भयानक द्वन्द्व चल रहा था। सहसा अब उसे झपकी आने लगी थी, एक हल्ला-सा मचा—हाथी! हाथी!!

रात की अंधियारी में चारों ओर हलचल मच गई। साटे-बर्दार दौड़े। पुलिस का दल कमर बांधने लगा। लोग घबराकर इधर-उधर भागने लगे।

मधुबन चौंककर उठ बैठा। उसके मस्तक में एक पुरानी घटना दौड़धूप मचाने लगी—मैना भी उसमें थी और हाथी भी बिगड़ा था, और तब मधुबन ने उसकी रक्षा की थी; वहीं से उसके जीवन में परिवर्तन का आरंभ हुआ था।

तो आज क्या होगा? ऊंह! जो होना हो, वह होकर रहे। मधुबन को ही क्यों

न हाथी कुचल दे। सारा झगड़ा मिट जाय, सारी मनोवेदना की इतिश्री हो जाय।

वह अविचल बैठा रहा।

घंटों में कोलाहल शांत हुआ। कोई कहता था, बीसों मनुष्य कुचल गए। कोई कहता, नहीं कुल दस ही तो। इस पर वाद-विवाद चलने लगा।

किंतु मधुबन स्थिर था। उसने सोचा, जिसकी मृत्यु आई उसे संसार से छुट्टी मिली। चलो उतने तो जीवन-दंड से मुक्त हो गए।

सवेरे जब वह जाने के लिए प्रस्तुत था, ननीगोपाल से एक ग्राहक कहने लगा—भाई, मैं तो इस मेले से भागना चाहता हूं। यहां पशु और मनुष्य में भेद नहीं। सब एक जगह बुरी तरह एकत्र किए गए हैं। कब किसकी बारी आवेगी, कौन कह सकता है। सुना है तुमने महंत का समाचार? उनकी वेश्या, पुजारी और तहसीलदार नाम का एक कर्मचारी तो हाथी से कुचल कर मर गए। महंत के सिर में चोट आई है। उसके भी बचने के लक्षण नहीं हैं। उसी के हाथी बिगड़े, तीनों-के-तीनों पागल हो गए। कुछ लोग तो कहते हैं, जो राजा इन हाथियों को लेना चाहता था उसी ने कुछ इन्हें खिलवा दिया।

ननी ने कहा—मरें भी ये पापी। हां, तो तुमको तीन दर्जन चाहिए? बांध दो जी!

नौकर साबुन बांधने लगे। मधुबन स्तब्ध खड़ा था। ननी ने उससे पूछा—तो तुम जाना ही चाहते हो?

हां।

कुछ चाहिए?

नहीं, अब मुझे कुछ नहीं चाहिए। मैं चला!

मधुबन सिर झुकाकर धीरे-धीरे मेले से बाहर हो गया। उसके मन में यही बात रह-रह कर उठती थी।—मरते तो सभी हैं, फिर भगवान् उन्हें पाप करने के लिए उत्पन्न क्यों करता है; जो मरने पर भी पाप ही छोड़ जाते हैं! और तितली।! उसके लड़का कैसा! कब हुआ! हे भगवान! मरते-मरते भी ये सब मन में संदेह का विष उंड़ेल गए।

वह निरुद्देश्य चल पड़ा।

5

शैला की तत्परता से धामपुर का ग्राम-संघटन अच्छी तरह हो गया था। इन्हीं कई वर्षों में धामपुर एक कृषि-प्रधान छोटा-सा नगर बन गया। सड़कें साफ-सुथरी, नालों पर पुल, करघों की बहुतायत, फूलों के खेत, तरकारियों की क्यारियां, अच्छे फलों

के बाग—वह गांव कृषि-प्रदर्शनी बन रहा था! खेतों के सुंदर टुकड़े बड़े रमणीय थे। कोई भी किसान ऐसा न था, जिसके पास पूरे एक हल की खेती के लिए पर्याप्त भूमि नहीं थी। परिवर्तन में इसका ध्यान रखा गया था कि एक खेत कम-से-कम एक हल से जोतने-बोने लायक हो।

पाठशाला, बंक और चिकित्सालय तो थे ही, तितली की प्रेरणा से दो-एक रात्रि-पाठशालाएं भी खुल गयी थीं। कृषकों के लिए कथा के द्वारा शिक्षा का भी प्रबंध हो रहा था। स्मिथ उस प्रांत में 'बूढ़ा बाबा' के नाम से परिचित था। उसके जीवन में नया उल्लास और विनोदप्रियता आ गई थी। हंसा-हंसाकर वह ग्रामीणों को अपने सुधार पर चलने के लिए बाध्य करता।

हां, उसने ग्रमीणों में अखाड़े और संगीत-मंडलियों का भी खूब प्रचार किया। वह स्वयं अखाड़े जाता, गाने-बजाने में सम्मिलित होता, उनके रोगी होने पर कटिबद्ध होकर सेवा करता। युवकों में स्वयं-सेवा का भाव भी उसने जगाया।

धामपुर स्वर्ग बन गया। इंद्रदेव ने तो मां के लौटा देने पर भी उसकी आय अपने लिए कभी नहीं ली। शैला के सामने धामपुर का हिसाब पड़ा रहता। जिस विभाग में कमी होती, वहीं खर्च किया जाता। वह प्रायः धामपुर आया करती।

नंदरानी की प्रेरणा से शैला एक चतुर भारतीय गृहिणी बन गई थी। इंद्रदेव के स्वावलम्बन में वह अपना अंश तो पूरा कर ही देती। बैरिस्टरी की आय, उन लोगों के निजी व्यय के लिए पर्याप्त थी।

और तितली? उसके और खेत बनजरिया से मिल जाने पर बीसों बीघे का एक चक हो गया था, जिसमें भट्ठों की जगह बराबर करके धान की क्यारी बना दी गई थी। उसका बालिका—विद्यालय स्वतंत्र और सुंदर रूप से चल रहा था। दो जोड़ी अच्छे बैल, दो गायें और एक भैंस उसकी पशुशाला में थीं। साफ-सुथरी चरनी, चरी के लिए अलग गोदाम, रामजस के अधीन था। अन्न की व्यवस्था राजो करती। मलिया और रामदीन की सगाई हो गई थी। उनके सामने एक छोटा-सा बालक खेलने लगा।

किंतु तितली अपनी इस एकांत साधना में कभी-कभी चौंक उठती थी। मोहन के मुंह पर गम्भीर विषाद की रेखा कभी-कभी स्पष्ट होकर तितली को विचलित कर देती थी।

मोहन का अभिन्न मित्र था रामजस। वह अभी तीस बरस का नहीं हुआ था, किंतु उसके मुंह पर वृद्धों की-सी निराशा थी। उसके हृदय में उल्लास तभी होता, जब मोहन के साथ किसी संध्या में गंगा की कछार रौंदते हुए वह घूमता था। वह चलता जाता था। और उसकी पुरानी बातों का अंत न था। किस तरह उसका खेत चला गया, कैसे लाठी चली, कैसे मधुबन भइया ने उसकी रक्षा की, यही उसकी बात-चीत का विषय था। मोहन ध्यानमग्न तपस्वी की तरह उन बातों को सुना करता।

मोहन भी अब चौदह बरस का हो गया था। वह सबसे तो नहीं, किंतु राजो से नटखटपन किए बिना नहीं मानता था। उसे चिढ़ाता, मुंह बनाता; कभी-कभी नोच-खसोट भी करता। पर उस दुलार से कृत्रिम-रोष प्रकट करके भी बाल-विधवा राजो एक प्रकार का संतोष ही पाती थी।

सच तो यह है कि राजो ने ही उसे यह सब सिखाया था। तितली कभी-कभी इसके लिए राजो को बात भी सुनाती। पर वह कह देती कि चल, तुझसे तो यह पाजीपन नहीं करता। इतना ही पाजी तो मधुबन भी था लड़कपन में, यह भी अपने बाप का बेटा है न।

राजो के मन में मधुबन के बाल्यकाल का स्नेहपूर्ण चित्र उपस्थित करते हुए मोहन उसको सांत्वना दिया करता।

मोहन कभी-कभी माता के गंभीर प्यार से ऊबकर रामजस के साथ घूमने चला जाता। वह आज गंगा के किनारे-किनारे घूम रहा था। संध्या समीप थी। सेवार और काई की गंध गंगा के छिछले जल से निकल रही थी। पक्षियों के झुण्ड उड़ते हुए, गंगा की शांत जलधारा में अपना क्षणिक प्रतिबिम्ब छोड़ जाते थे। वहां की वायु सहज शीतल थी। सब जैसे रामजस के हृदय की तरह उदास था।

रामजस को आज कुछ बात-चीत न करते देखकर मोहन उद्विग्न हो उठा। उसे इतना चलना खलने लगा। न जाने क्यों, उसको रामजस से हंसी करने को सूझी। उसने पूछा—चाचा! तुमने ब्याह क्यों नहीं किया? बुआ तो कहती थी, लड़की बड़ी अच्छी है। तुम्हीं ने नाहीं कर दी।

हां रे मोहन! लड़की अच्छी होती है, यह तू जानने लगा। कह तो, मैं ब्याह करके क्या करूंगा? उसको खाने के लिए कौन देगा?

मैं दूंगा, चाचा! यह सब इतना-सा अन्न कोठरी में रखा रहता है। हर साल देखता हूं कि उसमें घुन लगते हैं, तब बुआ उसको पिसाकर इधर-उधर बांटती फिरती हैं। चाची को खाना न मिलेगा! वाह, मैं बुआ की गर्दन पर जहां चढ़ा, सीधे से थाली परस देंगी।

तुम बड़े बहादुर हो। क्या कहना! पर भाई, अब तो मैं तुम्हारा ही ब्याह करूंगा! अपना तो चिता पर होगा।

छी-छी चाचा, तुम्हीं न कहते हो कि बुरी बात न कहनी चाहिए। और अब तुम्हीं...देखां, फिर ऐसी बात करोगे तो मैं बोलना छोड़ दूंगा।

रामजस की आंखों में आंसू भर आए। उसे मधुबन का स्मरण व्यथित करने लगा। आज वह इस अमृत-वाणी का सुख लेने के लिए क्यों नहीं अंधकार के गर्त से बाहर आ जाता। उसकी उदासी और भी बढ़ गई।

धीरे-धीरे धुंधली छाया प्रकृति के मुंह पर पड़ने लगी। दोनों घूमते-घूमते शेरकोट

के खंड़हर पर पहुंच गए थे। मोहन ने कहा—चाचा! यह तो जैसे कोई मसान है?

लम्बी सांस लेकर रामजस ने कहा—हां बेटा! मसान ही है। इसी जगह तुम्हारे वंश की प्रभुता की चिता जल रही है। तुमको क्या मालूम; यही तुम्हारे पुरुषों की डीह है। तुम्हारी ही यह गढ़ी है।

मेरी?—मोहन ने आश्चर्य से पूछा।

हां तुम्हारी, तुम्हारे पिता मधुबन का ही घर है।

मेरे पिता। दुहाई चाचा। तुम एक सच्ची बात बताओगे? मेरे पिता थे! फिर स्कूल में रामनाथ ने उस दिन क्यों कह दिया था कि—चल, तेरे बाप का भी ठिकाना है!

किसने कहा बेटा! बता, मैं उसकी छाती पर चढ़कर उसकी जीभ उखाड़ लूं। कौन यह कहता है?

अरे चाचा! उसे तो मैंने ही ठोंक दिया। पर वह बात मेरे मन में कांटे की तहर खटक रही है। पिताजी हैं कि मर गये, यह पूछने पर कोई उत्तर क्यों नहीं देता। बुआ चुप रह जाती हैं। मां आंखों में आंसू भर लेती हैं। तुम बताओगे, चाचा।

बेटा, यही शेरकोट का खंडहर तेरे पिता को निर्वासित करने का कारण है। हां, यह खंडहर ही रहा। न इस पर बंक बना, न पाठशाला बनी। अपने भी उजड़कर यह अभागा पड़ा है, और एक सुंदर गृहस्थी को भी उजाड़ डाला!

तो चाचा! कल से इसको बसाना चाहिए। यह बस जायगा तो पिताजी आ जाएंगें?

कह नहीं सकता।

तब आओ, हम लोग कल से इसमें लपट जाएं। इधर तो स्कूल में गर्मी की छुट्टी है। दो-तीन घर बनाते कितने दिन लगेंगे।

अरे पागल! यह जमींदार के अधिकार में है! इसमें का एक तिनका भी हम छू नहीं सकते!

हम तो छुएंगे चाचा! देखो, यह बांस की कोठी है। मैं इसमें से आज ही एक कैन तोड़ता हूं।—कहकर मोहन, रामजस के 'हां-हां' करने पर भी पूरे बल से एक पतली-सी बांस की कैन तोड़ लाया। रामजस ने ऊपर से तो उसे फटकारा, पर भीतर वह प्रसन्न भी हुआ। उसने रांध्या की निस्तब्धता को आंदोलित करते हुए अपना सिर हिलाकर मन-ही-मन कहा—है तू मधुबन का बेटा!

रामजस का भूला हुआ बल, गया हुआ साहस, लौट आया। उसने एक बार कंधा हिलाया। अपनी कल्पना के क्षेत्र में ही झूमकर वह लाठी चलाने लगा, और देखता है कि शेरकोट में सचमुच घर बन गया। मोहन के लिए उसके बाप-दादों की डीह पर एक छोटा-सा सुंदर घर प्रस्तुत हो ही गया।

अंधकार पूरी तरह फैल गया था। उसने उत्साह से मोहन का हाथ पकड़ -हिला दिया, और कहा—चलो मोहन! अब घर चलें।

वे दोनों घूमते हुए उसी घाट पर के विशाल वृक्ष के नीचे आए। उसके नीचे पत्थर पर मलिन मूर्ति का भ्रम मोहन को हुआ। उसने धीरे-से रामजस से कहा—चाचा, वह देखो, कौन है?

रामजस ने देखकर कहा—होगा कोई, चलो, अब रात हो रही है। तेरी बुआ बिगड़ेगी।

बुआ! वह तो बात-बात में बिगड़ती हैं। फिर प्रसन्न भी हो जाती है। हां, मां से मुझे...।

डर लगता है? नहीं बेटा! तितली के दुखी मन में एक तेरा ही तो भरोसा है। वह बेचारी तुम्हीं को देखकर तो जी रही है। हे भगवान्! चौदह बरस पर तो रामचंद्र जी बनवास झेलकर लौट आए थे। पर उस दुखिया का...।

वे लोग बातें करते हुए दूर निकल गए थे। वृक्ष के नीचे बैठी हुई मलिन मूर्ति हिल उठी।

बनजरिया के पास पहुंचते-पहुंचते रात हो गई। मोहन ने कहा—चाचा! क्या वह भूत था? तुमने मुझे देख लेने क्यों नहीं दिया? इसी से लोग डर जाते हैं?

पागल! डर की कौन बात है? तेरा बाप तो डरना जानता ही न था?

हां, मैं भी डरता नहीं पर तुमने देखने क्यों नहीं दिया।

मोहन के मन में एक तरह का कुतूहल-मिश्रित भय उत्पन्न हो गया था। वह सुन चुका था कि एकांत में वृक्षों के पास भूत-प्रेत रहते हैं। तब भी वह अपने स्वाभाविक साहस को एकत्र कर रहा था।

तितली ने डांटकर पूछा—क्यों, तू इतनी देर तक कहां घूमता रहा? छुट्टी है तो क्या घर पर पढ़ने को नहीं है?

उसने मां की गोद में मुंह छिपाकर कहा—मां, मैं आज अपनी पुरानी डीह देखने चला गया था। शेरकोट!

दीपक के धुंधले प्रकाश में तितली ने उदासी से रामजस की ओर देखते हुए कहा—रामजस! इस बच्चे के मन में तुम क्यों असंतोष उत्पन्न कर रहे हो? शेरकोट को भूल जाने से क्या उनकी कुछ हानि होगी?

भाभी, शेरकोट मोहन का है। तुमको उसे भी लौटा लेना पड़ेगा, जैसे हो तैसे। मुझे उसके लिए मरना पड़े, तो भी मैं प्रस्तुत हूं। कल मैं स्मिथ साहब के पास जाऊंगा। न होगा तो लगान पर ही उसको मांग लूंगा। मधुबन भइया लौटकर आवेंगे, तो क्या कहेंगे।

उसको हटाने के लिए तितली ने कहा—अच्छा, जाओ। तुम लोग खा-पी लो।

कल देखा जाएगा।

तितली एकांत में बैठकर आज रोने लगी! मधुबन आवेंगे? यह कैसी दुराशा उसके मन में आज भीषण रूप से जाग उठी। पुरुषोचित साहस से उसने इन चौदह बरसों से संसार का सामना किया था। किसी से न झुकने की टेक, अविचल कर्तव्य-निष्ठा और अपने बल पर खड़े होकर इतनी सारी गृहस्थी उसने बना ली। पर क्या मधुबन लौट आवेंगे? आकर उसके संयम और उसकी साधना का पुरस्कार देंगे? एक स्नेहपूर्ण मिलन उसके फूटे भाग्य में है?

निष्ठुर विधाता! बचपन अकाल की गोद में! शैशव बिना दुलार का बीता! यौवन के आरंभ में अपने बाल-सहचर 'मधुवा' का थोड़-सा प्रणयमधु जो मिला, वह क्या इतना अमर कर देने वाला है कि यंत्रणा में पीड़ित होकर वह अनन्तकाल तक प्रतीक्षा करती हुई जीती रहेगी?

उसे अपनी संसार-यात्रा की वास्तविकता में संदेह होने लगा। वह क्यों इतनी धूम-धाम से हलचल मचाकर संसार के नश्वर लोक में अपना अस्तित्व सिद्ध करने की चेष्टा करती रही? जिएगी, तो झेलेगा कौन? यह जीवन कितनी विषम घटियों से होकर धीरे-धीरे अंधकार की गुफा में प्रवेश कर रहा है। मैं निरालम्ब होकर चलने का विफल प्रयत्न कर रही हूं क्या?

गांव भर मुझसे कुछ लाभ उठाता है, और मुझे भी कुछ मिलता है; किंतु उसके भीतर एक छिपा हुआ तिरस्कार का भाव है। और है मेरा अलक्षित बहिस्कार! मैं स्वयं ही नहीं जानती; किंतु यह क्या मेरे मन का संदेह नहीं है? मुझे जीभ दबाकर लोग न जाने क्या-क्या कहते हैं! यह सब चल रहा है, तो भी मैं अपने में जैसे किसी तरह संतुष्ट हो लेती हूं।

मेरी स्व-चेतना का यही अर्थ है कि मैं और लोगों की दृष्टि में लघुता से देखी जाती हूं, मैं और उसकी जानकारी से अपने को अछूती रखना चाहती हूं। किंतु यह 'लुक-छिप' कब तक चला करेगी? एक बार ध्वंस होकर यह खंडहर भी शेरकोट की तरह बन जाय!

शैला! कितनी प्यारी और स्नेह-भरी सहेली है। किंतु उससे भी मन खोलकर मैं नहीं मिल सकती। वह फिर भी सामाजिक मर्यादा में मुझसे बड़ी है, और मुझे वैसा कोई आधार नहीं। है भी तो केवल एक मोहन का। वह कोमल अवलम्ब! अपनी ही मानसिक जटिलताओं से अभी से दुर्बल हो चला है। वह सोचने लगा है, कुढ़ने लगा है, किसी से कुछ कहता नहीं। जैसे लज्जा की छाया, उसके सुंदर मुख पर दौड़ जाती है। मुझसे, अपनी मां से, अपनी मन की व्यथा खोलकर नहीं कह सकता। हे भगवान्!

वह रोने लगी थी। हां, हां, रोने में आज उसे सुख मिलता था।

किंतु वह रोने वाली स्त्री न थी। वह धीरे-धीरे शांत होकर प्रकृतिस्थ होने लगी थी। सहसा दौड़ता हुआ मोहन आया। पीछे राजो थी। वह कह रही थी—देख न, रोटी और दूध दे रही हूं। यह कहता है, आज तरकारी क्यों नहीं बनी। अपने बाप की तरह यह भी मुझको खाने के लिए तंग करता ही है।

मोहन तितली के पास आ गया था। तितली ने उसके सिर पर हाथ रखा, वह जल रहा था। उसने कहा—मां, मुझे भूख नहीं है।

अरे तुमको तो ज्वर हो रहा है!—तितली ने भयभीत स्वर में कहा।

क्या? अब तो इसको आज खाने को नहीं देना चाहिए!

यह कहकर राजो चली गयी, और मोहन मां की गोद में भयभीत हरिणशावक की तरह दुबक गया।

तितली ने उसे कपड़ा ओढ़ाकर अपने पास सुला लिया। वह भी चुपचाप पड़ा मां का मुंह देख रहा था। दीप-शिखा के स्निग्ध आलोक में उसकी पुतली, सामना पड़ जाने पर, चमक उठती थी। तितली, उसके शरीर को सहलाती रही, और मोहन उसके मुंह को देखता ही रहा।

सो जा बेटा!—तितली ने कहा।

नींद नहीं आ रही है।—मोहन ने कहा। उसकी आंखों में जिज्ञासा भरी थी।

क्या है रे?—तितली ने दुलार से पूछा।

मां मैंने पेड़ के नीचे, शेरकोट के पास जो घाट पर बड़ा-सा पेड़ है उसी के नीचे, आज संध्या को एक विचित्र...।

क्या तू डर गया है? पागल कहीं का!

नहीं मां, मैं डरता नहीं। पर शेरकोट के पास कौन बैठा था। मेरे मन में जैसे बड़ा...

जैसे बड़ा, जैसा बड़ा! क्या बड़े खाएगा? तू भी कैसा लड़का है। साफ-साफ नहीं कहता?—तितली का कलेजा धक्-धक् करने लगा।

मां! मैं एक बात पूछूं?

पूछ भी—तितली ने उसके सिर पर हाथ फेरते हुए कहा। उसका पसीना अपने अंचल से पोंछकर वह उसकी जिज्ञासा से भयभीत हो रही थी।

मां!...

कह भी! मुझे जीते-जी मार न डाल! मेरे लाल! पूछ! तुझे डर किस बात का है? तेरी मां ने संसार में कोई ऐसा काम नहीं किया है कि तुझे उसके लिए लज्जित होना पड़े।

मां, पिताजी!...

हां बेटा, तेरे पिताजी जीवित हैं। मेरा सिंदूर देखता नहीं?

फिर लोग क्यों ऐसा कहते हैं?

बेटा! कहने दे, मैं अभी जीवित हूं। और मेरा सत्य अविचल होगा तो तेरे पिताजी भी आवेंगे।

तितली का स्वर स्पष्ट था। मोहन को आश्वासन मिला। उसके मन में जैसे उत्साह का नया उद्गम हो रहा था। उसने पूछा—मां, हमीं लोगों का शेरकोट है न?

हां बेटा, शेरकोट तेरे पिताजी के आते ही तेरा हो जाएगा। कल मैं शैला के पास जाऊंगी। तू अब सो रह!

तितली को जीवन भर में इतना मनोबल कभी एकत्र नहीं करना पड़ा था। मोहन का ज्वर कम हो चला था। उसे झपकी आने लगी थी।

उसी कोठरी से सटकर एक मलिन मूर्ति बाहर खड़ी थी। सुकुमार लता उस द्वार के ऊपर बंदनवार-सी झुकी थी। उसी की छाया में वह व्यक्ति चुपचाप मानो कोई गंभीर संदेश सुन रहा था।

तितली की आंखों में एक क्षणिक स्वप्न आया और चला गया। उसकी आंखें फिर शून्य होकर खुल पड़ीं। वह बेचैन हो गयी। उसने मोहन का सिर सहलाया। वह निर्मल हल्के-से ज्वर में सो रहा था। तब भी कभी-कभी चौंक उठता था। धीरे-धीरे उसके होठ हिल जाते थे। तितली जैसे सुनती थी कि वह बालक 'पिताजी' कह रहा है। वह अस्थिर होकर उठ बैठी। उसकी वेदना अब वाणी बनकर धीरे-धीरे प्रकट होने लगी—

नहीं! अब मेरे लिए यह असम्भव है। इसे मैं कैसे अपनी बात समझा सकूंगी! हे नाथ! यह संदेह का विष, इसके हृदय में किस अभागे ने उतार दिया। ओह! भीतर-ही-भीतर यह छटपटा रहा है। इसको कौन समझा सकता है। इसके हृदय में शेरकोट, अपने पुरखों की जन्मभूमि के लिए उत्कट लालसा जगी है।...ओह, सम्भव है, यह मेरे जीवन का पुण्य मुझे ही पापिनी और कलंकिनी समझता हो तो क्या आश्चर्य। मैंने इतने धैर्य से इसीलिए संसार का सब अत्याचार सहा कि एक दिन वह आवेंगे, और मैं उनकी थाती उन्हें सौंपकर अपने दुःखपूर्ण जीवन से विश्राम लूंगी। किंतु अब नहीं। छाती में झंझरिया बन गयी हैं। इस पीड़ा को कोई समझने वाला नहीं। कभी एक मधुर आश्वासन! नहीं, नहीं, वह नहीं मिला, और न मिले! किंतु अब मैं इसको नहीं संभाल सकती। जिसने इसे संसार में उत्पन्न किया हो वही इसको संभाले। तो अभी नारी-जीवन का मूल्य मैंने इस निष्ठुर संसार को नहीं चुकाया क्या?

ठहर जाऊं? कुछ दिन और भी प्रतीक्षा करूं, कुछ दिन और भी हत्यारे मानव-समाज की निंदा और उत्पीड़न सहन करूं। क्या एक दिन, एक घड़ी, एक क्षण भी मेरा, मेरे मन का नहीं आवेगा—जब मैं अपने जीवन-मरण के दुःख-सुख में साथ रहने की प्रतिज्ञा करने वाले के मुंह से अपनी सफाई सुन लूं?

नहीं वह नहीं आने का। तो भी मनुष्य के भाग्य में वह अपना समय कब आता है, यह नहीं कहा जा सकता। रो लूं? नहीं, अब रोने का समय नहीं है। बेचारा सो रहा है। तो चलूं। गंगा की गोद में।

तितली इस उजड़े उपवन से उड़ जाए।

उसने पागलों की तरह मोहन को प्यार किया, उसे चूम लिया।

अचेत मोहन करवट बदलकर सो रहा था। तितली ने किवाड़ खोला।

आकाश का अंतिम कुसुम दूर गंगा की गोद में चू पड़ा, और सजग होकर सब पक्षी एक साथ कलरव कर उठे।

तितली इतने ही से तो नहीं रुकी। उसने और भी देखा, सामने एक चिरपरिचित मूर्ति! जीवन-युद्ध का थका हुआ सैनिक मधुबन विश्राम-शिविर के द्वार पर खड़ा था।

●●●